Stephen Fox

Der neue Sprachkurs

Englisch *ganz leicht*

Übungsbuch

Hueber Verlag

Quellennachweis

Coverfoto: © Steve Prezant/Corbis ■ BW Photoagentur/B. Wild: Seite 80 ■ J. Frank, München: Seite 83 ■ irisblende de: Seite 159 ■ Ketchum GmbH: Seite 53 ■ Mauritius – ACE: Seite 16; age: Seite 10; JIRI: Seite 24; Pöhlmann: Seite 9; The Copyright Group: Seite 182 ■ MHV-Archiv: Seite 26, 107, 121, 134 Mitte und rechts; Claus Breitfeld: Seite 31; Jack Carnell: Seite 29, 123, 138, 140, 143, 156; Gudrun-Holde Ortner: Seite 44; Dieter Reichler: Seite 13, 100 ■ MHV/Corbis: Seite 79, 137 ■ MHV/MEV: Seite 64, 67, 71, 85, 134 links ■ MHV/PhotoAlto: Seite 23 ■ MHV/Photodisc: Seite 43, 63, 99, 117, 118, 127, 155, 161 ■ Photonica/Johner: Seite 48 ■ Studiosus Reisen: Seite 175 ■ SuperStock – Francisco Cruz: Seite 179; Martin Ray Philbert: Seite 103 ■ Visit Florida – Prospekte Seite 176: mit freundlicher Genehmigung von Visit Florida/www.flausa.com

Wir haben uns bemüht, alle Inhaber von Bild- und Textrechten ausfindig zu machen. Sollten Rechteinhaber hier nicht aufgeführt sein, so wäre der Verlag für entsprechende Hinweise dankbar.

---

3. 2. 1. | Die letzten Ziffern
2012 11 10 09 08 | bezeichnen Zahl und Jahr des Druckes.
Alle Drucke dieser Auflage können, da unverändert, nebeneinander benutzt werden.
1. Auflage

Konzeption: Gaynor Ramsey, Hove/England
Verlagsredaktion: Valerio Vial, Hueber Verlag, Ismaning
Umschlaggestaltung: Parzhuber & Partner, München
Zeichnungen: Marlene Pohle, Stuttgart
Druck und Bindung: Himmer AG, Augsburg
Printed in Germany
ISBN 978-3-19-309475-9 (Package)
31.9475 (Übungbuch)

Einführung

Herzlich willkommen! Sie haben eine gute Wahl getroffen, mit dem *Hueber Sprachkurs* Englisch zu lernen. Bitte lesen Sie diese Einführung sorgfältig durch, bevor Sie mit der Arbeit beginnen. Sie erhalten wichtige Hinweise zur Benutzung des Kurses sowie eine detaillierte Beschreibung des Lektionsaufbaus.

- Da Ihnen kein/e Lehrer/in zur Verfügung steht, müssen Sie alle Hilfsmittel nutzen, die Ihnen Buch und CDs bieten. Eine Inhaltsangabe, die in Stichpunkten angibt, was in jeder Lektion behandelt wird, finden Sie auf Seite 3 sowie auf der jeweiligen Einstiegsseite der Lektion. Im Anhang finden Sie Hinweise zu den Hauptunterschieden zwischen den zwei Hauptvarianten des heutigen Englisch, britischem und amerikanischem Englisch. Darüber hinaus enthält der Anhang eine Grammatik-Übersicht, die Lösungen der Übungen samt Texte der CDs und Übersetzungen der Dialoge sowie eine alphabetische Wortschatzliste.

- Bitte arbeiten Sie die Lektionen der Reihe nach durch. Es ist wichtig, dass Sie nichts auslassen, denn die späteren Lektionen bauen auf den früheren auf. Das Material auf den CDs folgt genau den einzelnen Schritten im Buch. Wo Sie das Piktogramm finden, sollen Sie mit der CD arbeiten. Im Piktogramm stehen jeweils zwei Zahlen: Die erste gibt an, um welche der drei CDs es sich handelt, die zweite den Track, den Sie ansteuern sollen.

- Entwickeln Sie Ihre eigene Lernstrategie. Sie kennen sich selbst am besten und wissen, ob Ihnen das Lernen z. B. morgens oder abends leichter fällt. Ein Selbstlernkurs gibt Ihnen die Möglichkeit, Tempo, Rhythmus und Intensität des Lernprozesses selbst zu bestimmen. Bedenken Sie aber, dass es sinnvoller ist, öfters und in kurzen Lerneinheiten zu arbeiten, statt einmal im Monat eine „Mammutsitzung" einzulegen. Zu Ihrer Hilfe finden Sie außerdem in der Randspalte Kurznotizen, die Ihnen Lerntipps sowie zusätzliche Informationen zu dem behandelten Stoff bieten.

- Hören Sie sich so oft wie möglich die CDs an. Wiederholen Sie auch die Lektionen, die Sie bereits bearbeitet haben. Dadurch wird das Gelernte vertieft und Ihr Ohr gewöhnt sich schneller an die fremde Sprache. Das kommt Ihrer Aussprache sehr zugute. Nehmen Sie das von Ihnen Gesprochene am besten separat auf und vergleichen Sie es kritisch mit der Sprecheraufnahme.

- Finden Sie heraus, wie Sie am besten Vokabeln lernen. Sie können sich selbst testen, indem Sie die deutsche Übersetzung des Wortschatzes auf der letzten Seite jeder Lektion abdecken. Sie können es auch umgekehrt machen und aus dem Deutschen ins Englische übersetzen, obwohl Ihnen das wahrscheinlich etwas schwerer fallen wird.

- Versuchen Sie ab und zu einen Dialog selbst zu übersetzen und erst hinterher zur Kontrolle die Übersetzung im Lösungsschlüssel heranzuziehen.

Ziel des Kurses ist es, Ihnen so schnell wie möglich Grundkenntnisse des Englischen zu vermitteln. Das Material ist nicht immer einfach, denn Sie haben es von Anfang an mit der gesprochenen Sprache zu tun. Einige Dialoge werden

Ihnen schwerer fallen als andere, aber machen Sie sich keine Sorgen, wenn Sie nicht alles auf Anhieb verstehen: Das kommt bestimmt noch!

Wenn man eine Fremdsprache lernt – ganz gleich nach welcher Methode – stößt man unweigerlich auf Hindernisse. Da Sie keine/n Lehrer/in fragen können, müssen Sie die Hindernisse selbst aus dem Weg räumen. Um Sie bei der Selbsthilfe zu unterstützen, folgt nun eine Beschreibung der einzelnen Abschnitte einer Lektion.

Lektionsaufbau

Jede Lektion besteht aus den folgenden Teilen:

- **Dialoge**
  - (Wortschatzübung)
  - Dialog und Übungen dazu
  - Übungsdialog(e)
  - Erläuterungen zu Grammatik, Wortschatz/Sprachgebrauch und Landeskunde
- **Grammatik**
  - Übersichten und Erläuterungen
- **Übungen**
  - Schriftliche Übungen
  - Sprechen und Verstehen
- **Wortschatz**
  - Zusammenfassung wichtiger Ausdrücke der Lektion
  - Wortschatz nach Themenbereichen
- **Unterhaltung** als mündliche Abschlussübung

Dialoge

Jede Lektion besteht aus drei Lehrdialogen, die den Lernstoff der Lektion enthalten. Sie werden in der Regel vorab durch Wortschatzübungen entlastet. Nach dem Dialog finden Sie Verständnis- und Grammatikübungen. Es folgen dann Übungsdialoge, in denen die wichtigsten Strukturen des Dialogs mündlich geübt werden. Erläuterungen zur Grammatik und zum Wortschatz bzw. Sprachgebrauch helfen Ihnen, das gerade Gelernte besser zu verstehen.

- Sämtliche Dialoge können Sie auf den CDs hören. Es empfiehlt sich, dies zunächst bei geschlossenem Buch zu tun, damit Sie sich daran gewöhnen, die gesprochene Sprache zu verstehen.
- Die Übungsdialoge befinden sich ebenfalls auf den CDs. Diese Übungen bieten Ihnen die Möglichkeit, die in den Dialogen vorgegebenen Wendungen zu verinnerlichen, indem Sie selbst einen Teil des Dialogs sprechen. Sie finden auf den CDs und im Buch immer zunächst ein Beispiel. Was Sie in Ihrem Teil sagen sollen, ist aus den Anweisungen im Buch zu ersehen. Nachdem Sie gesprochen haben, hören Sie die richtige Antwort zur Kontrolle. Den vollständigen Text der Übungsdialoge finden Sie im Lösungsschlüssel, wo der von Ihnen zu sprechende Teil kursiv abgedruckt ist.

Grammatik

Jede Lektion enthält einen Grammatikteil mit Übersichten, insbesondere zur Bildung und zum Gebrauch von Zeitformen.

Übungen

- Schriftliche Übungen zur Festigung der Grammatik und des Wortschatzes der Lektion. Die Lösungen dazu finden Sie im Anhang.
- Ausspracheübungen sowie mündliche Übungen in Form von Verständnis- und Sprechübungen, in denen Sie das Gelernte in die Praxis umsetzen sollen. Die Anweisungen für die Sprechübungen erhalten Sie jeweils vom Moderator. Auch diese Übungen sind wieder komplett im Lösungsschlüssel abgedruckt.

Wortschatz

Der Wortschatz bildet die letzte Einheit einer Lektion. Zunächst finden Sie die wichtigsten Ausdrücke und Wörter aus der Lektion thematisch gegliedert und ins Deutsche übersetzt. Zudem gibt es zusätzliche Vokabeln, die nicht in den Dialogen und Übungen vorkommen, aber eine wichtige Ergänzung zu den behandelten Themen darstellen. Einige davon sind mit einem CD-Symbol gekennzeichnet; Sie können also hören, wie sie ausgesprochen werden und sie nachsprechen.

Unterhaltung

Am Ende einer jeden Lektion werden Sie aufgefordert, an einer Unterhaltung teilzunehmen. Die Übungen gehen in der Regel wie folgt vor sich: Ein/e Sprecher/in stellt Ihnen eine Frage, die Sie nach den Anweisungen unseres deutschen Moderators beantworten sollen. Von ihm erfahren Sie, was Sie danach sagen sollten – zum Beispiel, dass Sie dem Gesprächspartner auf der CD eine Frage stellen sollten. Bitte sprechen Sie jeweils in der Pause und hören Sie sich dann die richtige Version zum Vergleich an. Es klingt etwas kompliziert, aber Sie werden sich bald an das Muster dieser Unterhaltung gewöhnen.

Und nun wünschen wir Ihnen viel Spaß und viel Erfolg.

Erste-Hilfe-Seite für echte Anfänger

Fürwörter

*I**	ich	*me*	mich/mir
you	du/ihr/Sie	*you*	dich/dir / euch / Sie/Ihnen
he	er	*him*	ihn/ihm
she	sie	*her*	sie/ihr
it	es	*it*	es/ihm / ihn/ihm / sie/ihr
we	wir	*us*	uns
they	sie	*them*	sie/ihnen

* Das Fürwort *I* wird immer groß geschrieben.

Das Verb *be* (sein)

I	*am*	ich bin
you	*are*	du bist / ihr seid / Sie sind
he		er ist
she	*is*	sie ist
it		es ist
we	*are*	wir sind
they	*are*	sie sind

Artikel

the	der/die/das usw.	*the student*	der/die Student/in
*a/an**	ein/eine usw.	*a German*	ein/eine Deutsche/r
		***an** American*	ein/eine Amerikaner/in

* vor Selbstlauten

Mehrzahl

*student → student**s***	Student → Studenten
*American → American**s***	Amerikaner → Amerikaner
*class → class**es***	Klasse → Klassen

Die meisten Hauptwörter bilden ihre Mehrzahlform durch Anhängen von ***-s*** bzw. ***-es***.

In dieser Lektion lernen Sie ...

Situationen
- sich begrüßen
- sich und andere vorstellen
- fragen, wie es einem geht
- nach der Herkunft fragen und darauf antworten
- sich verabschieden

Wortschatz
- Nationalitäten und Ländernamen
- einige Verwandtschaftsbezeichnungen
- die Zahlen bis 20

Grammatik
- das Verb *be* (Voll- und Kurzformen)
- Frage und Antwort
- die Artikel
- die hinweisenden Fürwörter

How's it going?

Hi, my name's Dave

Karin (◆), eine junge deutsche Touristin, lernt Dave (◆), einen Amerikaner, auf einer Party kennen.

1/1

1 Hören Sie zunächst die folgenden Wörter und unterstreichen Sie beim zweiten Anhören die betonte Silbe.

Ger/man
Mu/nich
Ger/ma/ny
va/ca/tion
stu/dent
A/mer/i/can
Ca/na/di/an

1/2

Überlegen Sie sich kurz: Wie stellt man sich in *Ihrer* Sprache vor?

2 Hören Sie nun den Dialog.

◆ Hi, my name's Dave.
◆ Hi, I'm Karin.
◆ Are you German?
◆ Yes, I am.
◆ Where are you from?
◆ I'm from Munich. And you?
◆ I'm from Los Angeles.

1/3

Die Kurzformen (*I'm* für *I am* z.B.) sind typisch fürs gesprochene Englisch. Nur wenn Sie sie verwenden, stimmt die Satzmelodie! Übrigens, eine Erklärung der Kurzformen finden Sie in dieser Lektion auf S. 11 und 14.

3 Am nächsten Tag stellt Dave Karin eine Freundin, Micheline (◆), vor.

◆ Karin, this is Micheline.
◆ Nice to meet you, Micheline.
◆ Hi, Karin. I hear you're from Germany.
◆ Yes, I'm on vacation here.
◆ Great! Are you a student?
◆ Yes, I am. Are you American?
◆ No, I'm not, I'm Canadian.

4 Richtig oder falsch?
Kreuzen Sie die passende Antwort an.

	Yes, he/she is.	No, he/she isn't.
a) Dave's from Los Angeles.	✕	☐
b) He's American.	☐	☐
c) Micheline is from Munich, Germany.	☐	☐
d) Karin is Canadian.	☐	☐
e) She's a student.	☐	☐
f) She's on vacation.	☐	☐

5 Setzen Sie das passende Wort ein.

German · not · vacation · you · from · Germany · this · Nice · student · am

- ◆ Hi, my name's Dave.
- ◆ Hi, I'm Karin.
- ◆ Are you .... (a)?
- ◆ Yes, I .... (b)
- ◆ Where are you from?
- ◆ I'm from Munich. And .... (c)?
- ◆ I'm .... (d) Los Angeles.
- ◆ Karin, ... (e) is Micheline.
- ◆ .... (f) to meet you, Micheline.
- ◆ Hi, Karin. I hear you're from .... (g).
- ◆ Yes, I'm on .... (h) here.
- ◆ Great! Are you a .... (i)?
- ◆ Yes, I am. Are you American?
- ◆ No, I'm .... (j), I'm Canadian.

Frage und Antwort

Fragen mit dem Verb *be* werden wie im Deutschen gebildet:

Are you German?

Nur die Antwort darauf ist etwas anders. Es klingt im Englischen zu abrupt und unhöflich, wenn man nur mit „ja" oder „nein" antwortet. Stattdessen wiederholt man einen Teil des Satzes, in diesem Fall die konjugierte Form von *be:*

Are you German?
*– Yes, **I am**.*

Die verneinte Kurzantwort auf die Frage wird mit *not* gebildet:

Are you German?
*– No, I'm **not**.*

Die Kurzformen

In der gesprochenen Sprache – aber auch in der informellen Schriftsprache – wird das Verb *be* grundsätzlich verkürzt. Einige solcher Kurzformen tauchen in den Dialogen dieser Lektion auf.

My name's Dave. (= name is)
I'm Karin. (= I am)

Bitte beachten Sie, dass der weggefallene Vokal durch den Apostroph ersetzt wird. Die vollen Formen des Verbs *be* kommen in der Regel nur an betonter Stelle vor, z.B. am Anfang oder am Ende eines Satzes. Vergleichen Sie:

Are you German?
*– Yes, I **am**.*

Am besten Sie gewöhnen sich gleich an diese Kurzformen, denn Sie werden sie oft hören. Übrigens: In diesem Punkt gibt es keinen Unterschied zwischen dem britischen und dem amerikanischen Englisch.

Übrigens: Es gibt auch im Deutschen Kurzformen: Wie **geht's**?

Folgende Übungen sind sehr wichtig, weil sie Ihnen die Verinnerlichung wiederkehrender Sprachstrukturen ermöglichen.

1/4

6 Übungsdialog

Und jetzt sind Sie an der Reihe! Bitte hören Sie zunächst den Beispieldialog auf der CD an und übernehmen Sie dann mithilfe der Hinweise die Rollen der angegebenen Personen. Die richtige Antwort hören Sie stets, nachdem Sie gesprochen haben.

Beispiel:	Sie sind dran ...
◆ Hi, my name's Dave.	Karin / German / Munich
◆ *Hi, I'm Karin.*	Petra / Austrian / Graz
◆ Are you German?	Urs / Swiss / Bern
◆ *Yes, I am.*	Jenny / English / York
◆ Where are you from?	Chris / American / Denver
◆ *I'm from Munich.*	Marc / Canadian / Toronto

1/5

7 Übungsdialog

Hören Sie nun die beiden Fragen und Antworten und übernehmen Sie wieder mithilfe der Hinweise die entsprechenden Rollen.

Beispiele:	Sie sind dran ...
◆ Are you Italian, Lisa?	Lisa / Italy
◆ *Yes, I am.*	Tim / Germany
	Ben / the US
◆ Are you Austrian, Tim?	Jan / Germany
◆ *No, I'm not, I'm German.*	Beth / England
	Maria / Austria

Nationalitätsbezeichnungen

... sind im Englischen Eigenschaftswörter. Sie werden immer großgeschrieben:

*Giancarlo/Lisa is **Italian**.*	Giancarlo/Lisa ist Italiener/-in.
*He/She is an **Italian** student.*	Er/Sie ist ein/-e italienische/-r Student/-in.

Hi, Klaus. How's it going?

Jim (◆), ein Amerikaner, und sein österreichischer Geschäftspartner Klaus (◆) treffen sich am Flughafen.

8 Ordnen Sie zunächst einige Wörter aus dem Dialog der passenden Abbildung zu.
Welche Wörter sind Hauptwörter, welche Verben?

trip
wife
kids
meet
run

a) b) c) d) e)

9 Hören Sie nun den Dialog und unterstreichen Sie das Wort, das jeweils gesagt wird.

1/6

◆ Hi, Klaus. How's (it / you) going?
◆ (Great / Good), and you?
◆ Not bad. How was your (vacation / trip)?
◆ Good, no problems.
◆ And how's your wife?
◆ (She's / He's) fine.
◆ And the kids?
◆ (We're / They're) (good / great).

10 Später in der Firma trifft Jim eine Kollegin, Janet (◆), und stellt ihr Klaus vor.
Hören Sie den Dialog und unterstreichen Sie das Wort, das jeweils gesagt wird.

1/7

◆ Hi, Janet. How are (you / your)?
◆ Fine, Jim, and you?
◆ (Great / Good)! Janet, (I / I'd) like you to meet Klaus Waldau.
◆ Hi, Klaus. Nice to (meet /see) you.
◆ Nice to meet you, too.
◆ Klaus is Austrian. (He's / She's) from Vienna.
◆ Oh really? (This is / That's) interesting! … Well, I've gotta run. It was nice to meet you, Klaus.
◆ Same here. (Hi / Bye), Janet.
◆ Bye.
◆ Bye, Janet. (See / Meet) you later.

Kurzformen

Einige Kurzformen des Verbs *be* tauchen in den letzten Dialogen auf:

*And **how's** you wife? (= how is)* – Und wie geht es deiner/Ihrer Frau?
*– **She's** fine. (= she is)* – Es geht ihr gut.

***He's** from Austria. (= he is)*
***They're** great. (= they are)*

Auch *would* (würde) wird abgekürzt:

*Janet, **I'd** like you to meet Klaus Waldau.* (= I would)

Begrüßung

Die vielleicht häufigste Begrüßung bei neuen Bekanntschaften ist *Nice to meet you*. Etwas legerer ist *How('re) you doing?* oder noch einfacher *Hello* bzw. *Hi!* Nicht zu verwechseln mit der Frage nach dem Wohlbefinden ist die Begrüßungsformel *How do you do?* Sie wird bei formellen Anlässen benutzt und ist auch mit *How do you do?* zu beantworten – woran man merkt, dass es gar keine Frage mehr ist.

Verabschiedung

Mit dem etwas lässigen Ausdruck *I've gotta run* (AE, etwa: Ich muss weiter) kann man andeuten, dass man ein Gespräch beenden möchte. Eigentlich heißt es *I have got to run*, wird aber in der gesprochenen Sprache sogar auf *I gotta run* oder *I haveta run* verkürzt.
Goodbye bzw. *Bye(-bye)* sind die häufigsten Wörter, die man hört, wenn man sich verabschiedet. *See you (later)* ist etwas umgangssprachlicher.
Weitere Ausdrücke, die Sie häufig hören werden, sind: *Take care* (Pass/Passen Sie auf dich/sich auf) und *Have a nice day* (Einen schönen Tag), oder wenn man sich erst kennen gelernt hat: *It was nice to meet you*. Darauf kann man *It was nice to meet you, too* (*too* heißt „auch") oder etwas salopper *Same here* (Ebenfalls) erwidern.

11 Welche Reaktion passt zur Aussage?

a) Hi Trevor, how's it going?
b) Nice to meet you.
c) How do you do?
d) Hello, my name's Luke.
e) Hi, Jane, I hear you're from Wales.
f) How's your wife?

Nice to meet you, too.
Hi, I'm Meredith.
She's fine, and Ursula?
Fine, and you?
No, I'm from Scotland.
How do you do?

Anrede: *You can say "you" to me!*

Im Englischen gibt es nur das Anrede-Fürwort *you*. Grammatikalisch gesehen besteht also kein Unterschied zwischen „du", „ihr" und „Sie". Wir neigen dazu, dies als eine Art „Du-Verhältnis" anzusehen, was aber nicht einmal im ungezwungenen Amerika der Fall ist. Auch im Englischen lassen sich natürlich Respekt und Distanz ausdrücken, z. B. durch den Gebrauch von *Mr.* (Herr) und *Mrs.* (Frau) und Nachnamen, durch die Wortwahl oder den Ton.
Die Tatsache, dass man sich in den angelsächsischen Ländern sowohl im privaten als auch im beruflichen Bereich viel schneller als bei uns mit dem Vornamen anredet, darf nicht unbedingt als Zeichen einer besonderen Vertrautheit aufgefasst werden. Wenn sich eine Person mit dem Vornamen vorstellt, dürfen Sie sie deshalb ruhig auch mit dem Vornamen anreden, ohne sich etwas dabei zu denken.

12 Übungsdialog

Hören Sie den Beispieldialog und antworten Sie anschließend entsprechend der Hinweise.

1/8

Beispiele:	Sie sind dran …
◆ How's Klaus? ◆ *He's fine.*	Klaus / fine Simona / not bad Skip and Judy / good Margaret / fine Hank / not bad Peggy and Mark / great

Wie geht's?

Auf die Frage nach dem Wohlbefinden *How are you? How's it going?* oder *How('re) you doing?* gibt es eine ganze Reihe von Antwortmöglichkeiten. Hier sind einige davon:

great	ausgezeichnet
fine / good	gut
not bad / OK	nicht schlecht / OK
I can't complain	Ich kann nicht klagen
just so so	so la la
not so good	nicht so gut
lousy	mies

Wie bei uns neigt man im Englischen dazu, sich eher positiv zu äußern. Wie es einem wirklich geht, wird man dagegen nur guten Freunden sagen.

Excuse me, are these seats taken?

Ein österreichisches Paar, Konrad (◆) und Claudia (◆), lernen eine Amerikanerin, Susan (◆), auf einem Empfang kennen.

13 Hören Sie die folgenden Wörter aus dem Dialog und kreuzen Sie beim zweiten Anhören an, aus wie vielen Silben die Wörter jeweils bestehen.

1/9

	excuse	Austrian	vacation	business	speak
1 Silbe	■	■	■	■	■
2 Silben	■	■	■	■	■
3 Silben	■	■	■	■	■

14 Hören Sie den Dialog und unterstreichen Sie die richtige Reaktion.

1/10

◆ Excuse me, are these seats taken?
◆ (Yes, they are. / No, they aren't.)
◆ Hi, my name's Konrad and this is Claudia.
◆ Hi, my name's Susan. Are you German?
◆ (Yes, we are. / No, we're Austrian.)
◆ Oh really? Are you from Vienna?
◆ (Yes, we are. / No, we're from Linz.)
◆ Are you here on vacation?
◆ (Yes, we are. / No, we're here on business.)
◆ You speak English very well.
◆ Thank you.

15 Kreuzen Sie die Antwort an, die *nicht* passt.

a) Excuse me, is this seat taken?
1. Yes, it is. ■
2. No, they aren't. ■
3. No, it isn't. ■

b) Are you German?
1. Yes, we are. ■
2. No, we're Austrian. ■
3. No, we're German. ■

c) Are you from Vienna?
1. Yes, they are. ■
2. Yes, we are. ■
3. No, we're from Linz. ■

d) Are you here on vacation?
1. No, we're here on business. ■
2. No, we aren't. ■
3. No, they're on vacation. ■

e) You speak English very well.
1. Yes, it is. ■
2. Really? Thanks. ■
3. Thank you. ■

16 Übungsdialog

Und jetzt sind Sie wieder an der Reihe! Hören Sie zunächst die Beispiele auf der CD an und antworten Sie dann entsprechend den Angaben unten.

1/11

Beispiele:	Sie sind dran ...
◆ Are you German? ◆ *No, I'm not, I'm Swiss.* ◆ Are you English? ◆ *No, we're not, we're American and Canadian.*	Swiss American and Canadian Canadian German Dutch and Belgian Canadian and Belgian

17 Übungsdialog

Hören Sie die Beispieldialoge und übernehmen Sie dann mithilfe der Hinweise die Rollen der angegebenen Personen.

1/12

Beispiele:	Sie sind dran ...
◆ Is Betty German? ◆ *No, she isn't, she's Dutch.* ◆ Is Salvatore American? ◆ *No, he isn't, he's Canadian.*	Betty: Dutch Salvatore: Canadian Peter: Swiss Pam: American Bettina: German Wolf: Belgian

Frage und Antwort (Verneinung)

Die verneinte Kurzantwort auf eine Frage wie *Are you German?* ist *No, I'm not.*

Are you from Vienna?
– *No, **I'm not**.*

In der Verbindung mit *is* und *are* gibt es zwei Antwortmöglichkeiten:

Is she a student?
– *No, she**'s not**. / No, she **isn't**.*

***Are** they students?*
– *No, they**'re not**. / No, they **aren't**.*

Merken Sie sich am besten nur *eine* dieser Varianten für den aktiven Gebrauch.

Grammatik

Das Verb *be* (sein)

Vollform		Kurzform	
I	am	I'm	ich bin
you	are	you're	du bist / Sie sind
he	is	he's	er ist
she	is	she's	sie ist
it	is	it's	es ist
we	are	we're	wir sind
you	are	you're	ihr seid / Sie sind
they	are	they're	sie sind

Verneinte Form

Vollform		Kurzform	
I	am not	I'm not	ich bin nicht
you	are not	you're not / you aren't	du bist / Sie sind nicht
he	is not	he's not / he isn't	er ist nicht
she	is not	she's not / she isn't	sie ist nicht
it	is not	it's not / it isn't	es ist nicht
we	are not	we're not / we aren't	wir sind nicht
you	are not	you're not / you aren't	ihr seid / Sie sind nicht
they	are not	they're not / they aren't	sie sind nicht

Frageform

am	I	bin ich
are	you	bist du / sind Sie
is	he	ist er
is	she	ist sie
is	it	ist es
are	we	sind wir
are	you	seid ihr / sind Sie
are	they	sind sie

Übungen

Schriftliche Übungen

18 Setzen Sie die richtige Form des Verbs *be* ein. Verwenden Sie die Kurzform, wo möglich.

a) Karin ________ from Germany.
b) He ________ on a business trip.
c) ________ you French?
d) ________ you and Laura from Canada? Yes, we ________ .
e) Where ________ the kids? They ________ on vacation in England.
f) ________ this your seat? Yes, it ________ .
g) ________ these your seats? No, they ________ not.

19 Welche Antwort passt zu welcher Frage? Ordnen Sie zu.

a) I hear you're from Germany.	No, they're not.
b) Is Tony an Italian student?	Yes, it is.
c) Are they on your trip?	They're fine.
d) How're the kids?	No, she isn't.
e) Are you on vacation?	Yes, we are – from Erfurt.
f) Is that interesting?	No, I'm not.
g) Is Pamela English?	No, he isn't.

20 Welches Wort passt nicht zu den anderen in der Reihe?

a) Austrian / French / Germany / English / American
b) I / you / they / he / she / it
c) Spain / Canada / Munich / Denmark / The United States
d) am / is / are / was
e) good / just so so / nice / OK / great

21 Schreiben Sie die folgenden Sätze zunächst als Frage und dann in der Verneinung auf.

a) She's a student from Belgium.
b) He's a good friend.
c) It's a vacation.
d) Dave is on a business trip.
e) They're in Switzerland.

22 Bitte übersetzen Sie im folgenden Kreuzworträtsel die deutschen Wörter und setzen Sie die englischen Entsprechungen ein.

Waagrecht: (1) das, (2) Schweiz, (3) toll, (4) du/Sie
Senkrecht: (5) wo, (6) Österreicher, (7) kennen lernen, (8) Urlaub

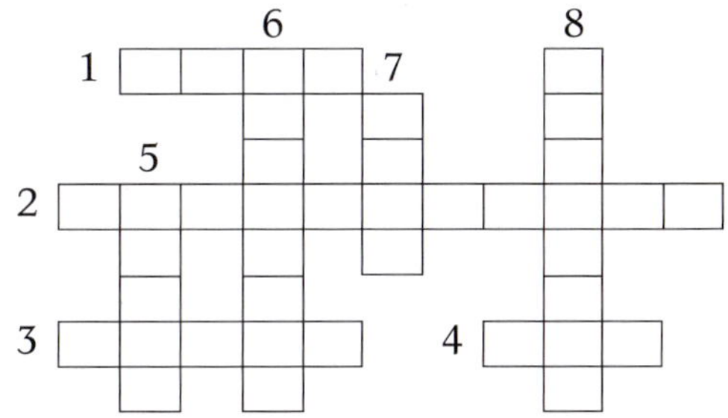

Sprechen und verstehen

1/13

Die wichtigste Ausspracheregel fürs Englische ist: Vokale in unbetonten Silben werden zu Schwachlauten (wie deutsches *e* im Auslaut: bitte, Karte). Das heißt, ein Vokal verliert seinen eigentlichen Lautwert, wenn er nicht betont wird (vgl. *land* ['lænd] – *England* ['ɪŋglənd], *Switzerland* ['swɪtsələnd]). Deswegen ist es wichtig, beim Vokabellernen auf die Wortbetonung im Englischen zu achten.

1/14

23 Hören Sie folgende Wörter aus dieser Lektion und kreuzen Sie beim zweiten Anhören jeweils die betonte Silbe an.
Sprechen Sie die Wörter in einem zweiten Gang nach. Achten Sie dabei besonders auf das *a* im Auslaut: Wie wird es ausgesprochen?

	erste Silbe	zweite Silbe	dritte Silbe
a) Can / a / da	■	■	■
b) Aus / tri / a	■	■	■
c) Vi / en / na	■	■	■
d) Ger / ma / ny	■	■	■
e) Clau / di / a	■	■	■
f) Si / mo / na	■	■	■

1/15

24 Aussagesatz oder Fragesatz?
Hören Sie sich folgende Sätze auf der CD an. Entscheiden Sie beim zweiten Anhören, ob es sich um eine Aussage oder um eine Frage handelt.

	Aussage	Frage
a)	■	■
b)	■	■
c)	■	■
d)	■	■
e)	■	■
f)	■	■

1/16

25 Sandy stellt sich vor. Hören Sie zu und kreuzen Sie anschließend die richtige Antwort an.

Bei den Hörverständnisübungen in diesem Kurs geht es darum, die gestellte Aufgabe zu lösen!

a) Is Sandy American?
1. Yes, she is.
2. No, she isn't.

b) Where is she from?
1. She's from Toronto
2. She's from Chicago.

c) Is Sandy a student?
1. Yes, she is.
2. No, she isn't.

d) Is she on a business trip?
1. Yes, she is.
2. No, she isn't.

1/17–20

Bitte arbeiten Sie nun die mündlichen Übungen 26 bis 29 durch. Alle Arbeitsanweisungen erhalten Sie auf der CD.

Wortschatz

Sich begrüßen

Hello.	Hallo. / Guten Tag.
Hi, my name's Dave.	Hallo, mein Name ist Dave. / Hallo, ich heiße Dave.
Nice to meet you.	Nett, dich/Sie kennen zu lernen.

Jemanden vorstellen

This is Karin.	Das ist Karin.
I'd like you to meet …	Ich möchte dir/Ihnen … vorstellen.

Nach dem Wohlbefinden fragen und darauf reagieren

How are you?	Wie geht es dir/Ihnen?
How's it going?	Wie geht's?
I'm fine / great / just so so.	Mir geht's gut/sehr gut/so la la.

Nach der Herkunft fragen und darauf antworten

Where are you from?	Woher kommst du/kommen Sie?
Are you German?	Bist du/Sind Sie Deutsche/-r?
Are you from Germany?	Bist du/Sind Sie aus Deutschland?
I'm from …	Ich bin/komme aus …

Andere Fragen zur Person

Are you a student?	Bist du/Sind Sie Student/-in?
Are you here on vacation / business?	Bist du/Sind Sie hier in Urlaub / geschäftlich?

Interesse zeigen

Oh, really?	Tatsächlich?
That's interesting!	Das ist interessant!

Sich verabschieden

It was nice to meet you.	Es hat mich gefreut, dich/Sie kennen zu lernen.
Same here.	Ganz meinerseits.
Goodbye. / Bye-bye. / See you (later).	Auf Wiedersehen. / Tschüss. / Bis später.
I've gotta run/go.	Ich muss (jetzt) weiter.

Achten Sei bei den Nationalitätsbezeichnungen auf die Wortbetonung! Sie entspricht nicht immer der im Deutschen.

Nationalitätsbezeichnungen

Europe	*European*	Europa	europäisch; Europäer/-in
Austria	*Austrian*	Österreich	österreichisch; Österreicher/-in
Belgium	*Belgian*	Belgien	belgisch; Belgier/-in
England	*English*	England	englisch; Engländer/-in
France	*French*	Frankreich	französisch; Franzose/Französin
Germany	*German*	Deutschland	deutsch; Deutsche/-r
Great Britain	*British*	Großbritannien	britisch; Brite/Britin
Holland / The Netherlands	*Dutch*	Niederlande	holländisch; Holländer/-in
Ireland	*Irish*	Irland	irisch; Ire/Irin
Italy	*Italian*	Italien	italienisch; Italiener/-in
Poland	*Polish*	Polen	polnisch; Pole/Polin
Russia	*Russian*	Russland	russisch; Russe/Russin
Scotland	*Scottish*	Schottland	schottisch; Schotte/Schottin
Spain	*Spanish*	Spanien	spanisch; Spanier/-in
Switzerland	*Swiss*	Schweiz	schweizerisch; Schweizer/-in
The Czech Republic	*Czech*	Tschechische Republik	tschechisch; Tscheche/Tschechin
Wales	*Welsh*	Wales	walisisch; Waliser/-in
America / The United States (of America) / The US(A)	*American*	Amerika / die Vereinigten Staaten (von Amerika) / USA	amerikanisch; Amerikaner/-in
Australia	*Australian*	Australien	australisch; Australier/-in

1/21

Die Zahlen bis 20

0	oh						
1	one	6	six	11	eleven	16	sixteen
2	two	7	seven	12	twelve	17	seventeen
3	three	8	eight	13	thirteen	18	eighteen
4	four	9	nine	14	fourteen	19	nineteen
5	five	10	ten	15	fifteen	20	twenty

Unterhaltung

1/22

Bitte hören Sie sich nun die Anweisungen auf der CD an und nehmen Sie an einer Unterhaltung teil.

In dieser Lektion lernen Sie ...

Situationen
- ein Hotelzimmer reservieren
- sich bedanken
- Fragen stellen
- telefonieren

Wortschatz
- die Einrichtung eines Hotelzimmers
- Tageszeiten

Grammatik
- das Verb *do* in Fragen und Antworten
- das Verb *have* bzw. *have got (haben)*
- das Hilfsverb *can* (können)
- die Mehrzahlform von Hauptwörtern
- der Besitz-Fall
- die Zahlen ab 20
- die Uhrzeit

Do you have a double?

Do you have a double?

Tony (◆) und Sue kommen auf ihrer Florida-Reise auch nach Miami Beach. An der Rezeption (◆) eines Hotels fragt Tony nach einem Doppelzimmer.

1 Vor dem Dialog: Ordnen Sie die Begriffe den entsprechenden Bildern zu.

a)

b)

c)

d)

e)

f)

g)

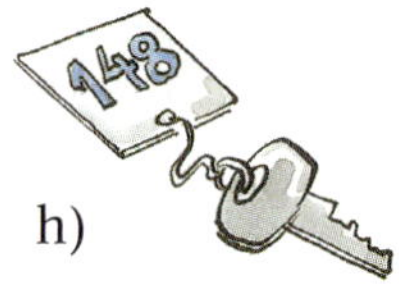
h)

- ___ key
- ___ reception desk
- ___ double room
- ___ shower
- ___ single room
- ___ laundry service
- ___ bath(room)
- ___ breakfast

1/23

Überlegen Sie sich kurz: Wie bestellt man auf Deutsch ein Zimmer an der Rezeption eines Hotels?

2 Hören Sie sich jetzt den Dialog (eventuell mehrmals) an.

Vervollständigen Sie anschließend den Text, indem Sie die jeweils passende Reaktion in die Lücken eintragen.

◆ Good morning. Can I help you?

◆ ______________________________

◆ For how many nights?

◆ ______________________________

◆ Let me see … Yes, I have one with a shower.

◆ ______________________________

◆ It's $79 a night.

◆ ______________________________

◆ No, it isn't.

◆ ______________________________

◆ Can I have your credit card?

◆ ______________________________

◆ Just sign here, please.

…

◆ Thank you. Here's your key. Your room number is 204. Have a nice day!

- Is breakfast included?
- Three.
- Here you are.
- How much is it?
- Yes, do you have a double?
- Well, OK, I'll take it.

3 Setzen Sie das passende Wort ein.

with ‡ without

- – Hello. ………… I help you?
- ◆ Yes, ………… you have a single?
- – For how …many… nights?
- ◆ Two.
- – Let me see. Yes, I ………… one without a shower.
- ◆ How …much… is it?
- – It's $59 a night.
- ◆ Well, OK, I'll …take… it.
- – Can I have your credit card, please?
- ◆ …Here… you are.

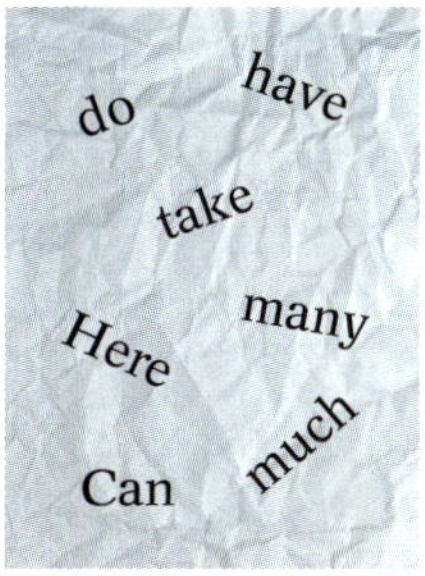

4 Übungsdialog

Bitte hören Sie sich zunächst den Beispieldialog an. Sprechen Sie dann, indem Sie die unten stehenden Angaben verwenden. Die richtige Lösung hören Sie im Anschluss.

1/24

Beispiel:	Sie sind dran …
◆ Can I help you? ◆ *Do you have a single?* ◆ For how many nights? ◆ *Two.*	single / two nights double / four nights single / one night two singles / two nights a single and a double / one night

Fragen und Antworten

Fragen werden im Englischen mit dem Hilfsverb *do* gebildet (*do* + persönliches Fürwort + Grundform des Hauptverbs).

Do you have …?
Do you know …?

In der Kurzantwort wird das Hilfsverb wiederholt:

***Do** you **have** a double?* *– Yes, I **do**.*	Haben Sie ein Doppelzimmer? – Ja(, habe ich).

Do wird nicht gebraucht, wenn im Fragesatz das Verb *be* oder ein Modalverb, z. B. *can* (können, dürfen), steht:

Are you here on holiday?	Sind Sie hier in Urlaub?
Can I help you?	Kann ich Ihnen/dir helfen?

I have a question

Brandon (◆), ein Hotelgast, fragt an der Rezeption (◆) nach einem Reinigungs-service im Hotel.

1/25

5 Hören Sie sich den folgenden Dialog an.
Setzen Sie anschließend die Sätze in die richtige Reihenfolge.

- ◆ No, I'm sorry, we don't.
- ◆ Do they have a pick-up service?
- ◆ Thanks.
- ◆ Reception, how can I help you?
- ◆ You don't?
- ◆ I don't know, but I can give you the telephone number.
- ◆ Thanks a lot.
- ◆ No, we don't, but there's a cleaner's about a mile from here.
- ◆ Hello. This is room 202. I have a question.
- ◆ You're welcome.
- ◆ Do you have a laundry service in the hotel?
- ◆ Just a minute … Scottie Cleaners: 828-0314.
- ◆ Yes …

There is / There are …

„Es gibt" entspricht im Englischen *there is* bzw. *there are* (wenn ein Wort in der Mehrzahl folgt).

***Is there** a cleaner's near here?*	Gibt es hier in der Nähe eine Reinigung?
*– Yes, **there is**. / No, **there isn't**.*	– Ja(, es gibt eine.) / Nein(, es gibt keine.)

1/26

6 Hören Sie zu. Welche Reaktion passt zur Aussage?
Kreuzen Sie an.

	erste Reaktion	zweite Reaktion
a) Do you have a double room?	☐	☐
b) Is breakfast included?	☐	☐
c) Is there a bath in the room?	☐	☐
d) Do they have a pick-up service?	☐	☐
e) Can you give me the telephone number?	☐	☐
f) Thanks a lot.	☐	☐

7 Übungsdialog

Hören Sie sich die beiden Beispiele an und antworten Sie dann entsprechend den Angaben in der Tabelle.

Beispiele:

- ◆ Do they have a double?
- ◆ *Yes, they do.*
- ◆ Do they have a single?
- ◆ *No, they don't.*

Sie sind dran …

	yes	no
double	×	
single		×
restaurant	×	
laundry service	×	
pick-up service		×
bar	×	

8 Übungsdialog

Hören Sie zunächst wieder den Beispieldialog und antworten Sie anschließend auf die Fragen entsprechend den Hinweisen.

Beispiele:

- – Do you have the name?
- ◆ *Yes, I do.*

Sie sind dran …

	yes	no
name	×	
telephone number	×	
key		×
room number		×
credit card	×	

Verneinung

Sie brauchen das Hilfsverb *do* im Englischen nicht nur, um eine Frage zu bilden, sondern auch, um einen Satz zu verneinen (*do* + *not* + Grundform des Hauptverbs). *Do* + *not* werden dabei meistens zu ***don't*** verkürzt:

I you we you they	don't (do not)	have … know … want … …

I ***don't*** *have a double.* *I* ***don't*** *know.*	Ich habe kein Doppelzimmer. Ich weiß es nicht.
Do you have a double? *– No, I* ***don't****. (= do not)*	Haben Sie ein Doppelzimmer? – Nein(, habe ich nicht).
Do you have a laundry service? *– No, we* ***don't****.*	Haben Sie eine Reinigung? – Nein(, haben wir nicht).

Ausnahmen sind wie bei der Frageform das Verb *be* oder ein Verb wie *can*:

I'm not a student.	Ich bin kein Student/keine Studentin.
I can't help you.	Ich kann Ihnen/dir nicht helfen.

Der Besitz-Fall im Englischen

Besitz oder Zugehörigkeit wird im Englischen durch den so genannten *possessive case* (= Besitz-Fall) ausgedrückt. Er wird einfach gebildet, indem man an den Besitzer (Hauptwort oder Eigennamen) **'s** anhängt:

Berufsbezeichnungen werden oft in Verbindung mit dem Besitz-Fall benutzt, um sich auf den entsprechenden Arbeitsplatz zu beziehen.

*a cleaner**'s***	=	*a cleaner's shop / business*	Reinigung
*the doctor**'s***	=	*the doctor's office*	Arztpraxis
*the grocer**'s***	=	*the grocer's shop / store*	Lebensmittelgeschäft

Weitere Beispiele für den Besitz-Fall:

*my mother**'s** car*	der Wagen meiner Mutter
*the president**'s** daughters*	die Töchter des Präsidenten
*his friend**'s** house*	das Haus seines Freundes

Die Zahlen ab 20

1/29

Bitte beachten Sie: Im Englischen setzt man ab tausend zur Gliederung ein Komma statt eines Punkts.

21	twenty-one	80	eighty
22	twenty-two	90	ninety
23	twenty-three usw.	100	a / one hundred
30	thirty	101	a / one hundred and one usw.
40	forty	1,000	a / one thousand
50	fifty	1,050	a / one thousand fifty
60	sixty	2,000	two thousand
70	seventy	1,000,000	a / one million

Zusammengesetzte Zahlen werden mit einem Bindestrich geschrieben.

Achten Sie auch auf die Schreibweise der folgenden Zahlen:

f**ou**r	f**ou**rteen	f**o**rty
fi**v**e	fi**f**teen	fi**f**ty

I'd like a single for two nights

Mrs Williams (-) ruft im Rittenhouse Hotel (◆) an, um ein Zimmer zu reservieren.

9 Hören Sie den Dialog und unterstreichen Sie jeweils die Ausdrücke, die Mrs Williams tatsächlich sagt.

◆ Good afternoon, Rittenhouse Hotel. Can I help you?
– Yes, I'd like a single for (one night / two nights).
◆ When do you want the room?
– (Tonight / Today) and tomorrow.
◆ Yes, I have a single with a bath.
– How (much / big) is it?
◆ It's $89 a night.
– One more thing: is there a (computer / fax machine) in the room?
◆ No, there isn't, but there's one at the reception desk.
– OK, (I'll / I) take the room.
◆ OK, can I have your name and credit card number, please?

I'd like …

Mit dieser Wendung kann man einen Wunsch höflich zum Ausdruck bringen:

I'd like a room with a bath. Ich möchte ein Zimmer mit Bad.

I'd = I would

Mr, Mrs* und *Miss

Die Anreden „Herr", „Frau" und „Fräulein" heißen auf Englisch *Mr, Mrs* und *Miss*. *Mr* und *Mrs* kommen nur in der Abkürzung vor und werden im britischen Englisch (wie übrigens die meisten gängigen Abkürzungen) ohne, im amerikanischen *mit* Punkt geschrieben.

10 Kreuzen Sie die Antwort an, die *nicht* passt.

a) Can I help you?
1. Good afternoon, I'd like two singles for one night. ▢
2. Yes, is there a telephone in the hotel? ▢
3. Yes, I have a single with a bath. ▢

b) Do you have a double?
1. For how many nights? ▢
2. Yes, there is. ▢
3. When do you want the room? ▢

c) I have a double with a shower.
1. Do you have one with a bath? ▢
2. That's interesting. ▢
3. Is breakfast included? ▢

d) Is there a reception in the hotel?
1. Yes, there is. ▢
2. No, there isn't. ▢
3. No, they don't. ▢

e) Can I have your credit card?
1. Yes, please. ▢
2. Yes, just a minute. ▢
3. Yes, here you are. ▢

1/31

Haben Sie bei den letzten Übungen gemerkt, dass bei der Kurzantwort das Verb am Ende betont wird? Achten Sie bei der folgenden Übung darauf!

11 Übungsdialog

Hören Sie sich das Beispiel an und antworten Sie dann auf die Frage entsprechend den Angaben in der Tabelle.

Beispiele:

◆ Is there a bath in the room?
◆ *Yes, there is.*

Sie sind dran …

	yes	no
bath	×	
fax machine		×
telephone	×	
shower	×	
mini-bar		×

1/32

12 Übungsdialog

Hören Sie sich nun den folgenden Beispieldialog an und antworten Sie wieder entsprechend den Hinweisen auf die Frage.

Beispiele:

◆ Can I help you?
◆ *Yes, I'd like a single for two nights.*

Sie sind dran …

a single for two nights
a double with a bath
a fax machine in the room
a telephone number in Germany
a room with a shower

Bed & Breakfast

Diese Übernachtungsmöglichkeit findet man fast überall im Vereinigten Königreich. Es handelt sich in der Regel um familiengeführte Pensionen mit einem persönlichen Touch. Wie der Name sagt, bekommt man für sein Geld ein Bett zum Schlafen und dazu ein Frühstück am nächsten Morgen.
Denken Sie aber nicht, dass es sich dabei um jugendherbergsähnliche Etablissements handelt: Genau wie Hotels werden B&Bs in Kategorien eingeteilt: von *approved* („einfach") bis hin zu *deluxe* (bitte keine Drinks auf den Antiquitäten abstellen!). Die Preise entsprechen natürlich auch der Kategorie und der Lage. Die B&Bs werden regelmäßig von Gutachtern der örtlichen Fremdenverkehrsämter aufgesucht und geprüft – um sicher zu stellen, dass sie den Erwartungen entsprechen (*to be "up to snuff"*).
Das Schöne – und Praktische – an B&Bs ist, dass man sie findet, wo sonst kein Hotel zu finden ist, zum Beispiel auf dem Land oder in der Altstadt.

Hotels, motels etc.

Auf einer Amerikareise steht Ihnen eine Vielzahl komfortabler Übernachtungsmöglichkeiten in allen Preiskategorien zur Verfügung: Sie haben die Wahl zwischen *hotels, motels/motor inns, guest houses, lodges* und *resorts.*
Motels sind im Allgemeinen kleiner als *hotels* und bieten weniger Service (hier gibt es oft kein Restaurant) und weniger persönliche Betreuung, sie sind dafür aber etwas billiger. *Motels* bzw. *motor inns* findet man direkt an Hauptverkehrsstraßen oder in der Nähe von Schnellstraßen, sie sind also nur mit dem Auto erreichbar.
Lodges und *resorts* sind oft schön in den Bergen, an einem See oder an der Küste gelegen und bieten Strände, Golfplätze oder andere Sportmöglichkeiten. Allein schon wegen ihrer Lage sind sie lohnende Ziele.
Guest houses, vergleichbar mit den britischen *Bed & Breakfast*, sind mittlerweile auch in Amerika sehr beliebt. In der Regel handelt es sich um bezaubernde kleine Gasthöfe, die – im Gegensatz zu den englischen – ziemlich teuer sein können. Frühstück ist hier im Zimmerpreis inbegriffen, was bei den anderen Unterkünften nicht immer der Fall ist.
Fast alle *hotels* und *motels* bieten Zimmer mit Klimaanlage, Bad / WC, Telefon und Fernseher. Große Ehebetten sind in den meisten Hotels Standard; ein Doppelzimmer hat also zwei große Betten. Kinder bis zu einem bestimmten Alter (in der Regel bis 12 Jahre) übernachten im Zimmer ihrer Eltern kostenlos.

Grammatik

Das Verb *have* (haben)

		Verneinte Form		Frageform		
I		I			I	
you		you			you	
we	have	we	don't have	Do	we	have
you		you			you	…?
they		they			they	

Die persönlichen Fürwörter *I, you, we* und *they* haben die gleiche Verbform: *have*. Das gilt aber nicht nur für *have*, sondern für alle anderen Verben in der Gegenwart – mit Ausnahme von *be*, wie Sie in der ersten Lektion gelernt haben. Eine eigene Form haben die persönlichen Fürwörter *he, she, it* (mit Ausnahme der Modalverben, z.B. *can*). Mehr über die 3. Person Einzahl finden Sie in der nächsten Lektion.

have got

Neben *have* gibt es im Englischen noch das Verb *have got*, eigentlich das Perfekt des Verbs *get* (bekommen) – was man bekommen hat, *hat* man. *Have got* kommt häufiger im britischen Englisch (= BE) vor, wird aber auch im amerikanischen Englisch (= AE) verwendet. Einen Bedeutungsunterschied zwischen den beiden Formen gibt es nicht mehr.
Die Frageform und die Verneinung von *have got* werden allerdings anders gebildet als die von *have*, nämlich ohne das Hilfsverb *do*:

Es ist ratsam, eine der beiden Formen von „haben" für den aktiven Gebrauch zu wählen und dabei zu bleiben, sonst läuft man Gefahr, die unterschiedlichen Konstruktionen durcheinander zu bringen.

		Verneinte Form		Frageform		
I		I			I	
you		you	haven't got		you	
we	've got	we	(have not got)	Have	we	got …?
you		you			you	
they		they			they	

Vergleichen Sie:

***Do** you **have** a double?* Haben Sie ein Doppelzimmer?
*– Yes, I **do**. / No, I **don't**.* – Ja(, habe ich). / Nein(, habe ich nicht).

***Have** you **got** a double?* Haben Sie ein Doppelzimmer?
*– Yes, I **have**. / No, I **haven't**.* – Ja(, habe ich). / Nein(, habe ich nicht).

Das Verb *can* (können)

I	
you	
he/she/it	can …
we	
you	
they	

Verneinte Form	
I	
you	
he/she/it	cannot/
we	can't
you	
they	

Frageform		
	I	
	you	
Can	he/she/it	…?
	we	
	you	
	they	

Die Kurzform von *cannot* ist *can't*.

Das Hilfsverb *can* hat nur eine Form in der Gegenwart, die identisch mit der Grundform ist. *Can* wird immer in Verbindung mit der Grundform eines Hauptverbs gebraucht:

***Can** I **help** you?*	Kann ich Ihnen/dir helfen?
***Can** you **give** me the telephone number?*	Können Sie/Kannst du mir die Telefonnummer geben?
– No, I can't. (= cannot)	– Nein(, kann ich nicht).

Die Mehrzahlform von Hauptwörtern

Die Mehrzahl der meisten englischen Hauptwörter wird durch Anhängen von -***s*** an die Mehrzahlform gebildet.
Bei Wörtern, die auf *-s, -sh, -ch, -x* oder *-o* enden, wird in der Regel ***-es*** angehängt.
Hauptwörter auf *-y* bilden die Mehrzahl auf ***-ies***, wenn dem *-y* ein Konsonant vorangeht.

Einzahl	Mehrzahl
room	room**s**
sandwich	sandwich**es**
tomato	tomato**es**
baby	bab**ies**

Einige wichtige Ausnahmen:

Einzahl	Mehrzahl
man	men
woman	women
child	children

Achtung Aussprache: man [mæn] – men [men], woman ['wʊmən] – women ['wɪmɪn], child [tʃaɪld] – children ['tʃɪldrən]

Achten Sie bitte auf die unterschiedliche Aussprache je nachdem, welcher Laut dem Mehrzahl-s vorausgeht:

Einzahl	Mehrzahl	Aussprache
seat	seat**s**	[s] stimmloses s
room	room**s**	[z] stimmhaftes s
service	service**s**	[z] kurzes i + stimm-haftes s

1/33

Die Uhrzeit

Wie viel Uhr ist es? Bitte hören Sie sich die folgenden Uhrzeiten an und sprechen Sie sie nach.

What time is it?

It's three o'clock.

It's a quarter after three. (AE) / It's a quarter past three. (BE)

It's three thirty. (AE) / It's half past three. (BE)

It's a quarter of four. (AE) / It's a quarter to four. (BE)

It's five of four. (AE) / It's five to four. (BE)

It's almost four o'clock.

of (AE) / to (BE) = vor

after (AE) / past (BE) = nach

Es gibt einige Unterschiede zwischen den britischen und amerikanischen Zeitangaben:

Statt *past* (BE) benutzt man im AE *after*, statt *to* wird *of* verwendet.
Generell werden im AE häufiger die Minutenzahlen statt *quarter* und *half* benutzt.

	American English	British English
Es ist Viertel nach 12.	*It's a quarter* ***after*** *twelve.*	*It's a quarter* ***past*** *twelve.*
	It's twelve fifteen.	
Es ist Viertel vor 12.	*It's a quarter* ***of*** *twelve.*	*It's a quarter* ***to*** *twelve.*
	It's eleven forty-five.	
Es ist halb eins.	*It's* ***twelve thirty.***	*It's* ***half past twelve.***

Im Gegensatz zu Großbritannien verwendet man in Amerika die 24-Stunden-Uhr nicht einmal bei Fahrplänen. So sagt man im AE sowohl für „8 Uhr" als auch für „20 Uhr" *eight o'clock*. In der Regel ist es durch den Zusammenhang klar, ob man morgens oder abends meint. Wenn nicht, setzt man ***a.m.*** = *ante meridiem* (wörtlich: vormittags) oder ***p.m.*** = *post meridiem* (wörtlich: nachmittags) dazu:

Wenn die Zeit in Zahlen angegeben wird, setzt man im AE einen Doppelpunkt statt eines Punkts (15.34 = **3:34 p.m.**).

What time is it?	Wie viel Uhr ist es?
– *It's eight a.m.*	– Es ist acht Uhr.
What time is it?	Wie viel Uhr ist es?
– *It's eight p.m.*	– Es ist zwanzig Uhr.

Wie sagt man Woche, Monat, Jahr ...?
Hören Sie sich nun folgende Bezeichnungen an.

1/34

1 minute = 60 seconds
1 hour = 60 minutes
1 day = 24 hours
1 week = 7 days
1 month = 4 weeks
1 year = 12 months

Übungen

Schriftliche Übungen

13 Welche Antwort passt zu welcher Frage? Ordnen Sie zu.

a) Do you have a double?
b) Do they speak German?
c) Is there a TV in the room?
d) Do we want breakfast?
e) Is breakfast included?

Yes, I think *I* do.
Yes, it is.
For how many nights?
Yes, they do.
Yes, there is.

14 Bilden Sie Fragen mit den folgenden Wörtern.

a) you / have / single / bath — Do you have ... ?
b) we / have / telephone number — Do we have ... ?
c) how much / be / room — How much is the room?
d) they / have / pick-up service — Do they have ... ?
e) I / can / have / credit card / your — Can I have your ... ?
f) we / have / key — Do we have the key?

15 Welche Antwort passt zu welcher Frage? Ordnen Sie zu.

a) Do you want the room?
b) Do we have the number?
c) Do they like the room?
d) Is the hotel in Miami?
e) Do you know where the reception desk is?
f) Is there a fax machine here?

c) No, they don't.
No, I'm sorry, there isn't.
b) No, I don't think we do.
e) No, I'm sorry, I don't.
No, I don't.
f) No, it isn't.

16 Orden Sie die Zahlen ihren Bezeichnungen zu.

a) fifty-seven ________
b) one hundred and ten ________
c) twenty-one ________
d) a/one thousand fifty ________
e) one thousand five hundred ________
f) thirty-three ________
g) sixty-eight ________
h) two thousand two hundred and thirty-two ________
i) one hundred and one ________
j) ninety-nine ________
k) eighty-two ________
l) two thousand and twenty-three ________

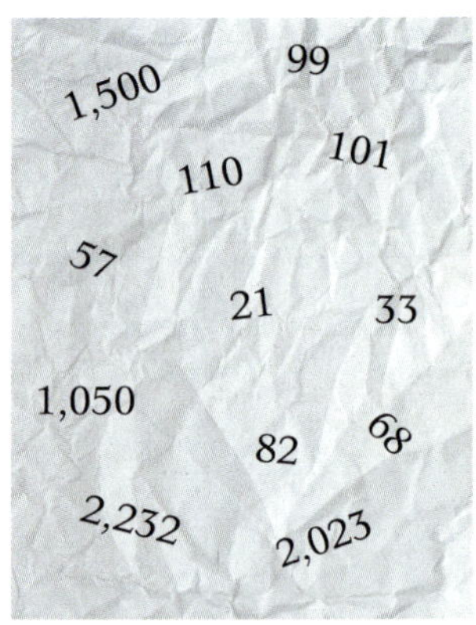

17 Tragen Sie die fehlenden Teile des Gesprächs ein.

Rick Duncan bucht ein Hotelzimmer an der Rezeption.

– Good afternoon, sir. Can I help you?

1. ______________________________

– When do you want the rooms?

2. ______________________________

– Let me see. … I'm sorry, I don't have two singles.
I have one single and a double. Is that OK?

3. ______________________________

– The single is $65 and the double is $85.
Can I have your credit card, please?

4. ______________________________

– Thank you.

2 • Tonight.
3 • Yes, that's OK. How much are the rooms?
1 • Yes, I'd like two singles for three nights.
4 • Yes, here you are.

18 Können Sie die englischen Entsprechungen der folgenden Begriffe rund ums Hotel im Kasten finden?

Frühstück, Rezeption (AE), Telefon, Bad, Schlüssel, Kinderbett (BE), Doppelzimmer, Dusche, Klappbett (AE)

a	f	t	b	g	k	p	s	d
b	r	e	a	k	f	a	s	t
x	o	l	t	e	s	b	h	u
f	n	e	h	y	a	c	o	d
c	t	p	l	t	t	r	w	c
o		h	e	w	d	p	e	o
t	d	o	u	b	l	e	r	t
b	e	n	o	z	h	r	q	u
j	s	e	v	y	m	e	i	l
i	k	l	a	u	n	d	r	y

Sprechen und verstehen

Wie bereits in der ersten Lektion erwähnt, ist die wichtigste Ausspracheregel des Englischen: Vokale in unbetonten Silben werden zu Schwachlauten. Das heißt, ein Vokal verliert seinen eigentlichen Lautwert, wenn er nicht betont wird. Vergleichen Sie: *to* [tu:]– *tonight* [tə'naɪt].

Deshalb ist es wichtig, auf die Wortbetonung im Englischen zu achten!

1/35

19 Hören Sie die folgenden zweisilbigen Wörter aus dieser Lektion und kreuzen Sie jeweils die betonte Silbe an.

Hören Sie sie dann ein zweites Mal und sprechen Sie sie nach. Achten Sie dabei auf die betonte Silbe.

	erste Silbe	zweite Silbe
a) dou / ble	☐	☐
b) ques / tion	☐	☐
c) break / fast	☐	☐
d) to / night	☐	☐
e) bath / room	☐	☐
f) show / er	☐	☐
g) ho / tel	☐	☐
h) num / ber	☐	☐
i) clean / er's	☐	☐
j) wel / come	☐	☐
k) ma / chine	☐	☐
l) min / ute	☐	☐
m) cred / it	☐	☐
n) laun / dry	☐	☐

1/36

20 Hören Sie folgende Wortpaare.

Sind die *th*-Laute in den folgenden Wortpaaren jeweils gleich oder verschieden? Kreuzen Sie an.

NB: Das *th* kann im Englischen stimmhaft (wie in *this*) oder stimmlos (wie in *three*) ausgesprochen werden.

		gleich	verschieden
a) thanks	these	☐	☐
b) their	thin	☐	☐
c) this	that	☐	☐
d) thanks	athletic	☐	☐
e) think	the	☐	☐
f) brother	thirteen	☐	☐
g) these	father	☐	☐
h) they	mother	☐	☐

21 Aussagesatz oder Fragesatz?

Hören Sie die folgenden Sätze zwei Mal und kreuzen Sie das entsprechende Kästchen an.

1/37

	Aussagesatz	Fragesatz
a)	☐	X
b)	☐	X
c)	X	☐
d)	X	☐
e)	☐	X
f)	X	☐

22 Satzmelodie: Bejahter oder verneinter Satz?

Hören Sie die folgenden Sätze zwei Mal und kreuzen Sie das entsprechende Kästchen an.

1/38

	bejahter Satz	verneinter Satz
a)	X	☐
b)	☐	X
c)	X	☐
d)	☐	X
e)	☐	X
f)	X	☐

23 *What time is it?*

Sie hören sechs Uhrzeiten. Markieren Sie jeweils die Zeit, die Sie hören.

1/39

a) 7.00 / 11.00
b) 7.45 / 8.15
c) 11.13 / 11.30
d) 5.25 / 5.35
e) 3.45 / 3.15
f) 12.05 / 12.55

24 Adam Carter möchte zwei Hotelzimmer buchen.

Hören Sie sich den folgenden Dialog an. Lesen Sie dann die unten stehenden Fragen und entscheiden Sie nach dem zweiten Anhören, ob die Behauptungen richtig oder falsch sind.

1/40

		richtig right	falsch false wrong
a)	Adam wants two doubles.	☐	X
b)	There are two singles.	☐	X
c)	Adam takes a single and a double.		X
d)	The double costs $69 a night.	X	☐
e)	The name of the hotel is the Holiday Motel.	X	☐

Bitte arbeiten Sie nun die mündlichen Übungen 25 bis 28 durch.
Die Übungsanweisungen erhalten Sie auf der CD.

1/41–44

Wortschatz

Begrüßung

Good morning.	Guten Morgen.
Good afternoon.	Guten Tag.
Good evening.	Guten Abend.
Good night.	Gute Nacht.

Bitte beachten Sie: *Good afternoon* und *Good evening* hört man in der Regel nur in geschäftlichen Situationen, z.B. an der Rezeption eines Hotels, im Restaurant oder am Telefon, wenn man bei einer Firma anruft.

Sagen, was man möchte

I'd like …	Ich möchte/hätte gern …
Can I have …?	Kann ich … haben?

Um etwas bitten – jemanden etwas reichen

Can I have …, please?	Kann ich bitte … haben?
– Here you are.	– Bitte schön.

Nach dem Preis fragen

How much is it?	Wie viel kostet/macht es?

Sich bedanken und darauf reagieren

Thanks / Thank you / Thanks a lot / Thank you very much.	Danke / Danke schön / Vielen Dank.
– You're welcome!	– Bitte (schön)! / Gern geschehen! / Keine Ursache!

Jemanden einen schönen Tag wünschen und darauf reagieren

Have a nice day!	Einen schönen Tag noch!
– Thanks, you too!	– Danke, Ihnen/dir auch!

Tageszeiten

1/45

morning	Morgen
noon	Mittag
afternoon	Nachmittag
evening	Abend
night	Nacht
midnight	Mitternacht
yesterday	gestern
today	heute
tomorrow	morgen

Wonach man in einem Hotel fragt

1/46

single / double (room)	Einzelzimmer / Doppelzimmer
twin beds	Einzelbetten
double/king-size bed	französisches/übergroßes Ehebett
cot / folding bed	Feld-/Klappbett (AE), Kinderbett (BE) / Klappbett (BE + AE)
crib	Kinderbett (AE)
air conditioning	Klimaanlage
bath(room)	Badezimmer
shower	Dusche
American/English breakfast	amerikanisches/englisches (warmes) Frühstück
continental breakfast	einfaches Frühstück (Kaffee/Tee und Gebäck)
TV (television)	Fernseher
mini-bar	Minibar
telephone	Telefon
fax machine	Faxgerät
laundry/valet service	Reinigungsservice
conference room	Konferenzraum
swimming pool	Schwimmbad
parking lot (AE) / car park (BE)	Parkplatz
fitness centre/center / gym	Fitnessraum
coffee shop	Frühstücksraum (im Hotel), Café

1/47

Unterhaltung

Stellen Sie sich vor, Sie sind im Urlaub in Miami und möchten ein Hotelzimmer buchen.

Sie hören hier einen Teil der Unterhaltung des Hotelangestellten an der Rezeption. Sprechen Sie unter Verwendung der Hinweise unten die jeweils passende Reaktion in den Pausen.

Sie möchten ein Doppelzimmer für heute Abend.

Sie bejahen und fragen nach dem Preis des Zimmers.

Sie fragen, ob das Frühstück inbegriffen ist.

Sie sagen, dass Sie das Zimmer nehmen.

In dieser Lektion lernen Sie ...

Situationen
- über den Alltag sprechen
- sich über die Arbeit unterhalten

Wortschatz
- Tagesablauf
- Wochentage
- Frühstück
- Alphabet

Grammatik
- die einfache Gegenwart (*the simple present tense)* der regelmäßigen Verben
- die 3. Person Einzahl
- die besitzanzeigenden Eigenschaftswörter
- Reihenfolge von Handlungen
- Uhrzeitangaben

My day begins at six

Tell me about your typical workday

Deborah (◆), die seit kurzem wieder berufstätig ist, wird von ihrer Freundin Vivian (◆) gefragt, wie ihr Alltag nun aussieht.

1 Vor dem Dialog: Was macht man so alles im Laufe des Tages?
Ordnen Sie die englischen Begriffe den abgebildeten Tätigkeiten zu.

e take a coffee break
h watch TV
a shower
c have breakfast
g clean up the kitchen
d drive/ride to work
b get dressed
f make dinner

2 Hören Sie den Dialog und bringen Sie anschließend die Sätze in die richtige Reihenfolge.

Überlegen Sie sich kurz: Wie würden Sie Ihren Tagesablauf in Ihrer Muttersprache beschreiben?

7 ◆ I get off work at 5:30.
10 ◆ After dinner they clean up the kitchen.
6 ◆ I take a short coffee break at about 10:30 and have lunch at 12:15.
5 ◆ I get to work at about 8:15.
1 ◆ Tell me about your typical workday.
12 ◆ I go to bed about 11. That's my day!
2 ◆ Well, I get up at 7 o'clock.
3 ◆ I shower, get dressed, have breakfast with my daughter …
11 ◆ In the evening we read or watch TV.
9 ◆ When my husband and daughter come home we have dinner.
4 ◆ … and then I go to work – I drive there with a neighbor.
8 ◆ When I get home I start dinner and watch the news on TV.

1/49

3 *True or false?*

Hören Sie sich jetzt folgende Aussagen über Deborahs Tagesablauf an und entscheiden Sie, ob sie richtig oder falsch sind.
Achten Sie darauf, dass dabei die 3. Person Einzahl benutzt wird.

	richtig	falsch
a) Deborah gets up at 7.15.		X
b) She has breakfast with her family.		X
c) She drives to work with her husband.		X
d) Deborah takes a coffee break at about 10.30.	X	
e) She has lunch at about 12.00.		X
f) Deborah starts dinner when she gets home.	X	
g) She has dinner with her family.	X	
h) Deborah cleans up the kitchen after dinner.		X
i) In the evening Deborah reads or watches TV.	X	
j) Deborah goes to bed about 11.00.	X	

4 Lesen Sie jetzt, wie Deborahs Mann seinen Tagesablauf beschreibt und ergänzen Sie den Text, indem Sie das passende Verb einsetzen.

My Day? Well, I .... (a) at around seven o'clock with my wife, Deborah. First I .... (b) a cup of coffee, then I .... (c) and get dressed – I usually don't take time for breakfast. Then I .... (d) to work – I drive there. I .... (e) to work at about eight o'clock. I .... (f) a short coffee break at about 10.00 and .... (g) lunch at around noon. I .... (h) work at six o'clock. When I get home I .... (i) the news on TV. Then I .... (j) dinner with my wife and daughter. After dinner I .... (k) the kitchen – Christy, my daughter, usually .... (l) me. After that my wife and I usually .... (m) or watch TV. We .... (n) to bed about eleven.

1/50

Folgende Übungen sind sehr wichtig, weil Sie damit wiederkehrende Sprachstrukturen verinnerlichen. Gehen Sie die ganze Seite durch – Sie haben sicherlich schon gemerkt, wie Ihr Englisch sich dadurch verbessert.

5 Übungsdialog

Und jetzt sind Sie an der Reihe! Hören Sie sich zunächst das Beispiel an und antworten Sie dann, indem Sie die Angaben verwenden. Die richtige Antwort hören Sie stets, nachdem Sie gesprochen haben.

Beispiele:	Sie sind dran ...
◆ When do you get up? ◆ *I get up at 7:00.*	get up / 7:00 have breakfast / 7:30 have lunch / 12:15 get off work / 5:00 start dinner / 6:00 have dinner / 6:30 go to bed / 11:30

1/51

6 Übungsdialog

Beantworten Sie nun bitte *Ihrem* Alltag entsprechend die Fragen, die Sie hören werden, nach dem Muster. Nach Ihrer Antwort hören Sie stets zwei mögliche Antworten – eine bejahende und eine verneinende.

Beispiele:

◆ Do you get up at 7:00?
◆ *Yes, I do. / No, I don't. I get up at 8:00.*

Das Verb *get* + Ergänzung

Das Verb *get* hat neben seiner Grundbedeutung „bekommen“ eine ganze Reihe anderer Bedeutungen, vor allem in Verbindung mit Präpositionen oder anderen Ergänzungen. Sehen wir uns einige Beispiele an:

get to work, get home

Hier bedeutet *get* so viel wie „ankommen“.

get dressed

In diesem Zusammenhang hat *get* eine reflexive Bedeutung und heißt „sich anziehen“.

get up

In Verbindung mit einer Präposition (hier *up*) bedeutet *get* „den Ort oder Zustand ändern“ im Sinne von „sich bewegen“, in diesem Fall morgens aus dem Bett.

Beim Verb *get off (work)* hat *get* eine ähnliche Bedeutung.

Die besitzanzeigenden Eigenschaftswörter

Die besitzanzeigenden Eigenschaftswörter im Englischen lauten:

my	mein/e
your	dein/e
his	sein/e (männlich Singular)
her	ihr/e (weiblich Singular)
its	sein/e, ihr/e (sächlich Singular)
our	unser/e
your	Ihr/e, euer/e
their	ihr/e (Plural)

Sie sind, im Gegensatz zu ihren deutschen Entsprechungen, unveränderlich:

This is my daughter.	Das ist meine Tochter.
These are my daughters.	Diese sind meine Töchter.
This is my son.	Das ist mein Sohn.
These are my sons.	Diese sind meine Söhne.

Breakfast

Cereal with milk, juice and coffee (Getreideflocken mit Milch, Saft und Kaffee) – das ist das typische Alltagsfrühstück in der angelsächsischen Welt. Die verschiedenen Frühstücksflocken, hierzulande pauschal unter der Bezeichnung „Cornflakes“ bekannt (was aber nur eine Sorte von vielen ist!), findet man im Supermarkt in allen Formen und Geschmacksrichtungen: zuckersüß für Kinder, reich an Ballaststoffen und *low in fat* (fettarm) für Gesundheitsbewusste.
Am Wochenende fällt die Morgenmahlzeit meist etwas üppiger aus: mit *pancakes* (Pfannkuchen), *egg & bacon or sausages* (Eier mit Speck oder Würstchen), *toast & jelly / jam* (Toast mit Gelee / Marmelade) zusätzlich zum üblichen Frühstück.
Viele Restaurants bieten *breakfast specials* an – das sind „Frühstücksmenüs“, die Sie manchmal sogar rund um die Uhr bestellen können. Wenn übrigens im Hotelpreis das Frühstück inbegriffen ist (*breakfast included*), gibt es in Amerika meistens nur ein *continental breakfast* bestehend aus Toast, Butter, Konfitüre und Kaffee. In Großbritannien können Sie mit einem üppigen *English breakfast* rechnen.

What does your secretary do?

John (◆), ein junger Unternehmer, wird von seiner Freundin Rebecca (◆) über seine neue Sekretärin ausgefragt.

7 Bevor Sie sich den Dialog anhören, ordnen Sie die englischen Begriffe den abgebildeten Tätigkeiten zu.

___ do the filing

___ answer the telephone

___ make coffee

___ water the plants

___ open the post/mail

___ type

a)

b)

c)

d)

e)

f)

8 Hören Sie jetzt den Dialog und unterstreichen Sie beim zweiten Hören das jeweils passende Wort.

1/52

Eine kleine Hilfe: Das Verb *do* wird im folgenden Dialog sowohl als Hilfsverb (bei Fragen) als auch als Hauptverb (= tun, machen) verwendet, wie im Satz „What does she do?“

◆ So, now you have a secretary! What's (his / her) name?
◆ Anne.
◆ What (do / does) she do?
◆ Oh, she's great! She (do / does) everything!
◆ Like what?
◆ She (answer / answers) the phone and takes messages …
◆ (Do / Does) she type?
◆ Yeah … she knows Word and Excel.
◆ Does she do the filing?
◆ Yes, I'm totally organized now!
◆ What else (do / does) she do?
◆ She (open / opens) the mail, she (water / waters) the plants, she …
◆ And what (do / does) you do now?
◆ I (make / makes) the coffee!

9 Jetzt hören Sie, wie Martin von seinen Freunden über die neue Sekretärin ausgefragt wird. Welche Reaktion passt zur jeweiligen Frage?

1/53

	erste Reaktion	zweite Reaktion
a) What's her name?	■	■
b) What does she do?	■	■
c) Can she type?	■	■
d) Does she do the filing?	■	■
e) So what do you do?	■	■

10 Wie spricht man die Wochentage aus?

1/54

Monday	Tuesday	Wednesday	Thursday	Friday	Saturday	Sunday

11 Übungsdialog

1/55

Hören Sie sich die folgenden Fragen an und beantworten Sie sie entsprechend dem Inhalt des Dialogs *„What does your secretary do?"*.

Beispiel:

◆ Does Anne answer the phone?
◆ *Yes, she does.*

Das Verb *do / does*

Erinnern Sie sich daran? Als Hilfsverb brauchen Sie *do* bei der Satzverneinung und bei der Bildung einer Frage. Die Form der 3. Person Einzahl (*he – she – it*) lautet *does*:

Does she type?

Die Antwort heißt:

Yes, she ***does****.*
No, she ***doesn't*** *(= does not).*

Der verneinte Aussagesatz lautet:

She ***doesn't*** *type.*

Bitte beachten Sie: *Do* wird **nicht** gebraucht, wenn im Fragesatz das Verb *be* oder ein Modalverb, z.B. *can* (können, dürfen), steht. Dies gilt auch bei der Verneinung.

My day normally begins at six

Paula, eine junge Mutter, wird von einer Freundin gefragt, wie sich ihr Leben nach der Geburt ihres Kindes geändert hat.

1/56

12 Hören Sie den Dialog und bringen Sie die Bilder in die richtige Reihenfolge.

a)

b)

c)
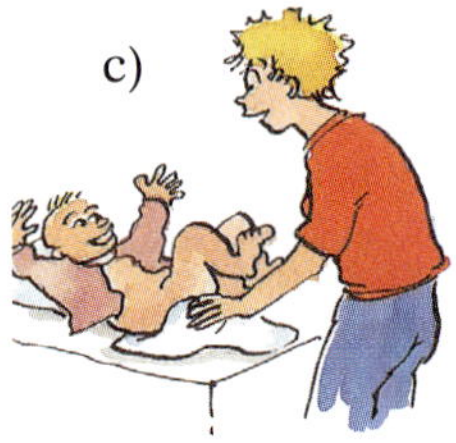

d)

e)

f)

g)
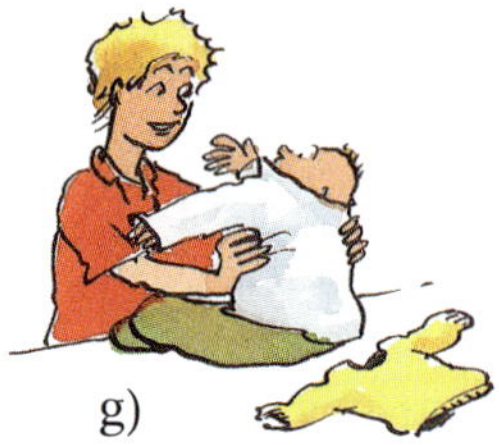

h)

__ __ __ __ __ __ __ __

13 Kreuzen Sie jeweils die Antwort an, die *nicht* passt.

a) When does Paula get up?
1. She gets up early.
2. She gets up with her husband.
3. She gets up at six o'clock.

b) What does Paula do after she gets up?
1. She goes to the bathroom.
2. She changes the baby's diaper.
3. She reads the newspaper.

c) When does Paula have breakfast?
1. At 6.00.
2. After the baby.
3. When the baby is playing.

d) Do Paula and Charlie go for a walk in the morning?
1. Yes, they do.
2. No, they don't.
3. Usually.

e) Does the baby take a nap in the afternoon?
1. Yes, he does.
2. Yes, after lunch.
3. No, he doesn't.

f) Does Paula's husband help with the baby?
1. No, he doesn't.
2. Yes, when he comes home.
3. Yes, he does.

diaper - Windel

Uhrzeitangaben

Im Englischen leitet man eine Zeitangabe mit *at* ein:
I have lunch at twelve o'clock.

„Etwa um …" oder „so gegen …" drücken Sie mit *„at about / around …"* aus:
She gets to work at about nine o'clock.
He gets home around six o'clock.

„Bis (spätestens) …" heißt *by*:
I'm usually in the office by eight o'clock.

Das Wort *o'clock* (Uhr) verwendet man nur dann, wenn es sich um eine volle Stunde handelt. In Verbindung mit *o'clock* schreibt man normalerweise die Zahl aus. Ähnlich wie im Deutschen, kann man das Wort auch weglassen:
I'm usually in the office by eight.

14 Setzen Sie das passende Verb ein.

Paulas Freundin erzählt, was sie über Paulas Tagesablauf erfahren hat.

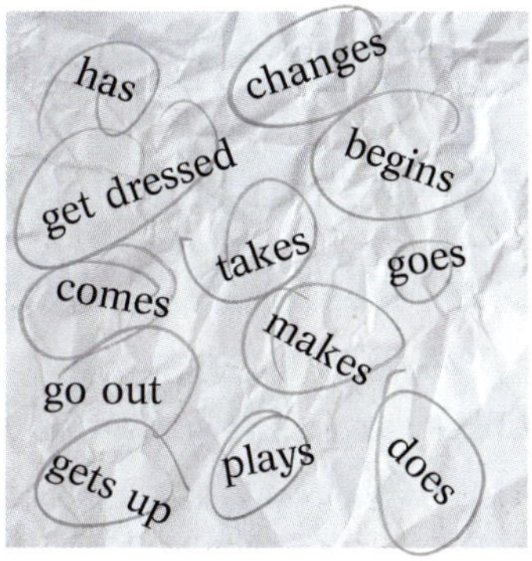

Paula's day now? Well, her day normally ………… (a) at six. The baby ………… (b) very early – he's six months old! When he gets up, she gets up. I think she goes to the bathroom first, then she ………… (c) the baby's diaper. After that she ………… (d) downstairs and ………… (e) breakfast for herself and the baby. The baby – Charlie is his name – wants to eat right away! After he eats he ………… (f) for a while. That's when Paula eats. After that they ………… (g) Usually they ………… (h) for a walk or play in his room. After lunch the baby ………… (i) a nap; that's when Paula ………… (j) her aerobics. When her husband, Tom, ………… (k) home, it's his turn to look after Charlie. I think he ………… (l) a lot of fun with him.

15 Übungsdialog

Hören Sie sich zunächst die beiden Beispiele an und antworten Sie dann entsprechend den Angaben.

Beispiel:	Sie sind dran …
◆ When does Ellen get up? ◆ *She gets up early.* ◆ When does Ellen have breakfast? ◆ *She has breakfast at 6:45.*	Ellen / get up / early Ellen / have breakfast / 6:45 Ellen / have lunch / 12:00 Ellen / do her aerobics / after lunch Ellen / start dinner / 6:15 Tom / come home / at around 6 Ellen / go to bed / 10:30 Tom / go to bed / 11:30

16 Übungsdialog

Bitte beantworten Sie nun entsprechend dem Inhalt des Dialogs *„My day normally begins at six"* folgende Fragen nach dem Muster.

Beispiel:

- ◆ Does Ellen get up at 6:30?
- ◆ *No, she doesn't.*
- ◆ Does Ellen have breakfast?
- ◆ *Yes, she does.*

Reihenfolge von Handlungen

Um eine Reihenfolge von Handlungen zeitlich zu ordnen, gibt es im Englischen verschiedene Möglichkeiten, z. B.:

first	zunächst
then; that's when	dann
after that, later	danach, später
finally	schließlich
after dinner	nach dem Abendessen
before lunch	vor dem Mittagessen

Lunch

Das klassische Mittagessen besteht aus einem *sandwich*: zwei Scheiben Brot – in England oft ein Baguette – mit Aufschnitt und/oder Käse, Blattsalat, eine Scheibe Tomate und Mayonnaise oder Senf. Dazu gibt es üblicherweise Chips – *crisps* in BE, *(potato) chips* im AE – und eine eingelegte Gurke. Eine beliebte Alternative zum Sandwich ist natürlich der Salat, der in mindestens genauso vielen Variationen angeboten wird wie *sandwiches*.

Brunch

Eine Frühstücksvariante, die inzwischen den Weg über den Atlantik gefunden hat, ist der *brunch*, eine typisch amerikanische Wortschöpfung aus *breakfast* und *lunch*. Diese gesellige Mahlzeit ist in der Regel für sonntags reserviert und wird mit Freunden oder in der Familie geradezu zelebriert, entweder zu Hause oder im Restaurant, wo die Devise meist *all you can eat* (so viel man essen kann) ist – zu einem günstigen Pauschalpreis versteht sich. Brunches sind bei Geschäftstreffen oft eine zeit- und geldsparende Alternative zum Essen. Angeboten werden alle Bestandteile des klassischen amerikanischen Frühstücks zusammen mit etwas aufwendigeren, meist warmen Gerichten. Dazu gehören *French toast* (in aufgeschlagene Eier getauchtes und in Fett ausgebackenes Weißbrot, das mit Ahornsirup und Zimt gegessen wird), *eggs benedict* (getoastetes Brötchen mit gebratenem Schinken, gekochtem Ei und Sauce Hollandaise), *muffins* (die berühmten *Muffins*!) oder *pastry* (Plundergebäck) oder sogar Fleischgerichte, wie z.B. *chicken salad* (Hähnchensalat).

Der typische Brunch findet zwischen 11 Uhr morgens und 2 Uhr nachmittags statt – genau das Richtige also für Wochenendlangschläfer.

Grammatik

Die einfache Gegenwart (*The simple present tense*)

I you we they	work / live / watch TV
he / she / it	work**s** / live**s** / watch**es** TV

Bitte achten Sie auf die Endung in der 3. Person Einzahl: -***s*** bzw. -***es***, wenn die Grundform des Verbs auf *-s, -ch, -x, -sh* oder *-o* endet.

Grundform	3. Person Einzahl	Aussprache
work	work**s**	[s] stimmloses *s*
live	live**s**	[z] stimmhaftes s
watch TV	watch**es** TV	[ɪz] stimmhaftes s

Bitte beachten Sie: Das Verb *have* lautet in der 3. Person Einzahl ***has***.

Verneinte Form

I you we they	**don't**	work / live / watch TV
he / she / it	**doesn't**	work / live / watch TV

Frageform

Do	I you we they	work / live / watch TV?
Does	he / she / it	work / live / watch TV?

Das *simple present* wird verwendet bei:

• wiederholten Handlungen:	• der Beschreibung eines Zustandes:
I get up at 7:00.	*He lives in New York.*

Es gibt eine zweite Form der Gegenwart, die für momentane Handlungen benutzt wird. Mehr dazu in den Lektionen 5 und 6.

Ausnahmen sind Hilfsverben
to be, can, could, would, may

Übungen

Schriftliche Übungen

17 Setzen Sie bitte die richtige Form des Verbs *do* ein.

a) .... you live in New York?
b) .... she have a fax machine?
c) When .... you get up?
d) .... they have a single with a bath?
e) .... you do aerobics in the morning?
f) Where .... she work?
g) .... he drive to work?
h) When .... she get home?

18 Unterstreichen Sie die passende Verbform.

a) I (don't / doesn't) read in bed.
b) (Don't / Doesn't) you work with Sandy?
c) She (don't / doesn't) live in Sydney.
d) (Don't / Doesn't) Monika take the bus to work?
e) He (don't / doesn't) have lunch at noon.
f) She (don't / doesn't) do aerobics.
g) I (don't / doesn't) take a nap after lunch.
h) (Don't / Doesn't) he drive to work?

19 Stimmen die Verbformen in den folgenden Sätzen?

	richtig	falsch
a) I work with Sandy.	■	■
b) She lives in San Francisco.	■	■
c) They take the bus to work.	■	■
d) He have lunch at noon.	■	■
e) I read in bed at night.	■	■
f) She do aerobics in the afternoon.	■	■
g) I like to take a nap on Saturday afternoon.	■	■
h) He usually drive to work.	■	■

20 Setzen Sie die passende Zeitangabe ein.

How do I start my day? Well, ...first... (a) I get up and go to the bathroom, ...after that... (b) I go downstairs and make coffee. Before I have a shower I do 10 minutes of aerobics. ...After... (c) my shower I get dressed. ...Then... (d) I have breakfast ...and then... (e) I leave for work.

21 Setzen Sie die folgenden Verben in die richtige chronologische Reihenfolge.

_2_ get dressed
_4_ get lunch
_5_ get off work
_1_ get up
_7_ get to bed early
_3_ get to work
_6_ get home

22 Setzen Sie das passende besitzanzeigende Adjektiv ein.

a) 

b) 

c) 

d) 

e) 

a) That's ...her... daughter.
b) Is that ...our... new colleague?
c) Where does ...their... mother work?
d) Are those ...his... children?
e) I think that's ...my... coffee.

23 Beschreiben Sie die Zeichnungen, indem Sie die Zeitangaben den Handlungen zuordnen.

a) Lilian gets up	at a quarter past eight.
b) She has breakfast	at half past five.
c) She leaves for work	at seven o'clock.
d) She has lunch	at around eleven.
e) She leaves work	at noon.
f) She goes to bed	at about a quarter to eight.

Sprechen und verstehen

24 Wie viele Silben enthalten folgende Wörter aus dieser Lektion?
Hören Sie die Wörter und kreuzen Sie an. Achten Sie dabei auf die Aussprache und lassen Sie sich nicht vom Schriftbild beirren! Sprechen Sie die Wörter beim zweiten Hören nach.

Eine Silbe ist die kleinste Sprecheinheit innerhalb eines Wortes. Das Wort *Sprache* hat z.B. zwei Silben (*Spra • che*).

	1 Silbe	2 Silben	3 Silben
a) aerobics			
b) breakfast			
c) dressed			
d) neighbour			
e) normally			
f) daughter			

	1 Silbe	2 Silben	3 Silben
g) message	■	■	■
h) secretary	■	■	■
i) bathroom	■	■	■
j) downstairs	■	■	■
k) usually	■	■	■
l) cereal	■	■	■

1/60

25 Bitte hören Sie sich das englische Alphabet an und sprechen Sie jeden Buchstaben nach.

A a	B b	C c
D d	E e [e]	F f
G g	H h	I i [ei]
J j	K k	L l
M m	N n	O o
P p	Q q	R r
S s	T t	U u
V v [vi]	W w	X x [ex]
Y y [wei]	Z z BE [zed] / AE [zi:] [zet]	

1/61

26 Aussagesatz oder Frage?

Hören Sie zweimal die folgenden Sätze und kreuzen Sie das entsprechende Kästchen an.

	Aussagesatz	Frage
a)	■	X
b)	■	X
c)	■	X
d)	X	■
e)	X	■
f)	■	X

27 Satzmelodie: Bejahter oder verneinter Satz?

Hören Sie die folgenden Sätze und kreuzen Sie wieder das entsprechende Kästchen an.

1/62

	bejahter Satz	verneinter Satz
a)	☐	☐
b)	☐	☐
c)	☐	☐
d)	☐	☐
e)	☐	☐
f)	☐	☐

28 Ellen Allen, die bekannte TV-Moderatorin, beschreibt ihren Arbeitstag.

Hören Sie sich das Interview an und ordnen Sie die Uhrzeiten den Tätigkeiten zu.

1/63

___ She gets up.
___ She has a cup of coffee.
___ The show begins.
___ She gets off.
___ She has dinner.
___ She goes to bed.

a)

b)

c)

d)

e)

f)

Zur Erinnerung: Bei den Hörverständnisübungen in diesem Kurs geht es *nicht* darum, jedes Wort zu verstehen, sondern darum, die gestellte Aufgabe zu lösen – in diesem Fall die Uhrzeiten herauszuhören!

**Bitte arbeiten Sie nun die mündlichen Übungen 29 bis 33 durch.
Alle Arbeitsanweisungen erhalten Sie auf der CD.**

1/64–68

Wortschatz

Über seinen Alltag sprechen

I get up at …	Ich stehe um … auf
… then I go to the bathroom.	… dann gehe ich ins Bad.
After that I get dressed.	Danach ziehe ich mich an.
After breakfast I go to work.	Nach dem Frühstück gehe ich zur Arbeit.
I have lunch at about …	Ich esse gegen … zu Mittag.
I get off/leave work at …	Ich mache um … Feierabend.

Über seine Arbeit sprechen

I type, …	Ich tippe, …
… answer the phone, …	… beantworte das Telefon, …
… take messages, …	… nehme Nachrichten entgegen, …
… do the filing …	… mache die Ablage …

Sagen, wie oft man etwas macht

	always			immer	
	often			oft	
	normally			normaler-weise	
I	usually	get up early.	Ich stehe	gewöhn-lich	früh auf.
	sometimes			manchmal	
	never			nie	

Wichtige Verben

drive	fahren
go	gehen / fahren
eat	essen
finish	aufhören
have to	müssen
know	wissen / kennen
like	mögen
live	wohnen
make	machen / tun
meet	kennen lernen / treffen

shower	duschen
start	anfangen
take	nehmen
want	wollen
work	arbeiten

Fragewörter

who / what	wer / was
where / when	wo / wann
how / how much	wie / wie viel

Sagen, wer an der Reihe ist

	my		Ich bin an der Reihe.
	your		Du bist / Sie sind an der Reihe.
	his		Er ist an der Reihe.
It's	her	turn.	Sie ist an der Reihe.
	our		Wir sind an der Reihe.
	your		Ihr seid / Sie sind an der Reihe.
	their		Sie sind an der Reihe.

Die Wochentage

1/69

Monday	Montag
Tuesday	Dienstag
Wednesday	Mittwoch
Thursday	Donnerstag
Friday	Freitag
Saturday	Samstag / Sonnabend
Sunday	Sonntag

Zum Frühstück

1/70

bread / toast	Brot / Toastbrot
whole wheat bread/toast	Vollkornbrot/-toast
rye bread/toast	Roggenbrot/-toast
white bread/toast	Weißbrot/Toastbrot
rolls	Brötchen
butter	Butter
jelly / jam	Gelee / Marmelade
English muffins	getoastetes Brötchen

bagel	ringförmiges Laugenbrötchen
cereal	Getreideflocken
pancakes	Pfannkuchen
waffels	Waffeln
French toast	in Ei getauchtes und in Fett ausgebackenes Weißbrot
maple syrup	Ahornsirup
eggs	Eier
hard/soft boiled egg	hart/weich gekochtes Ei
scrambled egg	Rührei
fried egg	Gebratenes Ei
sunny side up egg	Spiegelei
omelette	Omelett
eggs benedict	*English muffin* mit Schinken, Ei und Sauce Hollandaise
bacon	Speck
ham	Schinken
sausages	Würstchen
hash browns	Bratkartoffeln
donut	ringförmiges Hefeteiggebäck
muffin	süßes Brötchen mit z. B. Beeren
pastry	Plundergebäck mit Obstfüllung
cinnamon bun	Hefegebäck mit Zimt und Rosinen

Hot & cold beverages	**Heiße und kalte Getränke**
orange juice = OJ	Orangensaft
coffee	Kaffee
tea	Tee
milk	Milch
hot chocolate	heiße Schokolade

Unterhaltung

1/71

Stellen Sie sich vor, eine Bekannte stellt Ihnen einige Fragen bezüglich Ihres Feierabends.

Hören Sie sich die Fragen an und beantworten Sie sie, indem Sie die jeweils passende Reaktion in den Pausen sprechen.

In dieser Lektion lernen Sie ...

Situationen
- über den Berufsalltag sprechen
- sagen, was man mag
- fragen, was etwas bedeutet

Wortschatz
- Berufsalltag
- Berufe
- Fortbewegung

Grammatik
- die einfache Gegenwart
- verneinte Fragen
- Umstandswörter der Häufigkeit
- Fragewörter
- Berufsangaben

What do you do?

I'm a chemist

Nina (◆) und Christian (◆) haben auf ihrer Reise durch Kalifornien ein amerikanisches Paar, Jack (◆) und Debbie (◆) kennen gelernt. Diese möchten von ihnen wissen, wie sie in Europa leben.

2/1

Überlegen Sie sich kurz: Welche Fragen stellen Sie, wenn Sie jemanden kennen lernen?

1 Hören Sie sich den Dialog (eventuell mehrmals) an und unterstreichen Sie anschließend die Wörter, die Sie hören.

◆ Where do you live in Germany?
◆ (I live in / I'm from) Freiburg.
◆ … and I live in Basel. I'm not German, I'm Swiss.
◆ Oh, I see. (Don't you live / You don't live) together?
◆ No, we don't – but we see each other often.
◆ (Usually / Sometimes) I go to Freiburg …
◆ … but usually I go to Basel. Chris has a big apartment. I live in a studio. I'm still a student.
◆ How far is Freiburg from Basel?
◆ Not very far. About (half an hour / an hour and a half) by car.
◆ But I always take the train. That takes a little longer.
◆ You're a student, Nina – what do you do, Chris?
◆ I'm a chemist. I (work / works) for a big chemical company.

2 Wer macht was? Kreuzen Sie die richtigen Kästchen an.

	Nina	Christian
a) lives in Freiburg	☒	☐
b) lives in Basel	☐	☒
c) isn't German	☐	☒
d) usually goes to Basel by train	☒	☐
e) lives in a studio	☒	☐

	Nina	Christian
f) has a big apartment	☐	☒
g) is still a student	☒	☐
h) works for a chemical company	☐	☒

3 Übungsdialog

Und jetzt sind Sie wieder an der Reihe! Hören Sie sich zunächst das Beispiel an und antworten Sie dann, indem Sie die Angaben verwenden.

2/2

Beispiel:	Sie sind dran ...
◆ Where does Nina live in Germany? ◆ *She lives in Freiburg.*	Nina / Freiburg Chris / Basel Jack / Sacramento Debbie / Sacramento Anne and Kareem / Toronto Karin / Munich

4 Übungsdialog

Hören Sie sich nun die folgenden Fragen an und beantworten Sie sie entsprechend den Angaben.

2/3

Beispiel:	Sie sind dran ...
◆ Is Chris a doctor? ◆ *No, he isn't, he's a chemist.* ◆ Is Nina a taxi driver? ◆ *No, she isn't, she's a student.*	Chris / chemist Nina / student Patty / doctor Mimi / lawyer Juan / grocer Lebensmittelhändler Lee / business man

Wie oft?

Die folgenden Umstandswörter (Adverbien) geben Auskunft darüber, wie häufig etwas geschieht:

I	*always* *often* *normally* *usually* *sometimes* *never*	*get up early.*	Ich stehe	immer oft normalerweise gewöhnlich manchmal nie	früh auf.
	hardly ever			fast immer	

Enthält ein Satz ein Umstandswort wie *always, usually, sometimes, often* oder *never*, das Antwort auf die Frage „wie oft?" gibt, verwendet man in den meisten Fällen die einfache Gegenwart.

Bitte beachten Sie: Diese Wörter stehen *vor* dem Verb:

*I **always drive** to work.*

bzw. vor dem Hauptverb:

*Don't you **usually take** the bus to work?*
*I don't **usually take** the bus to work.*

Eine Ausnahme bildet (wie so oft) das Verb *be*. In Sätzen mit einer Form von *be* als Hauptverb können diese Umstandswörter auch *nach* dem Verb stehen:

***I'm always** early.*

Usually, often und *sometimes* können in allen Fällen zur Betonung am Satzanfang oder -ende stehen:

***Sometimes** I **go** to Freiburg.*
*We **see** each other **often**.*
***Usually** we **have dinner** together.*

Verneinte Fragen

Vergleichen Sie die Frageform, die verneinte Form und die verneinte Frage:

Die Frageform

***Do** you work in Germany?*
***Does** he work in Germany?*

Die verneinte Form

*You **don't** live in Germany.*
*She **doesn't** live in Germany.*

Verneinte Frage

***Don't** you work in Germany?*
***Doesn't** she live in Germany?*

Inversion = Umkehrung der Grundwortstellung. Z. B. Sie spricht Englisch ➤ Spricht sie Englisch?

Eine verneinte Frage kann auch ohne Inversion gestellt werden. In diesem Fall erkennt man durch die steigende Satzmelodie, dass es sich um eine Frage handelt. Vergleichen Sie:

Don't you live together?
You don't live together?

Es gibt im Englischen keine Entsprechung für „doch" als bejahte Antwort auf eine verneinte Frage, man verwendet ebenfalls *yes*, das allerdings stärker betont ist als sonst:

Don't you live together?
Yes, we do. (Doch!) /*No, we don't.*

I work for a software company

Natürlich möchten die europäischen Besucher Nina (◆) und Chris (◆) auch etwas über ihre amerikanischen Gesprächspartner Jack (◆) und Debbie (◆) erfahren und fragen, was sie beruflich machen.

5 **Hören Sie sich den Dialog an.**

Ordnen Sie dann die passende Antwort den Fragen zu. Hören Sie anschließend den Dialog noch einmal, um Ihre Lösung zu kontrollieren.

2/4

What do you do? Mit dieser Frage erkundigt man sich nach dem Beruf des Gesprächspartners.

◆ What about you, Debbie, what do you do?

◆ ____________________

Oh, really? Do you like it?

◆ ____________________

◆ And what about you, Jack?

◆ ____________________

◆ Really? What kind of business?

◆ ____________________

- I have my own business.
- Yes, I do. It's a small company. I know everyone and everyone knows me. I like that.
- We sell office furniture – so I'm kind of in the computer business, too!
- I'm a computer programmer. I work for a software company near San Francisco.

6 **Hören Sie die folgenden Fragen und zwei Reaktionen darauf.**

Welche Antwort passt zur Frage?

2/5

	erste Antwort	zweite Antwort
a)	■	■
b)	■	■
c)	■	■
d)	■	■
e)	■	■

7 Ordnen Sie die passende Berufsbezeichnung den abgebildeten Personen zu.

___ student

___ taxi driver

___ nurse

___ travel agent

___ waiter

___ salesperson

___ teller

___ clerk

8 *What do you do?*

Ordnen Sie den Beschreibungen die jeweils passende Berufsbezeichnung zu.

a) I look after patients in a hospital.
b) I serve food in an Italian restaurant.
c) I go to university.
d) I work at the window in a bank.
e) I pick up passengers and take them where they want to go.
f) I plan holidays for my clients.
g) I work with colleagues in an office.
h) I sell computers at Modern Media.

___ I'm a salesperson.
___ I'm a taxi driver.
___ I'm a waiter.
___ I'm a clerk.
___ I'm a nurse.
___ I'm a student.
___ I'm a teller.
___ I'm a travel agent.

9 Übungsdialog

Hören Sie sich zunächst das Beispiel an und übernehmen Sie dann die Rollen der angegebenen Personen.

2/6

Beispiel:	Sie sind dran …
◆ What do you do, Benny? ◆ *I'm a student.*	Benny / student Rob / banker Pat / secretary Claire / hotel manager Jean / DJ Flo / chemist

10 Übungsdialog

Hören Sie sich zunächst die beiden Beispiele an und beantworten Sie dann die Fragen, was Sie beruflich machen, entsprechend den Angaben.

2/7

Beispiel:	Sie sind dran …
◆ What do you do? ◆ *I work for a furniture company.* ◆ What do you do? ◆ *I work in a supermarket.*	furniture company supermarket cleaning company software company hotel computer company

11 Übungsdialog

Bei dieser Übung geht es darum, Fragen nach dem Beruf bestimmter Personen zu beantworten. Die Angaben dazu finden Sie wieder im Kasten.

2/8

Beispiel:	Sie sind dran …
◆ What does Debbie do? ◆ *She's a computer programmer.* ◆ What does Jack do? ◆ *He has his own business.*	Debbie / computer programmer Jack / his own business Regis / his own hotel Hal / doctor Mary Ellen / her own business Kimberly / secretary

Berufsangaben

Wenn man nach seinem Beruf gefragt wird, gibt es mehrere Antwortmöglichkeiten:

I'm a	*computer programmer.* *student.* *chemist.*

Bitte achten Sie auf den unbestimmten Artikel ***a***, den wir im Deutschen nicht verwenden. Vor einem Selbstlaut wird ***a*** zu ***an*** (*I'm **an** engineer*).

I work for	*a chemical company.* *Amco Electronics.* *IT&T.*

I have my own business.

oder:

I'm unemployed.

Von FlugbegleiterInnen und „männlichen Krankenschwestern"

Die meisten Berufsbezeichnungen im Englischen werden sowohl für Männer als auch für Frauen verwendet: *doctor* (Arzt/Ärztin), *secretary* (Sekretär/Sekretärin), *teacher* (Lehrer/Lehrerin), *programmer* (Programmierer/Programmiererin), *manager* (Manager/Managerin).
Berufsbezeichnungen, die eindeutig männlich oder weiblich waren, wurden zum größten Teil durch neutrale ersetzt: So ist die Unterscheidung von *steward* und *stewardess* z.B. längst überholt; heute heißen sowohl Männer als auch Frauen dieser Berufssparte *flight attendant* (Flugbegleiter/in). Obwohl es längst schon die Bezeichnung *policewoman* (Polizeibeamtin) gibt, wird heute meistens der geschlechtsneutrale Begriff *police officer* (Polizist) verwendet. Berufsbezeichnungen, die auf *-man* ausgehen (z. B. *spokesman* = Sprecher), können mit solchen, die auf *-woman* enden (*spokeswoman* = Sprecherin), ersetzt werden. Noch gebräuchlicher ist aber die Neuerfindung *spokesperson*.
Einige Berufsbezeichnungen mit geschlechtlicher Unterscheidung sind jedoch noch gebräuchlich, z.B. *waiter* (Kellner) / *waitress* (Kellnerin), *actor* (Schauspieler) / *actress* (Schauspielerin).
Problematischer scheint die Handhabung zu sein, wenn es darum geht, Bezeichnungen für Männer in traditionell weiblichen Berufen zu finden: So heißt der männliche Gegenpart zu *nurse* (Krankenschwester) *male nurse* („männliche Krankenschwester" bzw. Krankenpfleger). Eine Besonderheit ist auch der Begriff *housewife* (Hausfrau). Hier gibt es sogar im gleichberechtigungsbewussten Amerika, in dem man auf *political correctness* („politisch korrektes", d.h. nicht diskriminierendes Verhalten) bedacht ist, weder eine neutrale Bezeichnung noch eine männliche Entsprechung. Eher ironisch ist manchmal vom *„Mr. Mom"* die Rede. In Großbritannien dagegen is der Begriff *house husband* etwas geläufiger.

What do you mean, "knock off"?

Jack (◆) fragt Chris (◆) nach seinem Arbeitsalltag.

12 Hören Sie den Dialog und unterstreichen Sie jeweils das passende Wort.

2/9

- ◆ What does your (typical / normal) day look like, Chris?
- ◆ Well, I get up at about 6:15, shower, have breakfast and (walk / go) to the bus stop – I take the bus to work. I'm usually in the office by 7:30.
- ◆ That's early!
- ◆ I (like / have) to start early so I can leave early.
- ◆ When do you (have / eat) lunch?
- ◆ Around (noon / twelve o'clock) – it depends on work.
- ◆ How long is your lunch break?
- ◆ (About / Exactly) half an hour, sometimes a little longer.
- ◆ Do you work in a lab?
- ◆ Sometimes, but (normally / usually) I'm in the office – I have a lot of paperwork.
- ◆ I'm sure! So (when / what time) do you knock off?
- ◆ What do you mean, "knock off"?
- ◆ Sorry, that's slang for ("finish work" / "stop working").
- ◆ I "knock off" at around 4:00.
- ◆ Do you make dinner yourself?
- ◆ Sometimes, but I eat a (hot / big) meal at lunch, so usually I just have a salad or something like that.

13 Kreuzen Sie die richtige Antwort an.

a) When does Chris get up?
1. He gets up early.
2. He gets up late.

b) How does Chris get to work?
1. He goes by car.
2. He takes the bus.

c) How long is Chris' lunch break?
1. About an hour.
2. About a half an hour.

d) Does Chris work in a lab?
1. Sometimes.
2. Usually.

e) What does "knock off" mean?
1. It means "finish work".
2. It means "have a lot of paperwork".

f) Doesn't Chris eat at home in the evening?
1. No, he doesn't.
2. Yes, he does.

14 *How do you get to work?*

Ordnen Sie den Abbildungen die jeweils passende Bezeichnung der Fortbewegung zu.

___ walk

___ take the bus

___ ride a bicycle

___ fly

___ drive

___ run

a)

b)

c)

d)

e)

f)

2/10

15 Übungsdialog

Hören Sie sich die folgenden Fragen an und beantworten Sie sie entsprechend dem Inhalt des Dialogs *„What do you mean 'knock off'?"*

Beispiel:

- Does Chris get up at 7:00?
- *No, he doesn't, he gets up at 6:15.*
- Does he have breakfast in the morning?
- *Yes, he does.*

2/11

16 Übungsdialog

Hören Sie sich die folgenden Sätze an und setzen Sie die angegebenen Umstandswörter nach dem Muster ein.

Beispiel:

He gets up at 6:00. (usually)
He usually gets up at 6:00.
He has breakfast at 7.00. (normally)
He normally has breakfast at 7:00.

Sie sind dran …

usually
normally
usually
sometimes
often
always

Grammatik

Fragewörter

Wie Sie schon gesehen haben, können Fragen auch mithilfe von Fragewörtern gebildet werden. Die wichtigsten haben Sie in dieser und den vorhergehenden Lektionen kennen gelernt.
Das Hilfsverb *do* bzw. *does* braucht man auch bei Fragen, die mit einem Fragewort eingeleitet werden. Ausgenommen sind wieder das Verb *be* und Modalverben wie *can*.
Bitte beachten Sie: Nach einem Fragewort werden wie im Deutschen Subjekt und Verb vertauscht. Man spricht in der Grammatik von der „Inversion“:

what?	was? (wie?)
What's your name?	Wie ist dein/Ihr Name?
What can I do for you?	Was kann ich für dich/Sie tun?
What do you do?	Was machst du/machen Sie beruflich?

who? (whom?)	wer/wen/wem? (wen/wem?)
Who's that?	Wer ist das?
Who can help me?	Wer kann mir helfen?
Who do you mean?	Wen meinst du/meinen Sie?

where?	wo?
Where is your daughter?	Wo ist deine/Ihre Tochter?
Where can we have lunch?	Wo können wir zu Mittag essen?
Where do you work?	Wo arbeitest du/arbeiten Sie?

when?	wann?
When's dinner?	Wann ist das Abendessen?
When can you start?	Wann kannst du/können Sie anfangen?
When do you knock off work?	Wann machst du/machen Sie Feierabend?

how (much / far / long /...)?	wie (viel / weit / lang /...)?
How are you?	Wie geht es dir/Ihnen?
How much is the room?	Wie viel kostet das Zimmer?
How far is that from here?	Wie weit ist das von hier?
How long does the flight take?	Wie lange dauert der Flug?

Übungen

Schriftliche Übungen

17 Setzen Sie bitte die richtige Form des angegebenen Verbs ein.

a) Kristin .... (live) in Düsseldorf but she .... (work) in Dortmund.

b) Tony and Mike .... (take) the bus to the office.

c) I get up at 7:00 but my husband .... (get up) at 6:30.

d) Tom .... (make) coffee for us in the morning.

e) Sandy usually .... (go) for a walk in the afternoon.

f) Jack .... (sell) office furniture.

g) How long .... (do) it take to get home?

h) Usually she just .... (have) a salad for lunch.

18 Ordnen Sie den Fragen die zugehörigen Antworten zu.

a) Doesn't "knock off" mean "start working"?
b) Don't you like to start early?
c) Don't Meg and Robin work in Cork?
d) Aren't you on your lunch break?
e) Where is she from?
f) Isn't Boston near Washington?

( ) I don't know.
( ) No, I'm not.
( ) No, it doesn't.
( ) No, it isn't.
( ) Yes, they do.
( ) Yes, I do.

19 Beantworten Sie die Fragen, indem Sie die Satzelemente in die richtige Reihenfolge bringen.

a) When does Chris get up?
up / usually / He / 6.15 / about / gets / at – ______________________.

b) When does Chris normally start work?
7.30 / office / He's / the / by / in / usually – ______________________.

c) Where does he work?
works / Normally / in / he / office / an – ______________________.

d) Does Chris make dinner for himself?
salad / he / Usually / has / just / a – ______________________.

e) How does Nina get to Basel?
the / She / train / takes / always – ______________________.

20 Tragen Sie das passende Fragewort ein.

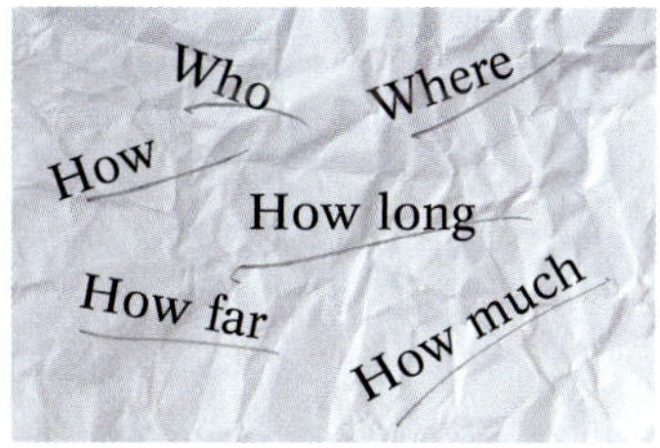

________ vacation do you have? – Just two weeks.
________ does the filing take? – Oh, about an hour.
________ do I start my day? – Well, I get up at around seven, …
________ is the hotel from here? – About 10 kilometres, I think.
________ knows her telephone number? – I do, it's 674 8345.
________ do you normally have lunch? – In the coffee shop near the office.

21 Sie haben in dieser und den vergangenen Lektionen eine Menge Vokabeln zum Thema „Alltag" gelernt. Versuchen Sie doch einmal folgende Wortschatzübung, um sich diese neuen Wörter besser einzuprägen.

Machen sie sich eine Liste sämtlicher Verben (in der Grundform), die alltägliche Tätigkeiten beschreiben. Ordnen Sie sie dann in einem zweiten Schritt einer der folgenden Kategorien zu.

Things I do at home	*Things I do at home and at work*	*Things I do at work*

Natürlich können Sie sich weitere Ordnungskriterien ausdenken. Setzen Sie Ihrer Fantasie keine Grenzen; je spezieller die Kategorie, desto besser der Merkeffekt. Einige Beispiele:

- *Things I like to do / Things I don't like to do*
- *Things I do in the morning / Things I do at night / Things I do in the morning and at night*

Sprechen und verstehen

2/12

22 Hören Sie die folgenden dreisilbigen Berufsbezeichnungen.

Welche Silbe wird jeweils betont? Sprechen Sie anschließend die Wörter nach.

	1. Silbe	2. Silbe	3. Silbe
a) engineer	☐	☐	☐
b) machinist	☐	☐	☐
c) programmer	☐	☐	☐
d) manager	☐	☐	☐
e) therapist	☐	☐	☐
f) policeman	☐	☐	☐
g) repairman	☐	☐	☐
h) salesperson	☐	☐	☐

2/13

23 Bejahter oder verneinter Satz?

Hören Sie die folgenden Sätze und kreuzen Sie wieder das entsprechende Kästchen an.

	bejahter Satz	verneinter Satz
a)	☐	X
b)	X	☐
c)	☐	X
d)	X	☐
e)	☐	X
f)	X	☐

2/14

Es empfiehlt sich, während dem Hören *nicht* gleichzeitig die Aussagen zu lesen oder die Aufgabe zu lösen, sonst überhört man einiges.

24 *True or false?*

Hören Sie sich den folgenden Text zweimal an und entscheiden Sie dann, ob die folgenden Aussagen richtig oder falsch sind.

	true	false
a) Phyllis works for a chemical company.	X	☐
b) She picks her husband up after work.	X	☐
c) She and her husband usually have dinner in a restaurant.	☐	X
d) Phyllis and her husband have a son. His name is Keenan.	☐	X
e) Sometimes Phyllis's husband helps their son with his homework.	X	☐
f) Phyllis and her husband like to go to bed after 12:00.	☐	X

2/15–19

**Bitte arbeiten Sie nun die mündlichen Übungen 25 bis 29 durch.
Alle Arbeitsanweisungen erhalten Sie auf der CD.**

Wortschatz

Sagen, was man beruflich macht

I'm a policeman/an office worker.	Ich bin Polizist/Büroangestellte/r.
I work for Travelco/...	Ich arbeite für Travelco/...
I have my own business.	Ich habe mein eigenes Geschäft.

2/20

Berufe		**Arbeitstellen**	
clerk	kaufmännische(r) Angestellte(r)	company	Firma
construction worker	Bauarbeiter/in	building site	Baustelle
cook	Koch/Köchin	kitchen	Küche
doctor	Arzt/Ärztin	hospital / doctor's office	Krankenhaus / Arztpraxis
engineer	Ingenieur/in	office / building site	Büro / Baustelle
factory worker	Arbeiter/in	factory	Fabrik
insurance agent	Versicherungs-agent/in	customer's home	Büro/beim Kunden
lawyer	Rechtsanwalt/-anwältin	office	Büro
machinist	Schlosser/in	factory	Fabrik
manager	Manager/in	office	Büro
nurse	Krankenpfleger/-schwester	doctor's office (AE) / surgery (BE)	Krankenhaus / Arztpraxis
office worker	Büroangestellte/r	office	Büro
physical therapist (AE)/physiotherapist (BE)	Physiotherapeut/in	hospital / doctor's office	Krankenhaus/ Arztpraxis
policeman / policewoman	Polizist/in	police station/street	Wache / Straße
repairman	Handwerker	customer's home	beim Kunden
salesperson	Verkäufer/in	store	Geschäft
secretary	Sekretär/in	office	Büro
supervisor	Vorarbeiter/in	factory / office	Fabrik / Büro
taxi driver	Taxifahrer/in	street	Straße
teacher	Lehrer/in	school	Schule
teller	Bankangestellte/r	bank	Bank

travel agent	Reisebüro-angestellte/r	travel agency	Reisebüro
waiter / waitress	Kellner/in	restaurant	Restaurant

Sagen, wo man arbeitet

I work in a factory.	Ich arbeite in einer Fabrik.
I work in a doctor's office.	Ich arbeite in einer Arztpraxis.
I work in an office.	Ich arbeite in einem Büro.
I work in a kitchen.	Ich arbeite in einer Küche.
I work in a store.	Ich arbeite in einem Geschäft.

Sagen, wie lange etwas dauert

It takes a half an hour.	Es dauert eine halbe Stunde.
How long does it/the flight take?	Wie lange dauert es/der Flug?

Wie man sich fortbewegt

go by car/bus/train/subway	mit dem/der Auto/Bus/Zug/U-Bahn fahren
go by bicycle / ride a bicycle	Fahrrad fahren
drive	fahren
walk	zu Fuß gehen
run	rennen
fly	fliegen

2/21

Unterhaltung

Stellen Sie sich vor, eine Bekannte stellt Ihnen einige Fragen in Bezug auf Ihren Arbeitstag.

Bitte hören Sie sich nun die Anweisungen auf der CD an und nehmen Sie an einer Unterhaltung teil.

In dieser Lektion lernen Sie ...

Situationen
- nach dem Weg/ einem Ort fragen
- den Weg erklären
- jemandem etwas wünschen

Wortschatz
- Richtungsangaben
- Straße und Verkehr

Grammatik
- die Verlaufsform der Gegenwart (*the present continuous tense*)
- die modalen Hilfsverben
- die Satzstruktur
- die Ordinalzahlen

Excuse me, can you tell me ...?

Can I change euros here?

Bärbel (◆), eine deutsche Touristin, möchte Euro in Dollar umtauschen und fragt einen Bankangestellten (◆), ob dies in der Filiale möglich sei.

2/22

Überlegen Sie sich kurz: Wie formulieren Sie normalerweise in Ihrer Muttersprache eine Bitte um Auskunft?

1 Hören Sie den Dialog und ordnen Sie anschließend die Äußerungen von Bärbel zu.

Hören Sie dann den Dialog noch einmal, um Ihre Lösung zu kontrollieren.

◆ Good morning. Can I change euros here?

◆ No, I'm sorry. You have to go to our main office.

◆ Where is that?

◆ It's on Market Street.

◆ How far is that from here?

◆ Do you know where City Hall is?

◆ No, but I can find it.

◆ Are you driving?

◆ No, I'm not.

◆ Then you should take the bus. There's a bus stop down the street.

◆ And the bank is nea

◆ Yes. City Hall is on Market Street. The bank is about a block away.

◆ Could you show me on this map.

◆ Yes, it's right here.

◆ OK, thank you very much.

◆ You're welcome.

- Could you show me on this map?
- Where is that?
- How far is that from here?
- No, I'm not.
- And the bank is near City Hall?
- OK, thank you very much.
- No, but I can find it.

2 *True or false?*
Sind die folgenden Behauptungen richtig oder falsch? Kreuzen Sie an.

	true	false
a) Bärbel is sure she can change euros at the bank.	■	■
b) The teller says that she has to go to the bank's main office to change her money.	■	■
c) Bärbel knows where the bank's main office is.	■	■
d) The main office is near City Hall.	■	■
e) Bärbel's car is parked at the bank.	■	■
f) She takes the bus to the main office.	■	■

3 Setzen Sie das passende Verb ein.

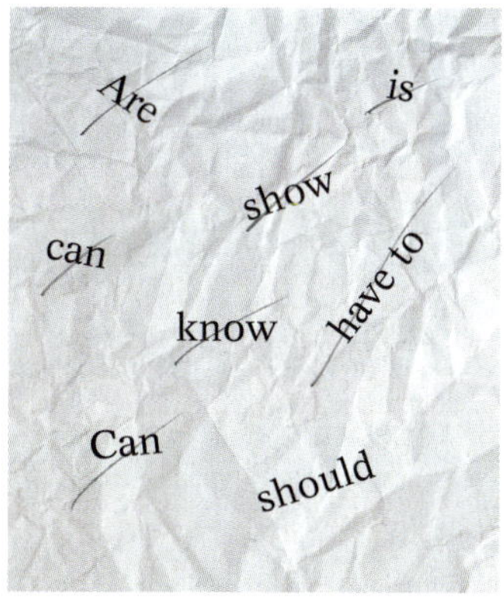

◆ Hello. .... I change dollars here?

◆ Yes, but you .... go to that window over there.

◆ Um, one more thing: do you know where the Tourist Information Center is?

◆ Yes, it's on High Street.

◆ How far .... that from here?

◆ Do you .... where the market is?

◆ No, but I .... find it.

◆ .... you driving?

◆ No, I'm not.

◆ Then you .... take the bus. There's a bus stop right outside.

◆ And the Information Center is near the market?

◆ Yes, it's on the north side of the market square.

◆ Can you .... me on this map?

◆ Yes, it's right here.

◆ OK, thank you very much.

◆ You're welcome.

Sie wissen es sicherlich selbst: Sich von einer Fremdsprache berieseln zu lassen, ist einfach. Um sie jedoch später in der Praxis anwenden zu können, muss man auch selbst aktiv werden.

2/23

4 Übungsdialog

Sie brauchen eine Auskunft. Hören Sie sich zunächst den Beispieldialog an und stellen Sie dann Fragen nach dem Muster. Die richtige Frage hören Sie stets, nachdem Sie gesprochen haben.

Beispiel:	Sie sind dran …
◆ *How far is City Hall from here?* ◆ It's about a block from here.	City Hall the Rockefeller Bank the bus stop Spring Street the Plaza Hotel the supermarket

Der Aussagesatz

Die normale Wortfolge in einem englischen Aussagesatz ist wie folgt:
Karin can give you the telephone number.

Das Subjekt des Satzes (*Karin*) steht an erster Stelle, dann kommen Hilfs- und Hauptverb (*can give*), gefolgt vom indirekten (*you*) und direkten (*the telephone number*) Objekt. Anders als im Deutschen kann man Subjekt und Objekt nicht vertauschen, ohne den Sinn des Satzes zu verändern.

Wie Sie sicherlich schon gemerkt haben, gibt es im Englischen keine Fälle. Das erleichtert zunächst einmal das Sprechen. Dafür muss man sich aber an die typischen Satzstrukturen halten!

Der Fragesatz

Bei einer Frage werden, wie Sie wissen, Subjekt und Verb vertauscht (Inversion):

***Are you** a Student?*
***Do you** live in Germany?*
*Where **can I** get the bus?*
*Where **is the bus stop?***

Aber: In einem *indirekten* Fragesatz, eingeleitet mit einer Wendung wie *Can you tell me …?* oder *Do you know …?*, entfällt die Inversion:

*Can you tell me where **I can** get the bus?*
*Do you know where **the bus stop is**?*

Im Englischen trennt – anders als im Deutschen – **kein Komma** die Satzteile.

Nach *Can you tell me …?* oder *Do you know …?* kann auch eine Infinitivkonstruktion mit *to* (zu) folgen:

*Can you tell me how **to get** to I 95?*
*Do you know where **to turn**?*

Excuse me, can you tell me ...?

Bärbel (◆) fragt zunächst einen Passanten (◆), wie sie zur Bushaltestelle und dann später einen zweiten (◆) und dritten Passanten (◆), wie sie zur Bankfiliale kommt.

kein Artikel vor Gebäuden*

5 Hören Sie nun den Dialog und unterstreichen Sie jeweils das passende Wort.

2/24

◆ Excuse me, can you tell me (where / who) the bus stop is?
◆ Which one?
◆ I (have to / want to) go to City Hall.*
◆ Then you (need / want) the 17. It stops over there, in front of the (station / church).
◆ Do you know where I (get on / get off)?
◆ There's a stop at City Hall.
◆ Oh – one more thing. How much is the bus?
◆ A dollar twenty-five – and you (want / need) exact change.
◆ Thanks a lot.
◆ (Not at all. / You're welcome.)
... later on Market Street:
◆ Excuse me, (can / will) you tell me where the Hamilton Bank is?
◆ Sorry, I'm not from here.
...
◆ Excuse me, I'm looking for the Hamilton Bank.
◆ It's about a block up on the (left / right); you can't miss it. Where are you from?
◆ I'm from Munich.
◆ Oh, my wife and I (were / was) at the Oktoberfest two years ago. Munich is a beautiful city. How long are you here for?
◆ Three weeks.
◆ Well, have a good stay.
◆ Thanks. Bye.
◆ Bye.

Ähnlich wie im Deutschen kann man mit der Wendung *Excuse me* die Aufmerksamkeit eines Passanten auf sich lenken, wenn man eine Auskunft möchte. Ist man in einem Land, in dem Englisch nicht die Landessprache ist, fragt man dann *Do you speak English?*, bevor man die eigentliche Frage stellt.

6 Hören Sie die folgenden Äußerungen und zwei Reaktionen darauf.
Welche Antwort passt zur jeweiligen Frage?

2/25

	erste Antwort	zweite Antwort
a)	■	■
b)	■	■
c)	■	■
d)	■	■
e)	■	■

2/26

7 Übungsdialog

Und jetzt brauchen Sie wieder eine Auskunft. Hören Sie sich zunächst den Beispieldialog an und stellen Sie dann selbst Fragen nach dem Muster.

Beispiel:	Sie sind dran …
◆ *Excuse me, can you tell me where the bus stop is?* ◆ It's about a block from here.	the bus stop City Hall the Hamilton Bank Penn Street a telephone a supermarket

Die Verlaufsform der Gegenwart (*the present continuous tense*)

Die zweite Gegenwartsform wird mit einer Form von *be* und dem Hauptverb mit der Endung *-ing* gebildet.

I	am	
you / we / they	are	looking for …
he / she / it	is	

today, in the moment,

Im Gegensatz zur einfachen Gegenwart bezeichnet diese Form eine Handlung, die gerade abläuft.

Excuse me, I'm looking for the Hamilton Bank.
Entschuldigung, ich suche gerade die Hamilton Bank.

Die Verhältniswörter

Can you tell me how to get to I 95?

Jerry (◆) und Rene sind in der Nähe von Washington mit dem Auto unterwegs. Beim Tanken fragen sie den Tankwart (◆), wie man zur Schnellstraße kommt.

8 Hören Sie den Dialog und bringen Sie die Sätze in die richtige Reihenfolge.

2/27

8 ◆ That'll be $13.50.

2 ◆ Regular or super?

3 ◆ Super, please. … Can you tell me how to get to I 95?

7 ◆ Thanks.

4 ◆ Yeah. You go straight ahead until you come to the second traffic light.

9 ◆ Here you are. Thanks a lot.

5 ◆ How far is that?

1 ◆ Hi. Fill it up, please.

6 ◆ About two miles. You take a right at the light and keep going until you come to an intersection. After the intersection you'll see signs for 95. You can't miss it.

10 ◆ Not at all. See you!

9 Kreuzen Sie die passende Antwort an.

a) What kind of gas does Jerry get?
1. Regular. ☐
2. Super. ☐
3. Diesel. ☐

b) What is I 95?
1. It's a kind of light. ☐
2. It's a kind of street. ☐
3. It's a kind of gas/petrol. ☐

c) What else does Jerry want at the service station?
1. $13.50. ☐
2. Something to eat. ☐
3. Information. ☐

d) How far does Jerry have to go before he takes a right?
1. One traffic light. ☐
2. Two traffic lights. ☐
3. Three traffic lights. ☐

e) How far is the traffic light?
1. Around two miles. ☐
2. Exactly two miles. ☐
3. Very far. ☐

f) How do you know when you get to I 95?
1. You can't miss it. ☐
2. You have to stop at the light. ☐
3. You see signs for it. ☐

10 Verbinden Sie die zusammengehörenden Fragen und Antworten.

a) How much is the taxi?	Just two weeks.
b) Can you tell me where Luigi's is?	It's a block from here on the right.
c) Can I change Swiss franks here?	Well, yes, I do.
d) How long are you here for?	Yes, I am.
e) How far is the car park from here?	Seven fifty.
f) Are you driving?	I'm sorry, I'm not from here.
g) Do you think I should take the bus?	Yes, you can.

2/28

11 Übungsdialog

Stellen Sie sich vor: Sie fragen einen Tankwart nach dem Weg. Hören Sie sich zunächst den Beispieldialog an und sprechen Sie dann nach dem Muster.

Beispiel:

- ◆ *Hi. Fill it up, please.*
- ◆ Regular or super?
- ◆ *Super, please … Can you tell me how to get to I 95?*
- ◆ Yeah. You go straight ahead until you come to the traffic light.
- ◆ *Thanks a lot.*

Sie sind dran …

super / I 95
super / Wall Street
regular / the Kennedy Center
super / the White House
super / 495
regular / 17

Driving in America and Britain

Wie im Deutschen gibt es auch im Englischen eine ganze Reihe von Bezeichnungen für den Begriff „Straße“:

street	Straße	mit Gebäuden	
road		außerhalb einer Ortschaft	
lane		in einer Ortschaft auf dem Land	
alley	Gasse	schmal, mit Häusern auf beiden Seiten	
avenue	Allee	breit, in einer Stadt	
boulevard		breit, in einer Stadt	
motorway		Autobahn/	(BE)
highway/turnpike/ expressway		Schnellstraße	(AE)

Das riesige Straßennetz der USA ist der Übersichtlichkeit halber mit einer Nummerierung versehen. Fernstraßen, die den ganzen Kontinent durchqueren und mit unseren Autobahnen vergleichbar sind, heißen *Interstate Highways* (Abkürzung: I, z. B. I 95, I 80). Wenn Sie mit dem Auto unterwegs sind, sollten Sie sich die Nummern der Straßen, die Sie benutzen wollen, gut merken, denn meist ist nicht der Zielort, sondern die Straße ausgeschildert.

In Großbritannien fährt man bekanntermaßen links und überholt rechts. Die Autobahnen heißen *motorways* – man spricht zum Beispiel von der *M3*. Besonders beliebt sind die *roundabouts*, also Kreisverkehrinseln, die ungewohnte ausländische Fahrer in Angst und Bange versetzen können. Ein Tipp zum Linksfahren: Tragen Sie Ihre Uhr beim Fahren auf dem anderen Arm!

Grammatik

Die modalen Hilfsverben

can, could, should, must, will, would

Modale Hilfsverben unterscheiden sich formal von allen anderen Verben dadurch, dass sie in der Gegenwart nur *eine* Form haben (also kein *-s* in der 3. Person Einzahl). Diese Form ist identisch mit der Grundform.

I you he / she / it we you they	can, could, should, must, will, would	*Hauptverb*

Verneinte Form

I you he / she / it we you they	can't, couldn't, shouldn't, mustn't, won't, wouldn't …	*Hauptverb*

Frageform

Can, Could, Should, Must, Will, Would	I you he / she / it we you they	*Hauptverb*?

Diese Hilfsverben benötigen kein *do* bei Fragen oder verneinten Sätzen.
Sie stehen immer in Verbindung mit der Grundform eines Hauptverbs.
Die eigentliche Handlung des Satzes wird durch das Hauptverb ausgedrückt, während das Modalverb die Art und Weise (die „Modalität“) des Geschehens bezeichnet.

Bisher haben Sie einige modale Hilfsverben kennen gelernt:

***I'd like** you to meet Klaus Waldau.* (*'d* ist die verkürzte Form von *would*)
***Can** I **have** your credit card?*

Wissen Sie, wie die modalen Hilfsverben auf Deutsch lauten? Wollen, sollen, dürfen, mögen, müssen, können.

Der Gebrauch der einzelnen Modalverben

can, could

Mit *can* (können) deutet man an, dass etwas möglich ist:

*I **can give** you the telephone number.*

Can ersetzt in der gesprochenen Sprache das nun eher formelle modale Hilfsverb *may* (dürfen), genauso wie im Deutschen das Verb „können" im Sinne von „dürfen" verwendet wird:

***Can / May** I **have** your credit card?*

Could – könnte(n) – ist die Konjunktivform von *can* und drückt eine Unsicherheit aus, ob etwas möglich ist oder nicht:

***Could** you **show** me on this map?*

should

Mit *should* – sollte(n) – kann man einen Ratschlag formulieren:

*You **should take** the bus.*

must bzw. *have (got) to*

Mit dem Verb *must* (müssen) drückt man eine Verpflichtung oder Notwendigkeit aus.

*You **must** go to our main office.*

have to bzw. *have got to* bedeutet dasselbe wie *must* und hat *must* vor allem im AE praktisch ersetzt.
Formal gesehen ist *have to* bzw. *have got to* kein Modalverb, da das Verb *have* das *-s* in der 3. Person Einzahl aufweist.

*You **have to** go to our main office.*
*You**'ve got to** go to our main office.*

Vor allem im amerikanischen Englisch werden *have to* bzw. *have got to* meist zu *haveta* bzw. *'ve gotta* verkürzt.

*I **haveta** think about that.*
*Well, **I've gotta run**.*

will

Mit *will* und der Grundform des Hauptverbs drückt man zukünftige Handlungen aus. In der gesprochenen Sprache benutzt man meist die Kurzform *'ll*:

*After the intersection you**'ll see** signs for I 95.*
*That**'ll be*** $30.

Mehr zu diesem Thema erfahren Sie in Lektion 8. *Would* (würde(n)) ist die Konjunktivform von *will* und wird u. a. in Verbindung mit dem Verb *like* in Wünschen verwendet:

***I'd like** you to meet Peggy Wilson.*
***I'd like** a single for two nights.*

Übungen

Schriftliche Übungen

12 Weil es im Deutschen nur eine Gegenwartsform gibt, ist es manchmal schwierig zu wissen, welche Form man im Englischen benutzen soll.

Versuchen Sie in den folgenden Sätzen zwischen wiederholten und noch andauernden Handlungen zu unterscheiden.

	wiederholte Handlung	andauernde Handlung
a) Ich fahre morgens mit dem Wagen zur Arbeit.	■	■
b) Was machst du? – Ich lerne für die Prüfung.	■	■
c) Moment bitte – ich telefoniere gerade.	■	■
d) Wir sehen uns oft in der Stadt.	■	■
e) Eigentlich kommen wir immer pünktlich.	■	■
f) Leise bitte: Wir schauen fern!	■	■
g) Entschuldigung, ich suche den Domplatz.	■	■
h) Ich warte noch einen Moment auf die Kollegin.	■	■

13 Unterstreichen Sie die passende Form der Gegenwart.

a) Excuse me, I (look / am looking) for City Hall.
b) We usually (have / are having) lunch at noon.
c) She never (does / is doing) aerobics.
d) Hanne (works / is working) in her office at the moment.
e) How far is Dublin? – The train (takes / is taking) about an hour.
f) We (see / are seeing) each other every week.

14 Unterstreichen Sie das passende Hilfsverb.

a) Excuse me, (can / will) you tell me how I get to the airport?
b) You (have to / could) have exact change for the bus.
c) I think you (have to / should) take the train; it's more comfortable.
d) Do you think I (could / have to) have breakfast at seven?
– Yes, that's possible.
e) Do you know where (I'll / I have to) go to change money?
f) The bus stop? Yes, it's down the street on the right; you (shouldn't / can't) miss it.
g) Is seven o'clock OK? – I think (you should / you'll) get up a little earlier.
h) Where is Sandy? – Go straight on and (you have to / you'll) see her.

15 Direkte Frage mit Inversion oder indirekte Frage ohne Inversion?

Kreuzen Sie an.

	direkte Frage	indirekte Frage
a) Are you looking for City Hall?	■	■
b) Can you tell me where the software department is?	■	■
c) Do you know what kind of business she's in?	■	■
d) Can I change money at that bank?	■	■
e) Does he know how far the motorway is from here?	■	■
f) Is there a bus stop nearby?	■	■
g) Do I have to turn at the first or second light?	■	■
h) Should I tell them when to come?	■	■

16 Vervollständigen Sie die Fragen, indem Sie die Wörter in der richtigen Reihenfolge eintragen.

a) Could you tell us ______________________________?
works / he / where

b) Would you call me ______________________________?
gets / when / here / she

c) Doesn't he know ______________________________?
new / colleague's / the / is / name / what

d) Will you tell them ______________________________?
need / how / will / long / they

e) Do you know ______________________________?
to / up / have / when / get / we

Sprechen und verstehen

17 **Hören Sie die folgenden dreisilbigen Wörter bzw. Wortgruppen.**
Welche Silbe wird jeweils am stärksten betont? Sprechen Sie die Wörter anschließend nach.

2/29

	1. Silbe	2. Silbe	3. Silbe
a) main / of / fice	■	■	■
b) You're / wel / come	■	■	■
c) Cit/y / Hall	■	■	■
d) twen / ty /-fifth	■	■	■
e) ex / cuse / me	■	■	■
f) Mar/ket / Street	■	■	■
g) straight / a / head	■	■	■
h) traf/fic / light	■	■	■

In den ersten fünf Lektionen dieses Kurses haben Sie eine ganze Reihe von Kurzformen kennen gelernt (*I'm, he's, don't, can't* usw.). In der gesprochenen Sprache sind diese Kurzformen die Regel; die Vollformen werden nur dann benutzt, wenn ein sonst zusammengezogenes Wort besonders betont werden soll.

18 **Kurzform oder Vollform?**
Hören Sie die folgenden Sätze und unterstreichen Sie jeweils die Form, die Sie hören.

2/30

a) No, I (can't / cannot) help you with the filing!
b) Yes, (I'll / I will) be there early.
c) We (don't / do not) think we'll drive.
d) (I'd / I would) like to come, but I have to work.
e) (She's / She is) Irish, isn't she?
f) You (mustn't / must not) tell her where we're going.
g) You (wouldn't / would not) believe how much fun we had!

Der Gebrauch von Kurzformen ist ein normales Sprachphänomen und hat nichts mit „slang" zu tun. Im Gegenteil, der ständige Gebrauch der Vollformen wirkt unnatürlich – oder möchten Sie etwa wie die Queen wirken?

19 **Hören Sie bitte die folgenden Sätze.**
Bei welchen handelt es sich um eine Bitte um Auskunft?

2/31

	Bitte um Auskunft
a)	■
b)	■
c)	■
d)	■
e)	■

2/32

Bei Hörverständnisübungen ist es wichtig, dass man konzentriert hört und erst dann versucht, die Aufgabe zu lösen. Gleichzeitiges Hören und Agieren geht oft nicht einmal in der Muttersprache!

20 Hören Sie sich den folgenden Dialog an.
Zeichnen Sie beim zweiten Hören den beschriebenen Weg auf der Karte nach. Der Startpunkt ist unten links vor der Tankstelle.

2/33–35

Bitte arbeiten Sie nun die mündlichen Übungen 21 bis 23 durch. Alle Arbeitsanweisungen erhalten Sie auf der CD.

Wortschatz

Nach einem Ort fragen …

Can you tell me where the bus stop is?	Können Sie mir sagen, wo die Bushaltestelle ist?
Can you tell me where I get off?	Können Sie mir sagen, wo ich aussteigen muss?
I'm looking for the bus stop/ Hamilton Bank.	Ich suche die Bushaltestelle/ Hamilton Bank.

… und darauf antworten

It's over there …	Es ist dort drüben …
… on the right/left.	… auf der rechten/linken Seite.
… on/around the corner.	… an der Ecke/um die Ecke.
… next to the bank/…	… neben der Bank/…
… opposite the hotel/…	… gegenüber dem Hotel/…
… on/in Park Avenue. (AE/BE)	… in der Park Avenue.
… one block east/west/north/south of here.	… eine Straße östlich/westlich/ nördlich/südlich von hier.
Take a right/left. (AE) / Go/Turn right/left.	Biegen Sie nach rechts/links ab.
Go/Keep going	Gehen Sie
… straight ahead/on (AE/BE)	… immer geradeaus.
… up/down this street.	… diese Straße hinauf/hinunter.
… until you come to a …	… so weit, bis Sie zu einem/r … kommen.
You pass a supermarket/…	Sie kommen an einem Supermarkt / … vorbei.

Jemandem etwas wünschen

Have a good stay!	Einen schönen Aufenthalt!
Have a nice time!	Viel Spaß!

Vokabeln für Unterwegs

2/36

street	Straße
alley	Gasse
road	Straße (außerhalb der Stadt)
lane	Gasse (außerhalb der Stadt)
avenue	Allee

boulevard	Allee
route (AE/BE)	Landstraße
motorway (BE)	
highway (AE)	
turnpike (AE)	Autobahn/Schnellstraße
expressway (AE)	
entrance / exit	Einfahrt / Ausfahrt

entrance / exit/way-out (AE/BE)	Eingang / Ausgang
bridge	Brücke
tunnel / underpass	Tunnel / Unterführung
cross walk / zebra crossing (AE/BE)	Zebrastreifen
(traffic) light	(Verkehrs)Ampel
(traffic) sign	(Verkehrs)Schild

2/37

gas/petrol station (AE/BE)	Tankstelle
parking lot / car park (AE/BE)	Parkplatz
restaurant	Restaurant
shopping center/centre (AE/BE)	Einkaufszentrum
supermarket	Supermarkt

2/38

Unterhaltung

Stellen Sie sich vor, Sie sind mit dem Auto (ohne Stadtplan) unterwegs in einer fremden Stadt in einem englischsprachigen Land und suchen eine bestimmte Straße (Market Street). Was tun? Natürlich fragen Sie einen Passanten nach dem Weg.

Bitte hören Sie sich nun die Anweisungen auf der CD an und nehmen Sie an einer Unterhaltung teil.

Zwischentest Lektionen 1–5

1 Kreuzen Sie die richtige Entsprechung an.

a) Nice to meet you.
1. Angenehm.
2. Schön, Sie zu treffen.
3. Ich hoffe, es geht Ihnen gut.

b) I'd like you to meet …
1. Darf ich … vorstellen?
2. Ich möchte dich / Sie treffen.
3. Ich treffe gern …

c) Same here.
1. Auf Wiedersehen.
2. Ich auch.
3. Ebenfalls.

d) Are these seats taken?
1. Sind diese Plätze frei?
2. Ist dieser Platz frei?
3. Sind jene Plätze frei?

e) Is there …?
1. Ist dort …
2. Gibt es …?
3. Gab es …?

f) I'll take it.
1. Ich nehme es.
2. Ich habe es.
3. Ich will es.

g) Here you are.
1. Da bist du ja.
2. Da haben wir's.
3. Bitte (schön).

h) I have to go.
1. Ich will gehen.
2. Ich bin gegangen.
3. Ich muss gehen.

i) You're welcome
1. Willkommen
2. Bitte schön
3. Danke schön

j) I'm looking for …
1. ich sehe nach …
2. ich gucke, ob …
3. ich suche gerade …

k) a week ago
1. um eine Woche
2. eine Woche später
3. vor einer Woche

l) Not at all!
1. Macht nichts!
2. Überhaupt nichts!
3. Nichts zu danken!

2 Unterstreichen Sie die richtige Verbform.

a) We ('re / 's) here on vacation.
b) How (is / are) you? – I ('m / 're) fine, thanks.
c) (Is / Are) you German? – No, I ('m not / isn't).
d) My wife ('s / am) from Liverpool.
e) I ('m / 's) here on a business trip.
f) (Is / Am) she a student? – No, she (isn't / aren't).
g) (Is / Are) this seat taken? – Yes, it (is / are).

3 Tragen Sie das passende Verb ein.

a) Can you .... me the telephone number, please?

b) Can you help me, I .... a question?

c) Do you .... a single or a double?

d) – I think I'll .... the double.

e) Please .... here.

f) I think I can .... you tomorrow.

g) Do you .... your room?

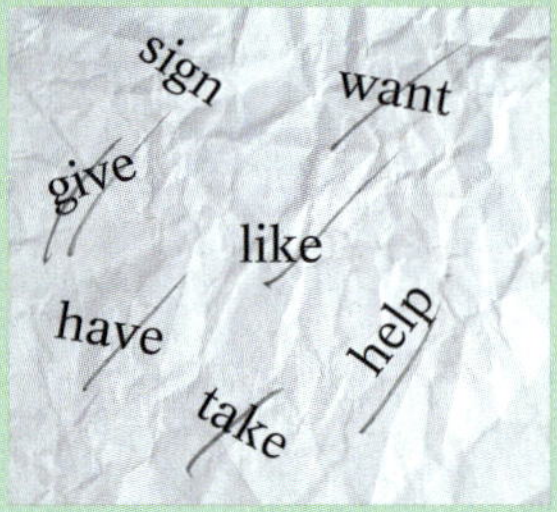

4 Was bedeuten die folgenden Ausdrücke? Kreuzen Sie an.

a) get up
1. aufstehen
2. aufwachen
3. zur Arbeit gehen

b) have breakfast
1. das Frühstück machen
2. das zweite Frühstück
3. frühstücken

c) take a break
1. Pause machen
2. etwas kaputt machen
3. etwas Kaputtes nehmen

d) get off work
1. kündigen
2. Feierabend machen
3. Arbeit bekommen

e) watch the news
1. die Nachrichten anschauen
2. fernsehen
3. sich informieren

f) clean up
1. polieren
2. abwaschen
3. aufräumen

g) do the filing
1. alles Mögliche tun
2. die Ablage machen
3. sehr viel im Büro machen

h) know Excel
1. sich mit Excel durchschlagen
2. sich mit Excel auskennen
3. sich mit Excel behelfen

i) get dressed
1. sich ausziehen
2. sich schön machen
3. sich anziehen

j) take a nap
1. ein Nickerchen machen
2. eine Dusche nehmen
3. sich ausruhen

5 Unterstreichen Sie die richtige Verbform.

a) (Don't / Doesn't) you work in an office, Wilson?
b) (Isn't / Aren't) that our new colleague, Sally Hamlin?
c) (Don't / Doesn't) Jill like the company she works for?
d) (Aren't / Can't) you hear me?
e) (Don't / Doesn't) he usually take the bus to work?
f) (Don't / Doesn't) they sell restaurant furniture?
g) (Don't / Haven't) you got your breakfast?

6 Welche Antwort passt zu welcher Frage?
Ordnen Sie zu.

a) Do you get up early?	No, she doesn't.
b) Where does he live?	No, he can't.
c) Can he type?	Yes, it is.
d) When do they get off work?	He looks after their daughter.
e) Does Julie have a baby?	Yes, I do, at 6.30.
f) Is that your husband?	At 6.00.
g) What does he do in the evening?	I think he lives in San Francisco.

7 Ist die Wortfolge in den folgenden Sätzen richtig? (Achten Sie vor allem auf die Adverbien der Häufigkeit!)

	richtig	falsch
a) She usually has a salad for dinner.	■	■
b) When do I have lunch? It usually depends on work.	■	■
c) Don't you work in a lab sometimes?	■	■
d) Normally I drive to work, but today my husband has the car.	■	■
e) Do you see each other often?	■	■
f) Always she knows everyone.	■	■
g) We never get home before seven.	■	■

8 Tragen Sie das passende Verb ein.

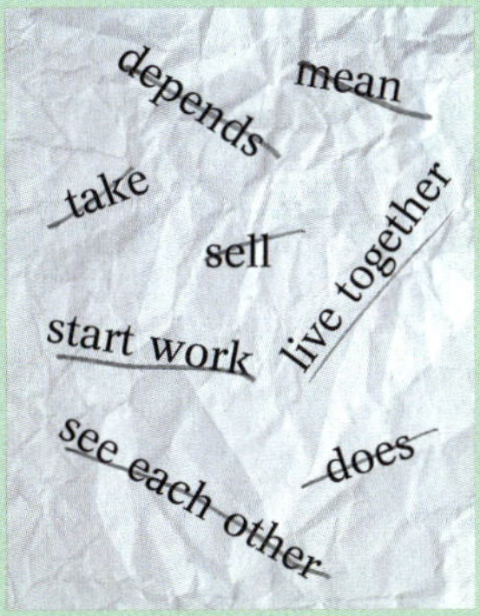

a) They don't live in the same city; how often do they ....?

b) How long does it .... to get to her office?

c) I get up at six because I like to .... early.

d) I don't know if I can come; it .... on when I get off work.

e) What does "kind of" ....?

f) I'm not sure what he ....; I think he works at USC.

g) What does she .... in her store?

h) They .... in a big apartment in Toronto now.

9 Kreuzen Sie die jeweilige richtige Entsprechung der folgenden Sätze an.

a) Wie weit ist das Rathaus von hier?
1. How far is City Hall from here? ☐
2. How far the City Hall is from here? ☐

b) Ich muss zum Rathaus mit dem Bus.
1. I have to go to City Hall by bus. ☐
2. I'll go to City Hall by bus. ☐

c) Wie weit ist die erste Ampel?
1. How far is the first traffic light? ☐
2. How long is the first traffic light? ☐

d) Wissen Sie, wo ich eine Bank finden kann?
1. Know you, where a bank I can find? ☐
2. Do you know where I can find a bank? ☐

e) Sind Sie mit dem Auto unterwegs?
1. Are you driving? ☐
2. Do you drive a car? ☐

f) Können Sie mir sagen, welchen Bus ich nehmen sollte?
1. Can you tell me which bus I should take? ☐
2. Can you say to me, which bus I have to take? ☐

g) Willst du mitkommen?
1. Will you come along? ☐
2. Do you want to come along? ☐

In dieser Lektion lernen Sie ...

Situationen
- Pläne besprechen
- jemanden um einen Gefallen bitten

Wortschatz
- Studium
- Pläne
- Freizeit

Grammatik
- die Verlaufsform der Gegenwart (*the present continuous tense*)
- *going to* bei zukünftigen Handlungen
- das Verb *take*
- ein Sonderfall bei den persönlichen Fürwörtern (*It's me!*)

What are you doing?

What's up?

Skip (◆) ruft seine Frau Judy (◆) vom Büro aus an. Er möchte wissen, was zu Hause los ist.

2/39

In diesem Dialog geht es um den Gebrauch der Verlaufsform der Gegenwart, die Sie in Lektion 5 schon kennen gelernt haben. Achten Sie aber darauf, dass auch eine neue Bedeutung dieser Form vorkommt.

1 Einfache Form oder Verlaufsform der Gegenwart?

Lesen Sie zuerst den folgenden Dialog und versuchen Sie, die richtige Form des Verbs zu wählen. Hören Sie dann den Dialog und überprüfen Sie Ihre Antworten.

◆ Hi, honey, it's me.
◆ Hi. What's up?
◆ Not much. What (are you doing / do you do)?
◆ (I make / I'm making) dinner. Where are you?
◆ I'm still at the office. (I wait / I'm waiting) for a client.
◆ When will you be home?
◆ I don't know. It depends on when (he comes / he's coming). What (do the kids do / are the kids doing)?
◆ (Kevin plays outside / Kevin's outside playing) with Timmy and (Colleen does / Colleen's upstairs doing) her homework.
◆ Did you get a babysitter?
◆ Yes, (she comes / she's coming) at 7:30.
◆ Oh, I have to go; my (client comes / client is coming). See you later.
◆ OK, bye. Skip – wait a minute! Could you pick up milk on your way home?
◆ OK, bye.

2 Wer macht was? Ordnen Sie die Informationen der passenden Person zu.

a) Skip's	playing outside with Timmy.
b) Judy's	coming at 7:30.
c) Kevin's	learning English.
d) Colleen's	upstairs doing her homework.
e) The client's	waiting for a client.
f) The babysitter's	arriving at Skip's office.
g) You're	making dinner.

3 Welche der folgenden Sätze aus dem vorhergehenden Dialog beschreiben eine Handlung im Verlauf und welche eine Handlung in der Zukunft?

	Verlauf	Zukunft
a) Skip's waiting for a client.	▪	▪
b) Judy's making dinner.	▪	▪
c) Kevin's playing outside with Timmy.	▪	▪
d) Colleen's upstairs doing her homework.	▪	▪
e) The babysitter's coming at 7:30.	▪	▪
f) The client's arriving at Skip's office.	▪	▪
g) You're learning English.	▪	▪

4 *Who's doing what?* Ordnen Sie jeweils die passende Tätigkeit den Personen zu.

a) Tony ...
b) Susie ...
c) Barry ...
d) John ...
e) Gwyneth and Tom ...
f) Lynn and George ...
g) Samantha ...
h) Steve ...

is asking the way.
is leaving the hotel.
is picking up a friend.
are playing.
is taking a picture.
are sharing a taxi.
is waiting for a bus.
is making a telephone call.

2/40

Schon wieder diese mündlichen Übungen?! Na ja, ohne Fleiß kein Preis, oder wie der Amerikaner sagt: *No pain, no gain!*

5 Übungsdialog

Hören Sie sich zunächst den Beispieldialog an und beantworten Sie dann die Frage nach dem Muster. Verwenden Sie dabei die angegebenen Verben. Die richtige Antwort hören Sie stets, nachdem Sie gesprochen haben.

Beispiel:	Sie sind dran …
◆ What are you doing? ◆ *I'm making dinner.*	make dinner get dressed have breakfast watch the news take a break drive to work

2/41

6 Übungsdialog

Hören Sie sich nun das folgende Beispiel an und antworten Sie dann den Angaben entsprechend. Bitte achten Sie auf die korrekten persönlichen Fürwörter.

Beispiel:	Sie sind dran …
◆ What is Kevin doing? ◆ *He's playing with Timmy.*	Kevin / play with Timmy Colleen / do her homework Jenny / make coffee Matt / watch TV Nancy / take a nap Kim / do her aerobics

It's me!

Bitte beachten Sie, dass man in betonter Stellung – z.B. am Anfang oder am Ende eines Satzes – nicht die Fürwörter *I, he, she, we* und *they*, sondern *me, him, her, us* und *them* benutzt:

Who's there?
– Me.

Who's there?
– It's us!

What are you studying?

Doug (◆) trifft seine ehemalige Schulfreundin Michelle (◆), die gerade Semesterferien hat, und erkundigt sich nach ihrem Studium.

7 Lesen Sie die unten stehenden Vokabeln aus dem Gespräch zwischen Doug und Michelle.

2/42

Hören Sie dann den Dialog. Ordnen Sie danach den Verben eine passende Ergänzung zu. Hören Sie anschließend den Dialog noch einmal, um Ihre Lösung zu kontrollieren.

a) go to university
b) live on campus
c) take a classes
d) look for a job
e) major in French
f) share an apartment
g) get your master's
h) have an interview

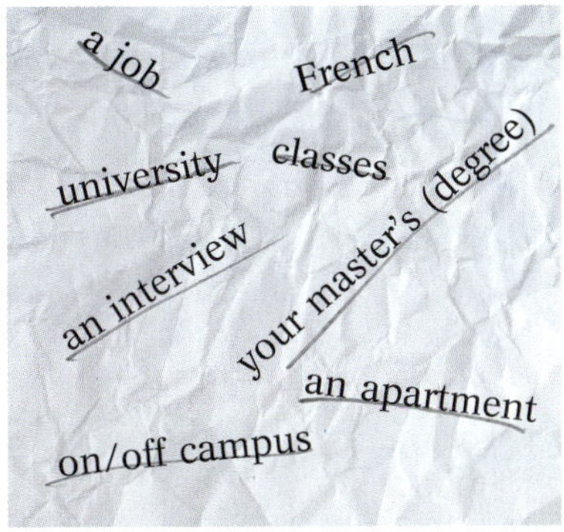

8 Lesen Sie nun den Dialog und unterstreichen Sie die jeweils richtige Form des Verbs.

2/43

Hören Sie anschließend den Dialog, um Ihre Lösung zu kontrollieren.

◆ Hi, Michelle, (how goes it / how's it going)?
◆ Good, I'm on spring break. How about you?
◆ Working hard! So, you're still in college?

- Yeah, (I get / I'm getting) my master's.
- What (do you study / are you studying)?
- At the moment (I take / I'm taking) history classes, but I'm majoring in French.
- How come you're taking history classes then?
- History is my minor.
- Where (do you go / are you going) to school?
- I'm going to the University of Wisconsin.
- (Do you live / Are you living) on or off campus?
- Off campus.
- Are you living alone?
- No, (I share / I'm sharing) an apartment with a friend.
- When will you be finished?
- (I have / I'm having) one more semester. (I start / I'm starting) to look for a job now.
- How's it going?
- Pretty good. (I have / I'm having) two interviews next week.
- Good luck!
- Thanks, I can use it.

2/44

9 Welche Antwort passt zur Frage? Kreuzen Sie an.

	erste Antwort	zweite Antwort
a)	▢	▢
b)	▢	▢
c)	▢	▢
d)	▢	▢
e)	▢	▢

10 Lesen Sie den folgenden Text und setzen Sie das passende Verb ein.

What am I studying? Well, I'm .... (a) in business administration, but I .... (b) a minor in German. I'm .... (c) classes in French, too. I hope to .... (d) my master's in two years.

I live off campus with my brother; we .... (e) an apartment. He'll be finished this year, so he's .... (f) to look for a job. We're on spring break at the moment and he's in Boston; he .... (g) a job interview. I hope it .... (h) well!

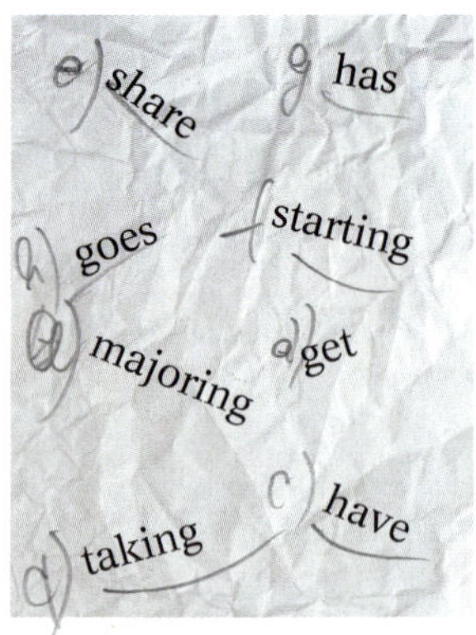

11 Übungsdialog

Hören Sie sich zunächst den Beispieldialog an und beantworten Sie dann die Fragen unter Verwendung der Angaben.

2/45

Beispiel:	Sie sind dran …
◆ Where are you living? ◆ *I'm living in Long Beach.* ◆ Where are you going to school? ◆ *I'm going to UCLA.*	Long Beach / UCLA* Madison / the University of Wisconsin on campus / the University of Virginia Boston / Harvard University Atlanta / Emory University

(* University of California at Los Angeles)

12 Übungsdialog

Hören Sie sich nun die folgenden Beispiele an und übernehmen Sie dann die entsprechenden Rollen.

2/46

Beispiel:	Sie sind dran …
◆ Are you living on campus? ◆ *No, I'm not. I'm living off campus.* ◆ Are you living in Chicago? ◆ *Yes, I am.*	off campus Chicago at home Washington with your daughter with a friend

Schools, colleges & universities

Schools

Das Schul- und Universitätssystem ist in Großbritannien und in den USA in *primary/elementary schools* (Grundschulen), *secondary schools* (Hauptschulen, Realschulen und Gymnasien), *colleges* und *universities* gegliedert. In beiden Ländern gibt es neben den staatlichen auch private Schulen und Universitäten.
Es gehört zu den Eigenheiten des britischen Englisch, dass Privatschulen – es gibt sehr viele davon – *public schools* heißen. Diese Bezeichnung kennzeichnet in Amerika genau das Gegenteil, nämlich *öffentliche* Schulen, die in Großbritannien wiederum *state schools* heißen. Alles klar?! *Public schools* in Großbritannien sind in der Regel Internate (*boarding schools*) für Jungen oder Mädchen. Winchester, Eton und Harrow gehören zu den bekanntesten und gelten noch (nicht immer zu Recht) als Reservat der oberen Schicht.
Es gibt in Großbritannien zwei Schulabschlüsse, den *O level* (mittlere Reife) und den *A level* (Abitur), in Amerika lediglich den *High School Diploma*, eine Art Gesamtschulabschluss. Da Bildung in Amerika Sache der Gemeinde ist,

dient eine nationale, privat durchgeführte Prüfung (*the SAT's*) als Messlatte für die Hochschulzulassung.

Colleges and universities

Der Begriff *college* hat in Großbritannien zwei Bedeutungen: „Wohngemeinschaft für Dozenten und Studenten" und „Hochschule". In Amerika wird der Begriff allgemein als Synonym für „Universität" verwendet; richtig ist, dass es eine Reihe von Unterschieden gibt: Universitäten bestehen aus mehreren *colleges* (Fakultäten), betreiben Forschung und verleihen nicht nur den *bachelor's degree* (akademischer Grad, den man nach Abschluss der drei bzw. vier Jahre dauernden *undergraduate studies* erhält), sondern auch den *master's* (Magister) und den *doctoral degree* (Doktor) im Rahmen der *graduate studies*.

In den USA gibt es neben den staatlichen Hochschulen aller Güteklassen eine große Anzahl von (z. T. sehr teuren) Privatuniversitäten, wie z. B. Harvard, Yale oder Princeton. Die renommiertesten Bildungsstätten in Großbritannien sind Oxford und Cambridge. Diese autonomen Universitäten, bekannt unter dem Begriff *Oxbridge*, ziehen seit Jahrhunderten Studenten und Forscher aus aller Welt an.

Das Verb *take*

Es gibt eine ganze Reihe Tätigkeiten, bei denen man im Deutschen das Verb „machen" verwendet, im Englischen dagegen *take* (wörtlich „nehmen"). Einige davon haben Sie in dieser und in den vorhergehenden Lektionen kennen gelernt. Hier ist eine Liste der wichtigsten Ausdrücke:

take a break	eine Pause machen
take a nap	ein Nickerchen machen
take a class/course	eine/n Vorlesung/Kurs besuchen
take a trip	eine Reise machen
take a vacation/day off	Urlaub machen / einen Tag frei nehmen
take a picture	ein Foto machen
take a test/an exam	eine Prüfung/ein Examen schreiben
take a walk/drive	eine/n Spaziergang/-fahrt machen
take a right/left	rechts/links abbiegen

Es gibt auch verschiedene Möglichkeiten, dasselbe auszudrücken:

take a class/course	*attend a class/course*
take a right/left	*turn right/left*

In manchen Fällen gibt es einen Unterschied zwischen dem amerikanischen und dem britischen Englisch:

AE	BE
take a vacation	*go on holiday*
take a walk/drive	*go for a walk/drive*

We're going to the shore

Peggy (◆) ruft bei ihrer Freundin Ellen (◆) an. Sie möchte wissen, was Ellen und ihr Mann am Wochenende vorhaben.

13 Hören Sie den Dialog und kreuzen Sie danach die richtige Antwort an.

2/47

a) Peggy is calling because …
1. … she wants to ask Ellen something. ■
2. … she needs a babysitter. ■

b) Peggy and her husband are …
1. … going to the shore for the weekend. ■
2. … going to the shore for the week. ■

c) Ellen would like to go to the shore, but …
1. … her mother-in-law is coming. ■
2. … she has to work. ■

d) Peggy and her husband are …
1. … staying at a hotel. ■
2. … renting a house. ■

e) After Ellen talks to her husband she's going to …
1. … call Peggy back. ■
2. … leave for the shore. ■

14 Gegenwart oder Zukunft – die Zeitform des markierten Verbs ist immer dieselbe, aber um welche Zeit handelt es sich?

Lesen Sie nun den Dialog und kreuzen Sie jeweils die Zeit an, die gemeint ist.

	Gegenwart	Zukunft
◆ Hi, Ellen, *how's it going*?	■	■
◆ Hi, Peg. Fine, and you?		
◆ Real good. Hey, I'll tell you why *I'm calling*: what *are you doing* this weekend?	■ ■	■ ■
◆ I don't know, why?		
◆ Dennis and I *are going* to the shore. Do you want to come with us?	■	■
◆ Uh, I'd love to, but I have to ask Bob. I think his mother *is coming*.	■	■
◆ Great – she can stay with the kids.		
◆ That's not why *she's coming*.	■	■
◆ Well, it is now!		
◆ Where *are you going*?	■	■

	Gegenwart	Zukunft
◆ To Ocean City.		
◆ *Are you staying* in a hotel?	■	■
◆ No, *we're renting* a house for the week.	■	■
◆ Sounds great! When *are you leaving*?	■	■
◆ Friday night after work.		
◆ Let me call Bob and I'll get right back to you.		
◆ OK, bye.		

2/48

15 Übungsdialog

Hören Sie sich zunächst den Beispieldialog an und beantworten Sie dann die Fragen entsprechend den Angaben.

Beispiel:

- ◆ What are you doing this weekend?
- ◆ *I'm staying home.*

Sie sind dran …

stay home
go to Miami
work
go to the shore
stay with the kids
leave for the United States

2/49

16 Übungsdialog

Hören Sie sich nun die folgenden Beispiele an und antworten Sie den Angaben entsprechend. Bitte achten Sie wieder auf die korrekten persönlichen Fürwörter.

Beispiel:

- ◆ What is Rachel doing tomorrow?
- ◆ *She's working.*
- ◆ What is Barry doing on Saturday?
- ◆ *He's helping me at work.*

Sie sind dran …

Rachel / work
Barry / help me at work
Barbara / drive to the shore
Howard / stay home
Becky / go on vacation
Mark / make dinner for friends

Verlaufsform der Gegenwart für zukünftige Handlungen

Im Deutschen sagt man z. B.: „Ich fahre morgen nach Aachen." oder „Wir fliegen im Urlaub nach Spanien.", und jeder versteht – auch ohne Zeitangabe – aus dem Kontext, dass **Pläne für die Zukunft** gemeint sind, obwohl das Verb in der Gegenwart steht. Das funktioniert auch im Englischen so – mit dem Unterschied, dass man die Verlaufsform der Gegenwart verwendet:

What are you doing this weekend?
Dennis and I are going to the shore.

Einige Zeitangaben, die andeuten, dass man über die Zukunft spricht:

this evening	heute Abend
tonight	heute Nacht
tomorrow (morning/afternoon/night)	morgen (Vormittag/Nachmittag/Abend)
this weekend	dieses Wochenende
next weekend	nächstes Wochenende
next week	nächste Woche
next month	nächsten Monat
next year	nächstes Jahr

going to + Hauptverb

Mit der Konstruktion *going to* + Hauptverb können Sie eine **Absicht** etwas stärker zum Ausdruck bringen als mit der Verlaufsform. Vergleichen Sie:

I'm going to major in business.	Ich habe vor/werde Wirtschaft studieren.
I'm majoring in business.	Ich studiere/werde Wirtschaft studieren.

17 Gegenwart oder Zukunft – um welche Zeit handelt es sich?

Lesen Sie die folgenden Sätze und kreuzen Sie die Zeit an, die gemeint ist.

	Gegenwart	Zukunft
a) Excuse me, I'm looking for the beginner's French class.	■	■
b) Jane is going to the University of Colorado when she finishes school.	■	■
c) We're sharing an apartment this semester.	■	■
d) The children are playing outside with their friends.	■	■
e) I'm going to call Ed when I get home.	■	■
f) He's making dinner for us tonight.	■	■
g) Do you think Samantha is still waiting for her client?	■	■
h) Where are you staying this weekend?	■	■

Grammatik

Die Verlaufsform der Gegenwart

Diese Zeitform wird – wie Sie in der letzten Lektion gelernt haben – aus einer Form von *be* und einem Hauptverb mit der Endung *-ing* gebildet:

I	am	
you	are	
we		
they		(not) wait**ing** for …
he	is	
she		
it		

Fragen in der Verlaufsform der Gegenwart werden durch das Voranstellen des Hilfsverbs *be* gebildet (Inversion). In der Kurzantwort steht nur eine Form des Hilfsverbs; das Hauptverb wird *nicht* wieder erwähnt:

***Is she** studying French?*
– *Yes, **she is**. / No, **she isn't**.*

Bildung der *-ing*-Form

wait	waiting	Grundform + *-ing*	
study	studying	Grundform + *-ing*	
make	making	Grundform ohne *-e* + *-ing*	
get	getting	Grundform mit verdoppeltem Konsonant + *-ing*	bei *einsilbigen* Verben mit nur einem Vokal gefolgt von einem Konsonanten
begin	beginning		bei *zweisilbigen* Verben, deren zweite Silbe betont wird

Der Gebrauch der Verlaufsform der Gegenwart

Mit der Verlaufsform der Gegenwart beschreibt man Handlungen, die im Augenblick des Sprechens ablaufen.

I'm making dinner.	Ich mache (gerade) das Abendessen.
He's outside playing.	Er spielt (gerade) draußen.
She's upstairs doing her homework.	Sie ist oben und macht ihre Hausaufgaben.
We're looking for the post office.	Wir suchen die Post.
They're waiting for the bus.	Sie warten auf den Bus.

Es gibt im Englischen also zwei Gegenwartsformen: die einfache Gegenwart (*the simple present tense*), die Sie aus den bisherigen Lektionen kennen, und die Verlaufsform der Gegenwart.

Die einfache Gegenwart beschreibt Zustände (*I live in Memphis*), allgemein gültige Aussagen (*You speak English well*) und wiederkehrende Handlungen (*I get up at six*). Oft stehen Häufigkeitsangaben wie *usually, often* usw. im Satz.

Zeitangaben wie *now, at the moment* oder *today* werden dagegen oft zusammen mit der Verlaufsform gebraucht.

Vergleichen Sie:

I work for a computer company.	allgemein gültige Aussage: einfache Form
I'm working at home today.	die Handlung läuft jetzt ab: Verlaufsform

Die Verlaufsform der Gegenwart wird auch zur Beschreibung von Handlungen verwendet, die sich nicht im Augenblick, sondern im *unmittelbaren zeitlichen Umfeld* abspielen:

I'm getting my master's (degree). Ich mache meinen Magister.
I'm starting to look for a job now. Ich fange an, eine Arbeit zu suchen.

Und schließlich können Sie die Verlaufsform der Gegenwart auch zur Beschreibung zukünftiger Handlungen verwenden:

What are you doing this weekend? Was machst du dieses Wochenende?
We're renting a house for the week. Wir mieten ein Haus für die Woche.

N.B.: Neben *be* und den modalen Hilfsverben stehen die folgenden Verben *nicht* in der Verlaufsform:

want	wollen
like	mögen
love	lieben
hate	hassen
need	brauchen
prefer	vorziehen
know	wissen, kennen
mean	meinen
understand	verstehen
believe	glauben
remember	sich erinnern
forget	vergessen

Können Sie sich denken, warum diese Verben nicht in der Verlaufsform verwendet werden? Diese Verben werden nicht in der Verlaufsform verwendet, weil sie ohnehin eine zeitlich nicht klar abgrenzbare Handlung beschreiben.

Übungen

Schriftliche Übungen

18 Unterstreichen Sie jeweils die passende Form des Hilfsverbs *be*.

a) Where is/are we going?
b) Who is/are she talking to?
c) Is/Are he still majoring in Biology?
d) What is/are your colleagues doing?
e) When is/are Melanie coming?
f) Why is/aren't Tim and the others helping?
g) Is/Are Simon and Fiona still living together?
h) How long is/are you staying?

19 Tragen Sie die Verlaufsform des angegebenen Verbs ein.

a) Todd ____________ (work) at the office.
b) She ____________ (take care of) the children.
c) ____ you ____________ (wait) for your friends? – No, I'm not.
d) ____ you and Sonja ____________ (go) to Canada? – Yes, we are.
e) What ____ your kids ____________ ? (do) – I don't know.
f) ____ they ____________ (make dinner) tonight? – Yes, they are.
g) ____ Sue ____________ (come) to the party? – No, she isn't.
h) ____n't Wills ____________ (study) chemistry? – I'm not sure.

20 Tragen Sie jeweils das passende Hilfsverb ein.

a) .... you know what she's studying?
b) .... they working hard these days?
c) Why .... she living on campus?
d) What .... your family think?
e) .... the children doing their homework?
f) Can you tell me when the client .... coming?
g) .... they planning to rent a house this summer?
h) .... he like staying in a hotel?

21 Welche Antwort passt zu welcher Frage? Ordnen Sie zu.

a) Where are we having lunch? — c) Yes, he is.
b) Are you taking a vacation this year? — f) Yes, we are.
c) Is he taking a nap? — e) Next month.
d) Is she staying with the company? — d) No, she isn't.
e) When are you starting college? — b) No, I'm not.
f) Are we going to the shore? — a) In St. Paul.

22 Bilden Sie Sätze, indem Sie die Satzelemente in die richtige Reihenfolge setzen.

a) you are When going to for a job? start looking
When are you going to start looking for a job?

b) taking next semester? an English class you Are
Are you taking an English class next semester?

c) leaving know for London? she's when Do you
Do you know when she is leaving for London.

d) to the shore going I think. this weekend, We're
I think. We're going to the shore

e) her colleagues think too? Do are coming, you
Do you think her colleagues are coming, too.

23 Welche Tätigkeiten werden im Englischen mit dem Verb *take* ausgedrückt?

Geben Sie die englischen Entsprechungen der folgenden Zeichnungen an.

take a …

a) nap______ b) ______ c) ______ d) ______

e) ______ f) ______ g) ______ h) ______

24 Was machen Sie im Urlaub?
Schreiben Sie auf, was Sie im Sommer- bzw. im Winterurlaub machen.
Welche Tätigkeiten sind unabhängig von der Jahreszeit?

summer holiday	summer and winter holiday	winter holiday

Sprechen und verstehen

25 Hören Sie die folgenden zweisilbigen Wörter.
Welche Silbe wird jeweils betont, die erste oder die zweite?
Sprechen Sie die Wörter anschließend nach.

2/50

	1. Silbe	2. Silbe
a) cam / pus	■	■
b) col / lege	■	■
c) hon / ey	■	■
d) ma / jor	■	■
e) out / side	■	■
f) home / work	■	■
g) ho / tel	■	■
h) cli / ent	■	■
i) min / ute	■	■
j) up / stairs	■	■

26 Hören Sie folgende Wörter und unterstreichen Sie in jeder Reihe das Wort, das *keinen w*-Laut (wie in *water*) enthält.

2/51

weekend / who / wife / would
women / was / very / we
where / work / welcome / whole
write / way / want / walk

27 Hören Sie sich folgende Sätze an.

2/52

Handelt es sich jeweils um eine wiederholte Handlung oder um eine, die gerade im Gange ist?

	wiederholte Handlung	Handlung im Gange
a)	☐	☒
b)	☒	☐
c)	☒	☐
d)	☐	☒
e)	☒	☐
f)	☐	☒

28 Hören Sie sich folgende Sätze an.

2/53

Handelt es sich jeweils um eine Handlung in der Gegenwart oder in der Zukunft?

	Gegenwart	Zukunft
a)	☐	☐
b)	☐	☐
c)	☐	☐
d)	☐	☐
e)	☐	☐
f)	☐	☐

29 Hören Sie sich folgenden Text an.

2/54

Lesen Sie dann die unten stehenden Sätze und unterstreichen Sie nach einem zweiten Anhören die passende Verbform.

a) Tony (normally works / is working) at the shore.
b) He (usually works / is working) alone.
c) Tony (normally takes / is taking) college classes.
d) He (lives / is living) with friends.

Bitte arbeiten Sie nun die mündlichen Übungen 30 bis 33 durch.
Die Übungsanweisungen erhalten Sie auf der CD.

2/55–58

Wortschatz

Jemanden fragen, was er gerade macht

What are you doing?	Was machst du/machen Sie (gerade)?
– I'm/We're working/waiting/...	– Ich/Wir arbeite/n/warte/n/...
What's up?	Was ist los?
– Not much.	– Nicht viel.

Jemanden fragen, was er vorhat

What are you doing this weekend/ tomorrow/...?	Was machst du/machen Sie am Wochenende/morgen/...?
What are you going to do this weekend?	Was hast du/haben Sie dieses Wochenende vor?
What are you planning for the weekend?	Was planst du/planen Sie fürs Wochenende?
Do you have any plans for tonight?	Hast du/Haben Sie heute Abend etwas vor?
– I'm/We're going to ... / ...	– Ich fahre/Wir fahren ... / ...
– My mother is coming.	– Meine Mutter kommt.

2/59

Jemanden um einen Gefallen bitten

Could you ...?	Könntest du/Könnten Sie...?
Would you please ...?	Könntest du/Könnten Sie bitte ...?
Do/Would you mind ...?	Hättest du/Hätten Sie etwas dagegen, wenn ...
I wonder if/whether you could ...?	Könntest du/Könnten Sie vielleicht ...?
Could you do me a favor/favour (AE/BE)?	Könntest du/Könnten Sie mir einen Gefallen tun?

2/60

Unterhaltung

Einige Freunde möchten wissen, was Sie gerade tun.

Bitte hören Sie sich nun die Anweisungen auf der CD an und nehmen Sie an einer Unterhaltung teil.

In dieser Lektion lernen Sie ...

Situationen
- über Vergangenes berichten

Wortschatz
- Verwandtschaftsbezeichnungen
- Freizeitbeschäftigungen
- Wetter
- Jahreszeiten
- Monate

Grammatik
- die einfache Vergangenheit (*the simple past tense*)
- unregelmäßige Verben
- das Genitiv
- das Verb *go* + *-ing*-Form

How was your weekend?

How was your weekend?

Fred Montana (◆) unterhält sich mit seiner Nachbarin Donna Lee (◆) über das vergangene Wochenende.

1 Im Dialog werden Sie die Vergangenheitsformen von mehreren bekannten Verben hören. Erkennen Sie sie?
Ordnen Sie die Vergangenheitsform der entsprechenden Grundform zu.

is was	stay stayed
do did	buy bought
get up got up	are were
go went	make made

did were made was bought stayed went got up

2/61

2 Hören Sie nun den Dialog und ordnen Sie anschließend die Antworten der Nachbarin der jeweils passenden Frage zu.

Überlegen Sie sich kurz: Welche Verben würden Sie benutzen, wenn Sie über das vergangene Wochenende berichten sollten? Wie lauten ihre Vergangenheitsformen?

◆ How was your weekend?

◆ ______________________

◆ Oh yeah? Where did you go?

◆ ______________________

◆ When did you go?

◆ ______________________

◆ Was there a lot of traffic?

◆ ______________________

◆ You're kidding?! What – did you fly?

◆ ______________________

◆ Where did you stay?

◆ ______________________

____

◆ How was the weather?

◆ ______________________

- No, there just wasn't a lot of traffic.
- Saturday was nice but Sunday was a little cloudy. How about you? What did you do?
- We got up early on Saturday morning.
- To Lake Wauanpaupak.
- Good. We went to the mountains.
- We stayed at my brother's. He bought a house there a couple of years ago. We were there last year.
- No, it wasn't too bad. We made it in about two hours.

3 *True or false?*

Sind die folgenden Behauptungen richtig oder falsch? Kreuzen Sie an.

	true	false
a) Donna went to the mountains alone for the weekend.	☐	X
b) She left on Saturday morning.	X	☐
c) There wasn't much traffic and the trip took two hours.	X	☐
d) Fred thought that two hours was a long time to get to the mountains.	☐	X
e) Donna and her husband bought a house at the mountains a couple of years ago.	☐	X
f) The weather at the mountains wasn't great.	☐	X

4 Geben Sie die Vergangenheitsform des angegebenen Verbs ein.

a) We got up (get up) at seven o'clock.

b) Was (be) there a lot of traffic?

c) Gino made (make) us an espresso.

d) She stayed (stay) at a hotel in Salzburg.

e) They bought (buy) cigarettes at the airport.

f) Did (do) the weather get better on Sunday?

g) They went (go) to Palma for the weekend.

h) I didn't (do not) ask them to come.

5 Übungsdialog

2/62

And now it's your turn again! Hören Sie sich zunächst das Beispiel an und beantworten Sie dann die Fragen mit Hilfe der Angaben.

Beispiel:	Sie sind dran …
◆ Where did you go? ◆ *I went to the mountains.*	the mountains the shore a hotel my mother's the office home

6 Übungsdialog

Hören Sie sich nun die folgenden Beispiele an und beantworten Sie wieder die Fragen unter Verwendung der Angaben.

2/63

Beispiele:	Sie sind dran …
◆ Did you go to the office?	the office
◆ *Yes, I did.*	the shore
◆ Did you go to the mountains?	a hotel
◆ *No, I didn't. I went to the shore.*	your brother's
	the mountains
	home

7 Übungsdialog

Beantworten Sie die folgenden Fragen. Achten Sie bitte auf die richtigen Fürwörter.

2/64

Beispiele:	Sie sind dran …
◆ Was there a lot of traffic?	no traffic
◆ *No, there wasn't.*	hotel OK
◆ Was the hotel OK?	bad weather
◆ *Yes, it was.*	big house
	there last year
	nice weekend

at my brother's

Im ersten Dialog dieser Lektion kommt wieder ein Beispiel für den „Besitz"-Fall vor: *at my brother's* (bei meinem Bruder) steht für *at my brother's house/home* (= im Haus meines Bruders).

Erinnern Sie sich noch: In der zweiten Lektion haben Sie den Ausdruck *a cleaner's* gelernt. Gemeint ist *a cleaner's shop/business*.

Steht ein Wort in der Mehrzahl, wird das Apostroph an das vorhandene s angehängt: *at my parents'* (bei meinen Eltern).

How was your trip?

Alice Woodward (◆) ist gerade von einer Geschäftsreise zurückgekehrt und unterhält sich mit ihrem Kollegen Brian Price (◆).

8 Vor dem Dialog: Bringen Sie die folgenden Ausdrücke, die eine typische Geschäftsreise mit dem Flugzeug beschreiben, in die logische Reihenfolge.

Greifen Sie auf Ihr vorhandenes Wissen zurück, wie im wirklichen Leben. Einiges ist Ihnen aus den vorhergehenden Lektionen bekannt, anderes können Sie durch ähnliche Wörter in Ihrer Sprache erraten.

take a taxi from the airport ______

leave on time ______

work on the flight ______

have a meeting ______

check in ______

get through customs in record time ______

arrive ahead of schedule ______

9 Hören Sie nun den Dialog und tragen Sie anschließend das jeweils passende Wort aus der Liste ein.

Hören Sie dann den Dialog nochmals, um Ihre Antwort zu überprüfen.

- ◆ Morning, Alice. How ___was___ (a) your trip?
- ◆ Not bad. The flight ___got___ (b) on time and we arrived half an hour ahead of schedule.
- ◆ How was customs?
- ◆ No problem. I ___get___ (c) through in record time!
- ◆ Did Jack pick you up at the airport?
- ◆ No, he didn't. He was in a meeting, so I ___took___ (d) a cab.
- ◆ What time did you ___left___ (e) to the office?
- ◆ At about 10:30. Jack was out of his meeting by then.
- ◆ Did you ___talk___ (f) to Tom Sanderson?
- ◆ No, he was on vacation, but we ___had___ (g) lunch with Pete Mendez.
- ◆ Could he help you with our problem?
- ◆ Yes, he ___could___ (h) Let's go in my office; I'll tell you what we worked out.

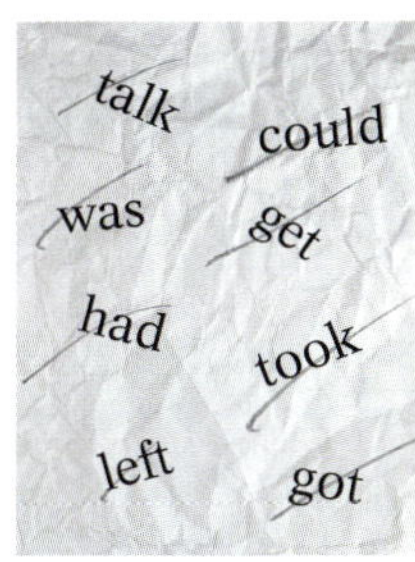

2/66

10 Welche der zwei Antworten, die Sie hören, passt zur jeweiligen Frage?
Kreuzen Sie an.

	erste Antwort	zweite Antwort
a)	■	■
b)	■	■
c)	■	■
d)	■	■
e)	■	■

2/67

11 Übungsdialog
Bitte hören Sie sich diese beiden Beispiele an und beantworten Sie dann die Fragen nach den Angaben in der Tabelle.

Beispiele:

◆ Did you talk to Sam Costello?
◆ *No, I didn't.*
◆ Did you see Henry Yoo?
◆ *Yes, I did.*

Sie sind dran …

	yes	no
Sam Costello		×
Henry Yoo	×	
Laura Galinski		×
Dolores Castro	×	
Mary O'Donnell	×	
Ed Leblanc		×

2/68

12 Übungsdialog
Beantworten Sie bitte die folgenden Fragen entsprechend den Angaben. Achten Sie in Ihrer Antwort auf die richtigen Fürwörter.

Beispiele:

◆ Did Wilson pick you up?
◆ *No, he didn't. I took a cab.*
◆ Did Anita take you to lunch?
◆ *Yes, she did.*

Sie sind dran …

I took a cab.
I went to lunch with Anita.
Don came with us.
Anita talked about the problems with her son.
Don drove me to the airport.
I had a good trip.

How was your vacation?

Linda (◆) möchte von ihrer Freundin Eileen (◆) hören, wie der Familienurlaub war.

13 Vor dem Dialog: Ordnen Sie die englischen Begriffe den abgebildeten Tätigkeiten zu.

a)

b)

c)

d)

e)

f)

g)

h)

write a letter	___	ride bicycles	___
relax on the patio	___	go out to eat	___
cook	___	go to the beach	___
go swimming	___	go jogging	___

14 Hören Sie den Dialog (eventuell mehrmals) und bringen Sie anschließend die Sätze von Eileen in die richtige Reihenfolge.

2/69

◆ Hi, Eileen. It's me. How was your vacation? Did everything go alright?

◆ ______________________________

____

◆ So tell me about it! What did you do? How was the house?

◆ ______________________________

____

- ◆ Did you cook?
- ◆ ______________________________

  ____
- ◆ That's what I call a vacation! What did the kids do?
- ◆ ______________________________

  ____
- ◆ How about Fran?
- ◆ ______________________________

  ____
- ◆ And what did you do?
- ◆ ______________________________

  ____
- ◆ Sounds like heaven!
- ◆ ______________________________

- Well, with the kids off playing, I had time to myself. Sometimes I just sat on the patio and wrote letters or read or just relaxed with a glass of iced tea.
- The house was fine. We could have used another bedroom, but that was OK.
- Sometimes, and sometimes Fran did. But usually we went out to eat.
- He went golfing a couple of times, he went jogging almost every day and he usually went to the beach with the kids.
- Oh, yeah. It was great! You wouldn't believe how much fun we had!
- Well, they went swimming a lot, of course. And we took their bicycles, so they rode them around the island.
- It was!

15 *Who did what on holiday?* Kreuzen Sie den passenden Namen an.

	Eileen	Fran	the kids
a) cooked	☐	☐	☐
b) went out to eat	☐	☐	☐
c) went swimming	☐	☐	☐
d) rode bicycles	☐	☐	☐
e) went golfing	☐	☐	☐
f) went jogging	☐	☐	☐
g) went to the beach	☐	☐	☐
h) sat on the patio	☐	☐	☐
i) wrote letters	☐	☐	☐
j) read	☐	☐	☐
k) relaxed	☐	☐	☐

16 Tragen Sie die passende Vergangenheitsform des angegebenen Verbs ein.

a) Where ………… (do) you go this weekend?

b) Ulla ………… (cook) dinner for us.

c) Everything ………… (go) fine!

d) We ………… (have) a lot of fun with the kids.

e) I ………… (sit) in the airport and ………… (write) letters.

f) On Saturday she ………… (leave) for the Bahamas.

g) They ………… (go) to the beach almost every day.

h) I ………… (ride) my bicycle to the supermarket.

17 *Who's who?*

Sehen Sie sich den Stammbaum an und tragen Sie dann die jeweils passende Verwandtschaftsbezeichnung ein.

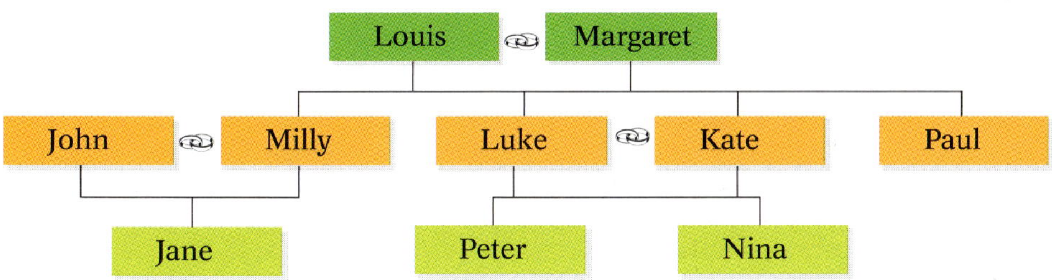

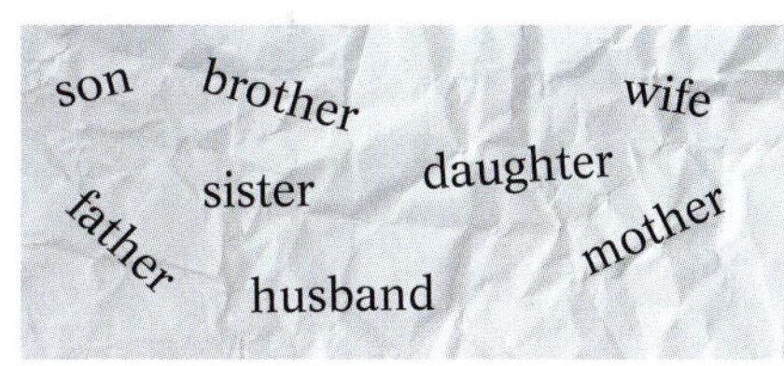

a) Luke is Kate's ………… She is his …………

b) Louis is Luke's ………… and Margaret is his …………

c) Peter is Luke and Kate's …………, Nina is their …………

d) Milly is Luke's ………… Paul is his …………

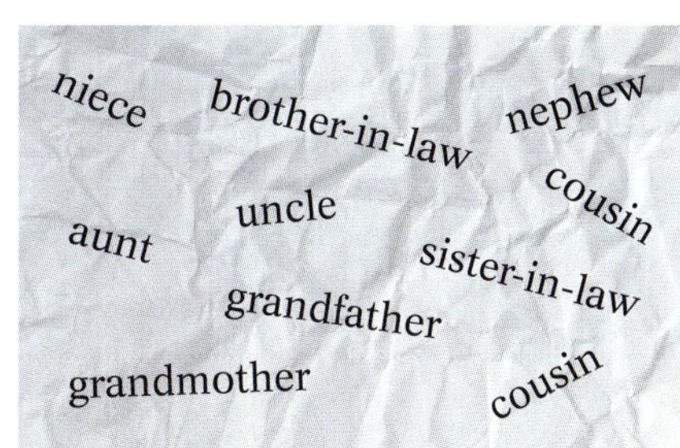

e) Louis is Jane, Peter and Nina's …………, Margaret is their …………

f) Peter is Jane's ………… and Nina is her …………, too.

g) Milly is Peter and Nina's ………… and Paul is their …………

h) Peter is Milly and Paul's …………, Nina is their …………

i) Milly is Kate's ………… Paul is Kate's …………

18 Übungsdialog

2/70

Bitte hören Sie sich zunächst die beiden Beispiele an. Überlegen Sie sich dann, wie die Vergangenheitsformen der unten stehenden Verben lauten und beantworten Sie danach die Fragen nach dem Muster.

Beispiele:

- What did Brad do?
- *He went swimming.*
- What did Bobbi do?
- *She read.*

Sie sind dran …

Brad / go swimming
Bobbi / read
Pam / relax
Melissa / write a letter
Ned / go golfing
Bill / ride his bicycle

Das Verb *go* + *-ing*-Form

Im Dialog „How was your holiday?“, in dem es um Freizeitaktivitäten geht, kommt eine in diesem Zusammenhang gebräuchliche Konstruktion vor: eine Form des Verbs *go* gefolgt vom Gerundium (ein vom Verb abgeleitetes Hauptwort: z.B. schwimmen – *das Schwimmen* – siehe unten*).

The kids ***went swimming*** *a lot.*
Fran ***went golfing*** *a couple of times and he* ***went jogging*** *almost every day.*

Diese Konstruktion wird hauptsächlich beim Sport und anderen Aktivitäten im Freien verwendet. Weitere Beispiele:

go	*walking*	spazieren gehen
	hiking	wandern
	ice skating	Schlittschuh laufen
	bicycling	Fahrrad fahren
	bowling	bowlen
	skiing	Ski fahren
	horseback riding	reiten
	fishing	angeln
	scuba diving	tauchen
	camping	zelten

und:

go shopping	einkaufen, shoppen

* Das Gerundium ist im Englischen identisch mit der *-ing*-Form des Verbs.

Grundform	**Gerundium**
swim	*swimming*
golf	*golfing*
jog	*jogging*

Leisure time in America and Britain

Wie erklärt es sich, dass der durchschnittliche Arbeiter oder Angestellte in Amerika nur zwei Wochen Urlaub im Jahr hat, wo das Streben nach Glück als Recht eines jeden Bürgers in der Verfassung festgeschrieben ist? Vielleicht ist es noch immer der Einfluss der berüchtigten *Puritan work ethic*, die strenge Arbeitsmoral der englischen Vorfahren: In der neuen Gesellschaft, die sie im 18. Jahrhundert aufbauten, gab es zweifellos viel zu tun und man wollte sich erst nach getaner Arbeit ausruhen. Nur: Während man heutzutage in England die sonst in Europa üblichen sechs Wochen Urlaub genießt, fühlt sich der Amerikaner mit seinen zwei oder drei nicht einmal benachteiligt.
Vielleicht nutzen die Amerikaner als Ausgleich ihre Freizeit besser aus, um sich von der Arbeit zu erholen. Für ihre Freizeitaktivitäten sind die Amerikaner bekannt: Familienzusammenkünfte jeglicher Art (*family get-togethers*), Grillpartys (*barbecues*), Wohltätigkeitsveranstaltungen (*charity functions*) oder Sportereignisse (*sporting events*) dienen als Anlass, um Familie, Freunde und Bekannte zu treffen.

Auslandsreisen stehen sicherlich nicht so weit oben auf der Liste der Freizeitbeschäftigungen des durchschnittlichen Amerikaners. Verglichen mit den Briten z. B., die nach Frankreich und Spanien am liebsten in die USA reisen, zieht es Amerikaner nur halb so oft pro Jahr ins Ausland. Das kann natürlich auch damit zusammenhängen, dass man Urlaubsorte aller Klimazonen innerhalb des Landes findet.
Was machen Briten und Amerikaner in ihrer Freizeit sonst? Laut Statistiken ist die beliebteste Aktivität das Fernsehen (*watching TV*): In der britischen Tageszeitung „The Guardian" lautete die Überschrift eines Artikels über die letzten Umfragen zum Thema Freizeit: *A nation of tv watchers* – was man auch von Amerika getrost behaupten könnte.
Andere beliebte Aktivitäten sind: Lesen (*reading*), Zeit mit der Familie und Freunden verbringen (*spending time with the family/ with friends*), Sport – *sport* (BE)/*sports* (AE) und Werkeln im Haus oder im Garten arbeiten – *DIY, do-it-yourself* (BE)/*home improvement; gardening* (AE). Gefragt, welchen Sport sie am liebsten betreiben, geben die Briten *walking, snooker/pool/billiards* (Billiard), *keeping fit/yoga* (Fitnesstraining/ Yoga), *cycling, swimming* und *darts* (Wurfpfeilspiel) an. Die beliebtesten Zuschauersportarten sind dagegen: *football, rugby* und *cricket*.

Grammatik

Die einfache Vergangenheit

Bildung

Mit Ausnahme des Verbs *be*, das zwei Formen hat (*was, were*), haben alle Verben im Englischen nur eine Form im *simple past*. Das *simple past* ist also unveränderlich.

<table>
<tr><td>I</td><td rowspan="2">was</td></tr>
<tr><td>he/she/it</td></tr>
<tr><td>you</td><td rowspan="3">were</td></tr>
<tr><td>we</td></tr>
<tr><td>they</td></tr>
</table>

<table>
<tr><td>I</td><td rowspan="5">waited/arrived/studied</td></tr>
<tr><td>you</td></tr>
<tr><td>he/she/it</td></tr>
<tr><td>we</td></tr>
<tr><td>they</td></tr>
</table>

Bei der Bildung unterscheidet man zwischen *regelmäßigen* und *unregelmäßigen* Verben. **Regelmäßige Verben** bilden das *simple past* durch Anhängen von -***ed*** bzw. -***d***, unregelmäßige durch eine Veränderung des Verbstamms.

Regelmäßige Verben

<table>
<tr><th>Grundform</th><th colspan="3">Vergangenheit</th></tr>
<tr><td>wait</td><td>waited</td><td colspan="2">Grundform + -ed</td></tr>
<tr><td>stay</td><td>stayed</td><td colspan="2">Grundform + -ed</td></tr>
<tr><td>arrive</td><td>arrived</td><td colspan="2">Grundform -e + -d</td></tr>
<tr><td>study</td><td>studied</td><td colspan="2">Grundform auf y nach einem Konsonanten:
y ➤ i + -ed</td></tr>
<tr><td>jog</td><td>jogged</td><td rowspan="2">Grundform mit verdoppeltem Konsonant + -ed</td><td>bei einsilbigen Verben mit nur einem Vokal gefolgt von einem Konsonanten</td></tr>
<tr><td>prefer</td><td>preferred</td><td>bei zweisilbigen Verben, deren zweite Silbe betont wird</td></tr>
</table>

Achten Sie bitte auf die Aussprache der Vergangenheitsendung *-ed*
– nach d und t: *waited* ['weɪtɪd]
– nach einem stimmhaften Laut: *arrived* [ə'raɪvd]
– nach einem stimmlosen Laut: *dressed* [drest]

Unregelmäßige Verben

Grundform	Vergangenheit
do	did
go	went
get	got
buy	bought

Die Formen der unregelmäßigen Verben müssen auswendig gelernt werden. Eine **Liste der unregelmäßigen Verben** finden Sie auf S. 211–212.

Die meisten englischen Verben sind regelmäßig. Die unregelmäßigen Verben sind zum größten Teil die gleichen wie im Deutschen.

Verneinte Form

Die verneinte Form wird analog zur einfachen Gegenwart mit der Vergangenheit des Hilfsverbs *do* gebildet, also ***did*** + ***not*** + **Grundform** des Hauptverbs:

I	
you	
he/she/it	didn't wait/arrive/study
we	
they	

Fragen und Antworten

Fragen und Antworten werden auch analog zur Gegenwart mit der Vergangenheitsform des Hilfsverbs *do* gebildet, also *did* + Grundform des Hauptverbs:

Did *Tom pick you up?*
– Yes, he ***did****. / No, he* ***didn't****.*

Das gilt auch für Fragen, die mit einem Fragewort beginnen:

What did *you do this weekend?*
We stayed home and worked around the house.

Mit dem kleinen Wort *did* kann man Fragen mit allen Verben außer *be* und den Modalverben bilden.

Der Gebrauch der einfachen Vergangenheit

Das *simple past* wird für Geschehen verwendet, die zu einem bestimmten Zeitpunkt in der Vergangenheit stattgefunden haben. Es ist die übliche Zeitform beim Erzählen:

We ***got up*** *early* ***on Saturday morning****.*
Last weekend *we* ***went*** *to the mountains.*

Regelmäßige Handlungen innerhalb eines Zeitraums werden auch mit der einfachen Form der Vergangenheit ausgedrückt:

*The kids **rode** around the island.*
*Sometimes I **sat** on the patio and wrote letters.*

Der Zeitpunkt bzw. Zeitraum des Geschehens geht oft aus dem Zusammenhang hervor und muss nicht in jedem Satz erwähnt werden.

Im Deutschen kann man in solchen Fällen entweder die erste Vergangenheit (*Am Samstag Morgen standen wir früh auf*) oder – v. a. in der gesprochenen Sprache – das Perfekt (*Am Samstag Morgen sind wir früh aufgestanden*) verwenden. Bitte merken Sie sich an dieser Stelle, dass man im Englischen für regelmäßige Handlungen oder für solche, die zu einem bestimmten Zeitpunkt in der Vergangenheit stattgefunden haben, stets die erste Vergangenheit und **nicht das Perfekt** benutzt. Das Perfekt (*the present perfect*) und seinen Gebrauch lernen Sie in Lektion 10.

Zeitangaben im *simple past*:

yesterday (morning/afternoon/ evening)	gestern (Morgen/Nachmittag/Abend)
this morning/afternoon/evening	heute Morgen/Nachmittag/Abend
last night/week/month/year	letzte/n/s Nacht/Woche/Monat/Jahr
two days/months/years ago	vor zwei Tagen/Monaten/Jahren
on Saturday	am (letzten) Samstag

Solche Zeitangaben stehen entweder am Anfang oder am Ende eines Satzes:

***This morning** I **saw** Tim on my way to work.*
*We **went out** to eat **last night**.*

Wie bei der Gegenwart gibt es auch bei der Vergangenheit eine Verlaufsform (auf die hier nicht weiter eingegangen wird). Sie stellt die Dauer einer Handlung in den Vordergrund, oft in Kontrast zu einem punktuellen Geschehen:

*I **was sitting** on the patio when the children **came back** from the beach.*

Übungen

Schriftliche Übungen

19 Setzen Sie die folgenden Sätze in die Vergangenheit, indem Sie die Vergangenheit des angegebenen regelmäßigen Verbs eintragen.

a) The kids ___________ (play) outside.

b) We ___________ (stay) at a nice hotel.

c) My mother ___________ (live) in an apartment in Wilmington.

d) We ___________ (work) at home this weekend.

e) She ___________ (study) business administration at the University of Pennsylvania.

f) I ___________ (talk) to our friends about him yesterday.

g) Paul ___________ (arrive) in a taxi.

h) Gail and Stephanie ___________ me ___________ (pick up) at the airport.

20 Regelmäßig oder unregelmäßig? Unterstreichen Sie das Verb, das nicht in die Reihe passt.

a) tell / think / write / play / give
b) relax / do / take / know / mean
c) look / miss / ride / need / move
d) read / sell / see / leave / help
e) finish / find / clean / depend / call
f) thank / wait / walk / speak / watch

21 Setzen Sie bitte die folgenden Sätze in die Vergangenheit, indem Sie die Vergangenheit des angegebenen unregelmäßigen Verbs eintragen.

Denken Sie daran: Außer beim Verb *be* haben alle Verben nur *eine* Form in der einfachen Vergangenheit!

a) Colin Hodges ___________ (fly) to Brazil last month. He ___________ (be) on a business trip.

b) My mother and I ___________ (drive) to the shore Friday morning.

c) We ___________ (get up) early so we ___________ (can) leave early.

d) Mrs Silva ___________ (write) me a letter last month.

e) Play tennis? No, thanks, I ___________ (do) that yesterday.

f) They ___________ (sit) on the terrace and had a long talk.

g) Vera and her colleague ___________ (take) a cab to the hotel.

h) Josje and I ___________ (go) swimming in the lake.

22 Verbinden Sie die zusammengehörenden Fragen und Antworten.

a) What did you say?	No, I didn't.
b) Were there bicycles for the kids?	I couldn't; there was no kitchen.
c) Did you hear that?	I don't know.
d) Did they drive here?	Yes, they did.
e) Where was he?	Great!
f) Did you cook on vacation?	Yes, there were.
g) How was the weather?	I didn't say anything.

23 *Who did what on holiday?* Ordnen Sie die Tätigkeiten zu.

Sandra went ______________________

Tony went ______________________

Neal went ______________________

Janine went ______________________

Laura went ______________________

Perry went ______________________

Rick went ______________________

Melissa went ______________________

ice skating
horseback riding
fishing
scuba diving
bowling
skiing
hiking
bicycling

Sprechen und verstehen

Die Buchstaben *b, d, g* werden am Wortende nicht (wie im Deutschen) wie *p, t, k* ausgesprochen (wie z. B. in *Job, rund, weg*). Dieser Unterschied ist im Englischen wichtig, wie Sie anhand der Wortpaare in der folgenden Übung sehen werden.

24 Hören Sie folgende Wörter und kreuzen Sie dann jeweils das Wort an, das Sie hören.
Sprechen Sie die Wörter anschließend nach. Sie kennen immer nur eins der Wörter im jeweiligen Wortpaar; hier geht es lediglich um die Aussprache der Wörter.

2/71

Nehmen Sie sich ruhig etwas Zeit, um sich diese Aspekte der Aussprache einzuprägen: Sie werden dadurch mehr als ein Missverständnis vermeiden können.

	erstes Wort	zweites Wort
a) cab / cap	■	■
b) lab / lap	■	■
c) job / jot	■	■
d) said / set	■	■
e) bad / bat	■	■
f) bed / bet	■	■
g) God / got	■	■
h) had / hat	■	■
i) hard / heart	■	■
j) bag / back	■	■
k) big / Bic	■	■
l) jog / jock	■	■

25 Hören Sie folgende Wörter aus dieser Lektion und kreuzen Sie dann jeweils die Zahl der Silben an, die Sie hören.
Achten Sie dabei nur auf die Aussprache und lassen Sie sich nicht vom Schriftbild beirren! Sprechen Sie dann die Wörter nach.

2/72

Eine Rechtschreibreform des Englischen ist längst überfällig! Das Schriftbild und die Aussprache klaffen manchmal ziemlich weit auseinander.

	eine Silbe	zwei Silben
a) flight	■	■
b) could	■	■
c) cook	■	■
d) beach	■	■
e) write	■	■
f) worked	■	■
g) read	■	■
h) nephew	■	■
i) were	■	■
j) bought	■	■
k) iced	■	■
l) lake	■	■

2/73

26 Hören Sie sich folgende Sätze an.

Entscheiden Sie beim zweiten Anhören, ob es sich um eine Handlung in der Gegenwart oder in der Vergangenheit handelt.

	Gegenwart	Vergangenheit
a)	■	■
b)	■	■
c)	■	■
d)	■	■
e)	■	■
f)	■	■

2/74

27 Hören Sie sich folgende Sätze an.

Entscheiden Sie beim zweiten Anhören, ob es sich in dem jeweiligen Satz um ein regelmäßiges oder unregelmäßiges Verb in der Vergangenheit handelt.

	regelmäßig	unregelmäßig
a)	■	■
b)	■	■
c)	■	■
d)	■	■
e)	■	■
f)	■	■

3/1

28 Sie hören nun drei Dialoge.

Ordnen Sie die Dialognummer der richtigen Situation zu, nachdem Sie sich die Dialoge zweimal angehört haben.

a) Jesse is talking about his weekend.	Dialog 1
b) Jane is telling a friend about her last vacation.	Dialog 2
c) Sam is talking about what he did last night.	Dialog 3

3/2–6

Bitte arbeiten Sie nun die mündlichen Übungen 29 bis 33 durch.
Die Übungsanweisungen erhalten Sie auf der CD.

Wortschatz

Von Vergangenem erzählen

We got up early on Saturday morning.	Wir sind am Samstag früh aufgestanden.
What did the kids do?	Was haben die Kinder gemacht?
– Well, they went swimming a lot.	– Also, sie sind oft schwimmen gegangen.

Verwandtschaftsbezeichnungen

mother / father	Mutter / Vater
sister / brother	Schwester / Bruder
daughter / son	Tochter / Sohn
wife / husband	Ehefrau / Ehemann
grandmother / grandfather	Großmutter / Großvater
granddaughter / grandson	Enkelin / Enkel
aunt / uncle	Tante / Onkel
cousin	Cousine/Vetter
niece / nephew	Nichte / Neffe
sister-in-law / brother-in-law	Schwägerin / Schwager

Ausdrücke mit dem Verb *have*

3/7

have breakfast	frühstücken
… (a light) lunch	(etwas Leichtes) zu Mittag essen
… (a late) dinner	(spät) zu Abend essen
… (a cup of) coffee	(eine Tasse) Kaffee trinken
… a drink	einen Drink zu sich nehmen
… a good trip	eine gute Reise haben
… a good time	Spaß haben
… a party	eine Party geben
… sex	Sex haben
… a fit	ausflippen

Das Wetter

It was sunny.	Es war sonnig.
… rainy.	… regnerisch.
… (partly) cloudy.	… (teilweise) bewölkt.
… windy.	… windig.
… foggy.	… neblig.
It was hot/cold.	Es war heiß/kalt.
… warm/cool.	… warm/kühl.
It was 77° (degrees Fahrenheit).	Es hatte 77° Fahrenheit (= 25° Celsius).

Die Jahreszeiten

spring	Frühling
summer	Sommer
autumn / fall (AE)	Herbst
winter	Winter

Die Monate

January	Januar
February	Februar
March	März
April	April
May	Mai
June	Juni
July	Juli
August	August
September	September
October	Oktober
November	November
December	Dezember

Unterhaltung

Stellen Sie sich vor, dass Sie am Wochenende mit dem Auto in die Berge gefahren sind. Am Montag unterhalten Sie sich mit einem befreundeten Kollegen, der natürlich wissen möchte, wie Ihr Wochenende verlaufen ist.

Bitte hören Sie sich nun die Anweisungen auf der CD an und nehmen Sie an einer Unterhaltung teil.

In dieser Lektion lernen Sie ...

Situationen

- im Restaurant bestellen
- über das Essen sprechen
- etwas höflich ablehnen

Wortschatz

- Essen und Trinken

Grammatik

- das Hilfsverb *will* für zukünftige Handlungen

I think I'll have ...

I'd like to make a reservation

Stan Thomaszewski (◆) ruft in einem Restaurant (◆) an, um einen Tisch für den Abend zu reservieren.

»Reservations«
April 16
8.00
2 - Thomaszewski

3/9

Überlegen Sie sich kurz, was Sie am Telefon sagen würden, wenn Sie einen Tisch reservieren möchten. Welche Information werden abgefragt?

1 Hören Sie den folgenden Dialog und unterstreichen Sie beim zweiten Hören jeweils das richtige Wort.

◆ Downtown Tavern, good (afternoon / evening).
◆ Hello. I'd like to make a reservation for (tonight / tomorrow night).
◆ For how many (persons / people)?
◆ For two.
◆ At what time?
◆ Eight o'clock.
◆ And what's (your name / the name), please?
◆ Thomaszewski.
◆ Could you (spell / repeat) that, please?
◆ (T-h-o-m-a-s-z-e-w-s-k-i / T-h-o-m-a-s-z-i-w-s-k-i).
◆ OK, Mr. Thomaszewski, you're all set. (We'll / We) see you tonight.
◆ Thank you.
◆ (Please / You're welcome).

2 Im Gespräch werden folgende Sprechabsichten zum Ausdruck gebracht. Bringen Sie sie in die richtige Reihenfolge nach dem Verlauf des Dialogs.

a) give answers ________
b) make a reservation ________
c) confirm the reservation ________
d) react to the thank-you ________
e) ask someone to do something ________
f) thank someone ________
g) greet the caller ________
h) spell the name ________
i) ask questions ________

3 Einer der folgenden Sätze aus dem Dialog beschreibt eine zukünftige Handlung. Welcher?

a) I'd like to make a reservation for tonight.
b) And what's the name, please?
c) You're all set.
d) We'll see you tonight.
e) You're welcome.

4 Wie Sie im Dialog gehört haben, hat Herr Thomaszewski seinen Namen buchstabiert. Erinnern Sie sich an das englische Alphabet?

Hören Sie es nochmals und sprechen Sie jeden Buchstaben nach. Das wird Ihnen im Laufe dieser Lektion sicherlich helfen!

3/10

A a	B b	C c
D d	E e	F f
G g	H h	I i
J j	K k	L l
M m	N n	O o
P p	Q q	R r
S s	T t	U u
V v	W w	X x
Y y	Z z BE [zed] / AE [zi:]	

5 Übungsdialog

Hören Sie sich zunächst den Beispieldialog an und beantworten Sie dann die Frage nach dem Muster. Verwenden Sie dabei die angegebenen Namen. Die richtige Antwort hören Sie stets, nachdem Sie gesprochen haben.

3/11

Beispiele:	Sie sind dran:
◆ What's your name, please? ◆ *Thomaszewski.* ◆ Could you spell that, please? ◆ *T-h-o-m-a-s-z-e-w-s-k-i.*	Thomaszewski Caiazza Lloyd Worthington Knudsen Pfaffner

Are you ready to order?

Stan Thomaszewski (◆) kommt am Abend mit seiner Begleiterin Barbara (◆) in der Downtown Tavern an. Sie werden zunächst an der Tür von einer Dame (*hostess*) (◆) empfangen und zum Tisch begleitet. Dort werden sie von ihrem Kellner (◆) begrüßt.

3/12

6 *Who says what?*

Lesen Sie zuerst folgende Aussagen und versuchen Sie, sie den drei Personen zuzuordnen. Hören Sie anschließend den Dialog. Bitte beachten Sie: Die Aussagen stehen *nicht* in der richtigen Reihenfolge.

	hostess	waiter	Stan
a) There you go. Here are your menus. Your waiter'll be right with you.	■	■	■
b) Good evening, we have a reservation.	■	■	■
c) No, I think we need a couple of minutes.	■	■	■
d) What's the name?	■	■	■
e) Yes, Mr. Thomaszewski. Come with me, please.	■	■	■
f) Can I take your drink order?	■	■	■
g) I'll have a glass of rosé.	■	■	■
h) So, good evening. My name's Henry. I'll be your waiter tonight. Are you ready to order?	■	■	■
i) I have Budweiser and Heineken on tap.	■	■	■

3/13

7 Welche Antwort passt zur Frage? Kreuzen Sie an.

	erste Antwort	zweite Antwort
a)	■	■
b)	■	■
c)	■	■
d)	■	■
e)	■	■

8 Unterstreichen Sie jeweils das Wort, das *nicht* passt.

a) Here are your …
1. menus.
2. minutes.
3. drinks.

b) I'll be your … tonight.
1. people
2. waiter
3. waitress

c) I think we need a couple of …
1. menus.
2. minutes.
3. meals.

d) What … of beer do you have on tap?
1. sort
2. way
3. kind

e) Excuse me, can we …, please?
1. drink
2. order
3. pay

f) Are you ready to …?
1. order
2. go
3. wait

9 Übungsdialog

Und jetzt bestellen Sie Getränke in einem Restaurant. Hören Sie sich zunächst den Beispieldialog an und beantworten Sie dann die Fragen den Angaben entsprechend.

3/14

Beispiel:

◆ Are you ready to order?
◆ *I think we need a couple of minutes.*
◆ Can I take your drink order?
◆ *I'll have a beer.*

Sie sind dran:

a beer
a glass of rosé
a whiskey
a Perrier (Mineralwasser)
an iced tea
a milk shake

Einige Tipps für Ihren Restaurantbesuch

• Es empfiehlt sich vor allem am Wochenende und bei besseren Restaurants, telefonisch einen Tisch zu reservieren.
• *Please wait to be seated*: Wenn Sie in Amerika ein Restaurant betreten, sollten Sie in den meisten Restaurants am Eingang warten, bis Sie – meist von einer freundlichen *hostess* (Empfangsdame) – zu Ihrem Tisch geführt werden.
• Es ist nicht üblich, sich an einen schon besetzten Tisch zu setzen.
• Das in deutschem Sprachraum obligatorische „Guten Appetit!" vor dem Essen fehlt weitgehend in der angelsächsischen Welt. Mal wird „*Bon appétit!*", mal „*Enjoy (your meal)!*" (etwa: Lass es dir schmecken!) gesagt, aber nicht als festes Ritual.
• In Amerika werden Kaffee und Tee in der Regel nur einmal bezahlt; die zweite oder dritte Tasse ist gratis. Dies gilt meistens auch für *iced tea*.
• Wenn Sie im Restaurant oder einem anderen öffentlichen Gebäude zur Toilette möchten, so fragen Sie nach dem *ladies' room* bzw. *men's room* (im BE auch *gent's – gentlemen's room* – genannt) oder den *restrooms* (AE).

What are you going to have?

Stan (◆) und Barbara (◆) überlegen sich, was sie essen möchten und bestellen danach ihre Gerichte.

10 Bevor Sie den Dialog hören, gibt es als Vorspeise eine kleine Übung.
Ordnen Sie die Gerichte dem entsprechenden Überbegriff zu.

iced tea, chicken, fruit salad, fish, soup of the day, sirloin steak, ice cream, salad, rice, beer, vegetables, French fries, apple pie, pork, baked potato, carrot cake, seafood plater, coffee, shrimp cocktail, pasta of the day, red/white wine

MENU

– STARTERS –

____

____

– MAIN COURSE –

____

____

– SIDE DISHES –

____

____

– DESSERTS –

____

____

– BEVERAGES –

____

____

11 Hören Sie den folgenden Dialog zwischen Stan und Barbara und bringen Sie anschließend die Sätze in die richtige Reihenfolge.

3/15

___ ◆ I'm going to have the shrimp cocktail.

___ ◆ I'm not sure. I'm thinking about the chicken in white wine sauce. What about you?

___ ◆ That sounds good. So does the veal. I think I'll have that.

___ ◆ I'm going to have the lobster.

___ ◆ What are you going to have?

___ ◆ Yeah, I think I'll have the onion soup. And you?

___ ◆ Are you going to have an appetizer?

Nun kommt der Kellner (◆) mit den Getränken zurück und fragt Stan und Barbara, ob er die Bestellungen für das Essen aufnehmen kann. Später möchte er wissen, ob sie einen Nachtisch möchten.

12 Hören Sie den Dialog (eventuell mehrmals) und bringen Sie anschließend die Fragen des Kellners in die richtige Reihenfolge.

3/16

◆ So, the rosé for you and the beer for you. Are you ready to order now?
◆ Yes, I think so. Barbara …
◆ I'll have the French onion soup and the veal piccata.

◆ ______________________________

◆ I'll take the green beans.

◆ ______________________________

◆ Blue cheese, please.

◆ ______________________________

◆ I'll have the shrimp cocktail and the lobster.

◆ ______________________________

- ◆ I'll have peas, please.
- ◆ ______________________________
- ◆ Just oil and vinegar.
- ◆ ______________________________
- ◆ I think we'll try a bottle of your California Chardonnay.

...

- ◆ ______________________________
- ◆ No, thank you. Just coffee, please.

- Can I get you another beer?
- And your vegetable?
- And what kind of dressing would you like on your salad?
- Are you going to have dessert? We have carrot cake and peanut butter pie today.
- And on your salad?
- What vegetable would you like?
- And you, sir?

13 *Who had what?* Kreuzen Sie jeweils an.

	Stan	Barbara
soup	▢	▢
lobster	▢	▢
shrimp cocktail	▢	▢
veal	▢	▢
chicken	▢	▢
peas	▢	▢
carrots	▢	▢
green beans	▢	▢
salad	▢	▢
cheese	▢	▢
pie	▢	▢
cake	▢	▢
iced tea	▢	▢
wine	▢	▢
beer	▢	▢
coffee	▢	▢

14 Wer sagt was, Ober oder Gast?

	Waiter/Waitress	Guest
a) Are you ready to order?	▢	▢
b) I think I'll have the vegetarian special.	▢	▢

c) Can I get you another glass of wine?
d) I have an Italian Chardonnay, that's very good.
e) I'm going to have the prawn cocktail.
f) The veal sounds very good.
g) Could I see the dessert menu, please?
h) Do you need a couple of minutes?
i) Here are your menus.
j) Can I have the bill/check, please?

15 Übungsdialog

Hören Sie sich zunächst das Beispiel an und sagen Sie dann, was Sie zum Essen haben wollen. Bitte benutzen Sie die unten stehenden Angaben.

3/17

Beispiel:	Sie sind dran:
◆ What are you going to have? ◆ *I'm going to have the lobster.*	the lobster the vegetable salad the French onion soup the shrimp cocktail the chicken the veal piccata

16 Übungsdialog

Hören Sie sich nun das folgende Beispiel an und sagen Sie dann selbst, was für ein Salatdressing Sie gerne hätten.

3/18

Beispiel:	Sie sind dran:
◆ What kind of dressing would you like on your salad? ◆ *I'll have the blue cheese dressing.*	blue cheese French thousand island oil and vinegar Russian Italian

Kellnerinnen und Kellner in Amerika haben ein ziemlich geringes Gehalt, sind also auf das Trinkgeld angewiesen – wodurch sich der besonders freundliche Service z. T. erklären lässt. Das Trinkgeld ist aus diesem Grund auch höher als bei uns, nämlich ca. 15%, bei besonders gutem Service sogar 20%. Dieses Trinkgeld, *tip* genannt, wird entweder auf der Kreditkartenabrechnung eingetragen oder bei Barzahlung auf dem Tisch liegen gelassen, wenn man das Restaurant verlässt. Die hierzulande gängige Praxis des „Aufrundens" ist dagegen unüblich.

Grammatik

Die Zukunft mit *will*

Es gibt im Englischen mehrere Möglichkeiten, zukünftige Handlungen auszudrücken. Eine Möglichkeit – eine Art Vorhersage – haben Sie schon in Lektion 5 kennen gelernt: *You'll see signs for I 95.*
In dieser Lektion werden weitere Verwendungsmöglichkeiten der Konstruktion mit dem Hilfsverb *will* erläutert.

Bildung

I		
you		
he/she/it	'll	have/do/make …
we		
they		

Das Hilfsverb *will* steht immer in Verbindung mit der Grundform des Hauptverbs. In der gesprochenen Sprache benutzt man in Aussagesätzen meist die Kurzform ***'ll***:

I'll have …	She'll call …
You'll like …	We'll try …
He'll take …	They'll be …

Verneinte Form

Die verneinte Form von *will* ist *will not*, das meistens zu ***won't*** verkürzt wird:

I		
you		
he/she/it	won't	have/do/make …
we		
they		

Fragen und Antworten

Will you *be here tomorrow?*

Die Kurzantwort lautet:
Yes, I will. / No, I won't.

Gebrauch

Mit *will* + Grundform des Hauptverbs drückt man **zukünftige Handlungen** aus:

*Your **waiter'll be** right with you.*	Ihr Kellner kommt gleich/wird gleich kommen.
***I'll be** your waiter tonight.*	Ich bin heute Abend Ihr Kellner/ werde … sein.
***I won't see** you tomorrow, I'm taking the day off.*	Ich werde dich/Sie morgen nicht sehen, ich habe mir den Tag freigenommen.
***We won't be** there by seven.*	Wir werden nicht bis sieben da sein.

In der Frageform hat *will* oft die Bedeutung von „können" und drückt eine Bitte aus:

***Will** you **help** me?*	Kannst du / Können Sie mir helfen?

Man verwendet die Konstruktion *will* + Hauptverb vor allem bei **spontanen Entscheidungen**:

***I'll have** the shrimp cocktail.*	Ich nehme den Krabbencocktail.
*I think **we'll try** the California Chardonnay.*	Ich glaube, wir probieren den kalifornischen Chardonnay.

Ist die Entscheidung gefällt, heißt es:

***I'm having** the shrimp cocktail.*

oder

***I'm going to have** the shrimp cocktail.*

Bitte beachten Sie: Für **zukünftige Pläne** verwenden Sie entweder die **Verlaufsform der Gegenwart** oder die Konstruktion mit ***going to* + Hauptverb**:

***I'm having dinner** with my parents tonight.*
***I'm going to have dinner** with my parents tonight.*
~~*I will have dinner with my parents tonight.*~~

Übungen

Schriftliche Übungen

17 Verbinden Sie die zusammengehörenden Fragen und Antworten.

a) Will you be at the shore?	No, thank you.
b) How many people will be there?	At about eight.
c) When will you arrive?	A glass of wine, please.
d) Won't you come in for a drink?	I don't know.
e) What will you have?	At my parents'.
f) Where will you be?	Yes, I will.

18 Wer entscheidet sich für was?
Ordnen Sie jeweils den passenden Gedankengang den Personen zu.

Larry: …	a) „I think I'll call Marion."
Keith: …	b) „I think I'll take a break."
Irene: …	c) „I think I'll put on some music."
Heather: …	d) „I think I'll have a cup of coffee."
Neil: …	e) „I think I'll have something to eat."
Barry: …	f) „I think I'll take a nap."
Ursula: …	g) „I think I'll take the bus."
Wendy: …	h) „I think I'll give up smoking."

19 Spontane Entscheidung oder fester Plan? Kreuzen Sie an.

	spontane Entscheidung	fester Plan
a) Umm, let me see … I think I'll have the special.	■	■
b) We're going to open a coffee bar in the city.	■	■
c) I'll call you tomorrow, if you'd like.	■	■
d) I think he said they're going to the Bahamas.	■	■
e) Here, I'll help you with that.	■	■
f) They're flying to Chicago at the end of the month.	■	■
g) I'll pick her up at the airport if you can't.	■	■

20 Tragen Sie das jeweils passende Hilfsverb ein.

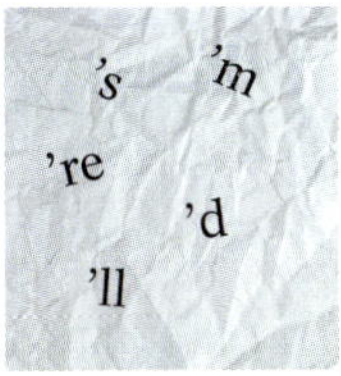

a) Do you know if he…… be here tonight?

b) I think he…… coming, but I…… not sure.

c) You…… kidding? He…… got an invitation, hasn't he?

d) Yes, I think so. Laura said she…… send him one.

e) You know what: I think I…… give him a call and find out if he…… coming.

21 Ordnen Sie den Abbildungen die passenden englischen Begriffe zu. Guten Appetit!

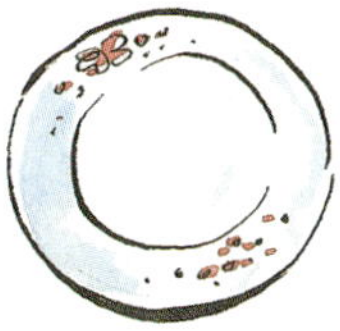
a)

b)

c)

d)

e)

f)

g)

h)

a bowl of vegetable soup	___	apple pie	___
pasta	___	plate	___
knife, fork and spoon	___	napkin	___
seafood platter	___	rice	___

Sprechen und verstehen

22 Hören Sie die folgenden zweisilbigen Wörter aus dieser Lektion.

Welche Silbe wird jeweils betont, die erste oder die zweite?
Sprechen Sie die Wörter beim zweiten Hören nach.

	1. Silbe	2. Silbe
a) menu		
b) ready		
c) peanut		
d) onion		
e) carrot		
f) salad		
g) welcome		
h) bottle		

23 Hören Sie sich nun folgende Sätze an.

Kreuzen Sie beim zweiten Anhören die Sätze an, bei denen es sich um eine spontane Entscheidung handelt.

a)
b)
c)
d)
e)
f)

24 Hören Sie sich den Dialog an und beantworten Sie folgende Fragen.

a) What does Julie have to drink before dinner?
1. a whiskey
2. a glass of white wine
3. a glass of rosé

b) What does she have first?
1. the shrimp cocktail
2. the salad
3. the vegetable soup

c) What does Julie have for dinner?
1. the chicken Parmesan
2. the steak
3. surf 'n turf

d) What does Julie have with her meat?
1. a salad
2. peas
3. spaghetti

e) What does she have to drink with dinner?
1. white wine
2. red wine
3. rosé

f) What kind of dressing does she have on her salad?
1. French
2. thousand island
3. oil and vinegar

**Bitte arbeiten Sie nun die mündlichen Übungen 25 und 26 durch.
Die Übungsanweisungen erhalten Sie auf der CD.**

Wortschatz

Sagen, was man möchte

I think I'll have …	Ich glaube, ich werde … nehmen.
I'd like …	Ich möchte …
I'm going to have …	Ich werde … nehmen.

Etwas anbieten

Will you have (a) …?	Möchtest du/Möchten Sie (ein/e/en) …?
Can I get you (a) …?	Kann ich dir/Ihnen (ein/e/en) … bringen?

Nach der Rechnung verlangen

Can I/we have the check (AE)/bill (BE), please?	Zahlen, bitte. (Kann ich/Können wir die Rechnung haben, bitte?)

Sagen, was (wahrscheinlich) passieren wird

We'll see you tonight.	Wir sehen uns heute Abend.

Jemanden bitten, etwas zu buchstabieren

Can/Could you spell that for me, please?	Können/Könnten Sie mir das bitte buchstabieren?

Die Speisekarte

3/24

Starters / Appetizers	Vorspeisen
Shrimp cocktail	Krabbencocktail
Stuffed mushrooms	Gefüllte Pilze
Potato skins	Gebackene Kartoffelschalen

Soups	Suppen
Clam chowder	Muschelcremesuppe
Soup of the day	Tagessuppe

Entrees / Main courses	Hauptgerichte
Sirloin steak	Rumpsteak
Roast beef	Roastbeef
T-bone steak	T-bone-Steak

Filet mignon	Filetsteak
Hamburger	Hamburger

Fish	**Fisch**
Broiled flounder (AE) / plaice (BE)	Gebackene Flunder / Scholle
Seafood platter	Meeresfrüchteplatte
Fried jumbo shrimp (AE) / prawns (BE)	Gegrillte Riesengarnelen
Lobster tail	Hummer(schwanz)

Surf 'n Turf	**Fisch und Fleisch**
Filet mignon & fried shrimp	Filetsteak und fritierte Krabben
Filet mignon & lobster tail	Filetsteak und Hummer
T-bone steak & lobster tail	T-bone-Steak und Hummer

Salads	**Salate**
Chef salad	Chefsalat
Tuna or chicken salad plate	Salatteller mit Thunfisch oder Huhn
Garden tossed salad	Gemischter gartenfrischer Salat
Caesar salad	Römersalat mit Croûtons, Parmesan und Dressing

Vegetables	**Gemüse**
Spinach	Spinat
Broccoli	Brokkoli
Green beans	Grüne Bohnen
Carrots	Möhren

Side dishes	**Beilagen**
French fries (AE) / chips (BE)	Pommes Frites
Baked potato	Folienkartoffel
Potato salad	Kartoffelsalat
Coleslaw	Krautsalat
Rice	Reis
Pasta	Teigwaren

Desserts	Desserts
Apple pie	Apfelkuchen/-pastete
Cherry pie	Kirschkuchen/-pastete
Cheese cake	Käsekuchen

Beverages	Getränke
Soft drinks	Alkoholfreie Getränke
Iced tea	Eistee
Coffee	Kaffee
Milk	Milch
Perrier	Mineralwasser

Alcoholic beverages	Alkoholische Getränke
Red/white wine, rosé	Rot-/Weißwein, Rosé
Beer (bottled/on tap)	Bier (in der Flasche/vom Fass)
Whiskey (on the rocks)	Whiskey (mit Eis)

Den Tisch decken

silverware	Besteck
knife	Messer
fork	Gabel
spoon	Löffel
tea spoon	kleiner Löffel
soup spoon	großer Löffel

dishes*	Geschirr
plate	Teller
cup and saucer	Tasse und Untertasse
bowl	Schüssel
glass	Glas
salt and pepper (shakers)	Salz und Pfeffer(streuer)

place mat	Set
table cloth	Tischdecke
napkin	Serviette

*Das Wort dish wird auch im Sinne von „Gericht“ verwendet.

3/25

Unterhaltung

Sie sind in einem Restaurant und der Kellner nimmt Ihre Bestellung auf.

Wissen Sie noch, wie die Gerichte heißen, die Sie in dieser Lektion gelernt haben? Wenn Sie nicht sicher sind, sehen Sie sich die Dialoge noch einmal an.

Als kleine Hilfe lesen Sie zuerst die Bestellung unten, die der Kellner sich aufschreibt. Hören Sie sich dann die Anweisungen auf der CD an und nehmen Sie an einer Unterhaltung teil.

lobster + salad
ff
thousand island
~~*appetizer*~~
Bud

dessert menu!!

In dieser Lektion lernen Sie ...

Situationen
- Einkaufen
- einen Wagen mieten
- höflich um etwas bitten

Wortschatz
- Geschäfte
- Kleidung
- Farben
- Autovermietung
- Körper
- Beschwerden
- Medikamente

Grammatik
- die Steigerung von Eigenschaftswörtern (*the comparative and superlative forms of adjectives*)
- die unbestimmten Mengenangaben *some* und *any*

Can I help you?

I'm looking for jeans

Stan (◆) möchte eine Jeans kaufen und wird von einer Verkäuferin (◆) bedient.

1 Bevor Sie den folgenden Dialog hören, schauen Sie in den Kleiderschrank.
Ordnen Sie den Kleidungsstücken die passenden Begriffe zu.

socks sweater pants/trousers dress skirt blouse coat underwear shirt jacket shoes suit

2 Hören Sie nun den Dialog und ordnen Sie anschließend die jeweils passende Antwort des Kunden der Frage der Verkäuferin zu.

Überlegen Sie sich kurz: Wie läuft ein Verkaufsgespräch in Ihrer Muttersprache ab?

◆ Can I help you?
◆ ______________________
◆ What size are you?
◆ ______________________
◆ Pants are over here.
◆ ______________________
◆ No, they're not.
…
◆ So, here they are, 34/32.
◆ ______________________

- Sure, the dressing rooms are back there.
- ______________________________

…

- How do they fit?
- ______________________________
- Sure, here you are.

…

- Are those OK?
- ______________________________
- Do you need anything else? Shirts, sweaters?
- ______________________________
- They're right over here. What color are you looking for?
- ______________________________

…

- Will that be cash or charge?
- ______________________________

…

- Sign here, please. … Here's your receipt. Have a nice day.
- ______________________________

- I'm not sure; blue or green.
- I think I need to try a 36 waist.
- Yes, I'm looking for 501's in my size.
- Are they on sale?
- Thanks.
- Can I try them on?
- Yes, they're fine.
- 34/32.
- Visa. Here you are.
- Thanks, same to you.
- Do you have any summer jackets?

3 *True or false?*
Kreuzen Sie die passende Antwort an.

	true	false
a) Stan is looking for a pair of jeans.	■	■
b) He thinks he knows what size he needs.	■	■
c) The jeans he tries on are on sale.	■	■
d) The 34 waist fits well.	■	■
e) Stan is also interested in a jacket.	■	■
f) He pays for the clothing in cash.	■	■
g) Stan gets a receipt for his purchase.	■	■

4 Zwei Freundinnen unterhalten sich auf der Straße.

Lesen Sie den Dialog und tragen Sie jeweils das passende Wort ein.

on sale, mind, fit, pair, 'll, waist, size, got, try

◆ Wait a minute, there's the store where I .... (a) these jeans. Do you .... (b) if we go in? I want to see if I can find a pair just like them.

◆ Sure, no problem. Do they .... (c) you well?

◆ Yes, and they're .... (d), too.

◆ What .... (e) are you?

◆ Well, normally I take a 32/34, but these are a 31 .... (f) They're cut a little bigger.

◆ I know what you mean: Levi's fit differently than Lee, Calvin Klein's fit differently than the Gap's, and so on.

◆ Tell me about it! That's why I want to get another .... (g) of them.

◆ Do you have to .... (h) them on?

◆ No, I'll just get the exact same ones. It........... (i) only take me a minute.

5 Übungsdialog

Nun sind Sie in einem Bekleidungsgeschäft und werden gefragt, was Sie gerne hätten. Hören Sie sich zunächst die beiden Beispiele an und antworten Sie dann entsprechend den Angaben in der Tabelle. Die richtige Antwort folgt jeweils nach Ihrer.

Beispiele:	Sie sind dran:
◆ Can I help you? ◆ *Yes, I'm looking for 501's in my size.* ◆ Can I help you? ◆ *No, thanks, I'm just looking.*	501's in my size just looking T-shirts a blue sweater a red shirt in size 12 a green jacket

Weights and measures

Wenn Sie in Großbritannien oder Nordamerika einkaufen gehen, passen Sie auch darauf auf, dass andere Maßeinheiten gelten als die in Europa üblichen Dezimalen.

– Das Grundgewicht bei Lebensmitteln ist das *pound* (ca. 500 g in Großbritannien, 450 g in Nordamerika). Wenn man Wurst und Käse kauft, sagt man z. B. *a quarter pound* oder *a half pound*.

– Flüssiges kauft man in *quarts* (ca. 0,95 l) oder *gallons* (= 4 *quarts* = ca. 3,8 l).

– Die Formel 34/32 bei der Hosengröße bedeutet 34 *inches* (= Zoll: 1 *inch* = ca. 2,5 cm) in der Taille und 32 *inches* in der Länge.

I'd like to hire a car

Adrian Goldman (◆) möchte auf seiner US-Reise einen Wagen mieten und geht zu einer Autovermietung, wo er von einer Angestellten (◆) bedient wird.

6 Hören Sie den Dialog und unterstreichen Sie jeweils das passende Wort.

3/28

Welche Punkte werden bei einer Autovermietung besprochen? Was wäre Ihnen in einer solchen Situation wichtig?

◆ Good morning, can I help you?
◆ Yes, I'd like to (rent / hire) a car for a week.
◆ What (size / colour) car would you like?
◆ Do you have something a little bigger than a (compact / van)?
◆ I have a white – no, beige – Ford Contour. That's a mid-size car.
◆ Yes, that's OK. How much is it?
◆ It's $189 a week plus $10 a day (insurance / included).
◆ Is that with (limited / unlimited) mileage?
◆ No, that's 1,000 free miles and 25 cents a mile over that.
◆ OK, I'll take it.
◆ Can I have your (driver's license / passport) and credit card, please?

...

◆ Where do you want to (pick up / drop off) the car?
◆ Would it be possible to drop it off at the (station / airport)?
◆ Sure, no problem.
◆ Great.

7 Welche Antwort passt zur Frage? Kreuzen Sie an.

3/29

	erste Antwort	zweite Antwort
a)	■	■
b)	■	■
c)	■	■
d)	■	■
e)	■	■

8 Wie Sie gehört haben, werden im Dialog zwei Farben erwähnt.

Versuchen Sie nun, die folgenden Farben der passenden Bezeichnung zuzuordnen. Fangen Sie zuerst mit den Wörtern an, die Sie schon kennen.

a)

b)

c)

d)

e)

f)

g)

h)

i)

j)

___ red
___ yellow
___ white
___ green
___ orange
___ dark blue
___ brown
___ light blue
___ black
___ beige

9 Übungsdialog

3/30

Nun sind Sie bei einer Autovermietung und werden gefragt, was für einen Wagen Sie mieten wollen. Hören Sie sich zunächst den Beispieldialog an und antworten Sie dann nach dem Muster.

Beispiel	Sie sind dran:
◆ What size car do you want? ◆ *Do you have a compact?*	compact Mondeo something bigger than a compact BMW mid-size car something smaller than that

10 Übungsdialog

3/31

Hören Sie sich wieder den Beispieldialog an und beantworten Sie die Fragen den Angaben entsprechend.

Beispiel	Sie sind dran:
◆ Where do you want to drop the car off? ◆ *Is it possible to drop it off at the airport?*	airport train station Miami Terminal A city Canada

Do you have something for a cold?

Peter (◆) ist in Virginia Beach unterwegs und muss sich einige Dinge besorgen. Er geht in eine Apotheke (◆), wo er sich etwas gegen seine beginnende Erkältung kaufen möchte.

11 Bevor Sie den folgenden Dialog hören, setzen Sie sich mit dem menschlichen Körper auseinander.

Ordnen Sie die Begriffe den entsprechenden Körperteilen zu.

_f_ leg _h_ foot _a_ head _b_ arm _j_ hair _p_ chin _n_ nose
_c_ hand _d_ chest _k_ ear _e_ waist _g_ knee _m_ eye _i_ toes
_q_ fingers _l_ neck _o_ mouth

Bauch = tummy

12 Hören Sie den Dialog und bringen Sie anschließend die Aussagen von Peter in die richtige Reihenfolge.

3/32

- ◆ Hi, what can I do for you?
- ◆ You don't have a prescription?
- ◆ Do you have a fever?
- ◆ Then I'd take this. It's pretty good.
- ◆ That's $3.49 plus tax.
- ◆ Aspirin?
- ◆ Here you are.

___ ◆ And I need something for a headache.
___ ◆ How much is it?
___ ◆ No, I don't.
___ ◆ Do you have something for a cold?
___ ◆ No, something stronger.
___ ◆ No, but I have a sore throat and a stuffy nose.

13 Kreuzen Sie jeweils die passende Antwort an.

a) Peter goes to the drug store because …
1. he's cold.
2. he has a cold.

b) He asks the pharmacist for help because …
1. he has a fever.
2. he doesn't have a prescription.

c) When you have a cold you often …
1. have a sore throat and a stuffy nose.
2. have a doctor.

d) The pharmacist tells Peter …
1. to take the medicine three times a day.
2. that the medicine is pretty good.

e) The medicine costs $3.49 plus …
1. insurance.
2. tax.

f) Peter asks the pharmacist for something for …
1. a headache.
2. an aspirin.

14 Übungsdialog

3/33

Jetzt fühlen Sie sich nicht gut und gehen in ein *drug store*.
Hören Sie sich zunächst das Beispiel an und beantworten Sie dann die Frage.

Beispiel	Sie sind dran:
◆ Hi, what can I do for you? ◆ *Do you have something for a cold?*	cold sore throat fever stuffy nose headache

Drug store, pharmacy oder *chemist's*

Es gibt im Englischen mehrere Bezeichnungen für ein Geschäft, in dem Medikamente (*drugs*) erhältlich sind. In den USA hießen sie früher *drug store*, heutzutage eher *pharmacy*, und in Großbritannien kauft man Medikamente beim *chemist's*. Verwirrung entsteht bei Europäern, die die USA besuchen, dadurch, dass *drug stores / pharmacies* nicht so aussehen wie unsere Apotheken, sondern eher wie Drogerien. Der amerikanische *pharmacist*, aber auch der *chemist* in Großbritannien, konnte von jeher selbst über sein Warenangebot bestimmen. Deshalb bekommen Sie dort nicht nur rezeptpflichtige (*prescription*) und rezeptfreie Medikamente, sondern auch alles, was man hierzulande in einer Drogerie kaufen kann: Kosmetik (*make up*) und Toiletten-Artikel (*health and personal-care products*), aber auch Filme für Privatfotos. Ebenso wie in den USA gehören auch in Großbritannien die meisten Apotheken einer Ketten an; z. B. CVS in den USA und Boots, seit langem eine Institution in Großbritannien.

Grammatik

Die Steigerung von Eigenschaftswörtern

Um die Steigerungsformen zu bilden, wird an kurze, einsilbige Eigenschaftswörter -***er*** bzw. -***est*** angehängt:

a small car	ein kleines Auto
*a small**er** car*	ein kleineres Auto
*the small**est** car*	das kleinste Auto

Eigenschaftswörter mit drei oder mehr Silben werden durch Voranstellen von ***more*** bzw. ***most*** gesteigert.

an interesting book	ein interessantes Buch
*a **more** interesting book*	ein interessanteres Buch
*the **most** interesting book*	das interessanteste Buch

Die Steigerungsformen von zweisilbigen Eigenschaftswörtern werden entweder mit den Endungen -***er*** und -***est*** oder mit ***more*** und ***most*** gebildet.

early	*earlier*	*earliest*	(*y* vor Konsonant ➤ *i*)
normal	*more normal*	*most normal*	

Manche zweisilbigen Eigenschaftswörter können so oder so gesteigert werden. **Bitte beachten Sie**: Es gibt keine Regel für die Bildung der Steigerungsformen zweisilbiger Eigenschaftswörter; sie müssen einzeln gelernt werden. Man entwickelt aber ein Gefühl dafür, was am besten klingt!

Fast alle zweisilbigen Eigenschaftswörter in diesem Kurs werden mit Hilfe der Endungen -***er*** und -***est*** gebildet.

Einige Sonderformen

good (gut)	*better*	*best*
bad (schlecht)	*worse*	*worst*
much/many (viel)	*more*	*most*
little (wenig)	*less*	*least*

Vergleiche

Wenn zwei gleiche Personen oder Sachen miteinander verglichen werden, verwendet man ***as … as***, bei ungleichen Personen oder Sachen ***… than***.

*Chris is (just) **as big as** Susan.*	… (genau) so groß wie …
*Scott is (a little) **bigger than** his brother.*	… (ein bisschen) größer als …
*She's (a lot) **less flexible than** he is.*	… (viel) weniger flexibel als …

Die Steigerung von Umstandswörtern

Bei der Steigerung von Umstandswörtern gelten dieselben Regeln wie bei den Eigenschaftswörtern, d.h. kurze Umstandswörter werden durch das Anhängen der Endungen *-er* bzw. *-est* gesteigert, mehrsilbige in der Regel durch *more* und *most*.

fast	*faster*	*fastest*
slow	*slower*	*slowest*
early	*earlier*	*earliest*
warmly	*more warmly*	*most warmly*
freely	*more freely*	*most freely*

Die unbestimmten Mengenangaben *some / any*

Die Wörter ***some*** und ***any*** bezeichnen eine unbestimmte Menge. Sie beziehen sich auf *nicht zählbare* Substantive im Singular und Substantive im Plural:

*We had **some iced tea** while we were waiting.* — Wir haben Eistee getrunken, während wir gewartet haben.

Iced tea kann man z. B. nicht zählen (lediglich die Behälter).

*I didn't get **any calls** today.* — Ich habe heute keine Anrufe bekommen.

Some wird manchmal mit „etwas/ein paar/einige" oder gar nicht übersetzt, *any* in verneinten Sätzen mit „kein(e)".

Someone / ***anyone*** beziehen sich auf Personen; ***something / anything*** auf Gegenstände, Ereignisse, usw.

Some, something und ***someone*** werden in bejahten, ***any, anything*** und ***anyone*** in verneinten Sätzen und in Fragesätzen gebraucht:

*Do you have **any** summer jackets?* — Haben Sie Sommerjacken?
*– Yes, I have **some** over here.* — Ja, ich habe einige hier drüben.
*– No, I don't have **any** more.* — Nein, ich habe keine mehr.

*Do you have **anything** to eat?* — Haben Sie/Hast du etwas zum Essen?
*– Yes, I have **something** for lunch.* — Ja, ich habe etwas zum Mittagessen.
*– No, I don't have **anything**.* — Nein, ich habe nichts.

*Do you know **anyone** here?* — Kennen Sie/Kennst du (irgend)jemanden hier?
*– Yes, I know **someone** over here.* — Ja, ich kenne jemanden hier drüben.
*– No, I don't know **anyone**.* — Nein, ich kenne niemanden.

Sonderfall

In Fragesätzen, bei denen man eine positive Antwort erwartet, verwendet man allerdings *some(one/thing)*:

*Do you have **something** for a cold?* — Haben Sie etwas gegen Erkältung?

Dies ist oft der Fall, wenn man etwas anbietet:

*Would you like **some** coffee?* — Möchten Sie etwas Kaffee?
*Can I get you **something** to drink?* — Kann ich Ihnen etwas zu trinken bringen?

Übungen

Schriftliche Übungen

15 Was ist das Gegenteil von ...? Ordnen Sie die Eigenschaftswörter zu.

sunny	small
interesting	bad
early	long
short	uninteresting
good	unorganized
large	cloudy
clean	expensive
warm	dirty
cheap	late
organized	cool

16 Welche Aussage trifft zu?

a)
1. The blue sweater is smaller than the red one.
2. The blue sweater is larger than the red one.

b)
1. The car on the left is cooler than the one on the right.
2. The car on the right is cooler than the one on the left.

c)
1. Astrid's cold is worse than Gerd's.
2. Gerd's cold is just as bad as Astrid's.

d)
1. Peter takes the same size shirt as Hendrik.
2. Peter takes a larger size shirt than Hendrik.

e)
1. The wine on the left is cheaper than the bottle on the right.
2. The wine on the left is more expensive than the bottle on the right.

17 Unterstreichen Sie jeweils die passende Form des Eigenschaftswortes.

a) I think this restaurant is (cheap / cheaper / the cheapest) than Watson's.
b) My new secretary is not as (organized / more organized / the most organized) as Helen was.
c) You make a (good / better / the best) cup of coffee than I do!
d) We thought the prices here are (low / lower / the lowest) than at that other supermarket.
e) I think Janette is just as (nice / nicer / the nicest) as her sister.
f) This is (bad / worse / the worst) headache I've ever had!
g) Our holiday to Greece was (short / shorter / the shortest) than the one we took last year.
h) This is (white / whiter / the whitest) shirt I can find.

18 Tragen Sie die passende Form des angegebenen Eigenschaftswortes ein.

a) Yesterday was .... (warm) than today, wasn't it?
b) Sarah's .... (organized) than I am.
c) Was it as .... (windy) as this at the shore?
d) The beach at Longport is .... (clean) than this.
e) You brother is .... (small) than you, isn't he?
f) Is their car as .... (big) as ours?
g) My meeting this morning was .... (early) than last week.
h) Actually, I found his last book .... (interesting).

19 *Some* oder *any*? Tragen Sie das passende Wort ein.

a) I'd like ________ white wine, please.
b) Do you have ________ friends in California?
c) Sorry, we don't have ________ aspirin in the house.
d) Would you like ________ salad?
e) There were ________ people we know at the restaurant.
f) Do you have ________ kids?
g) Is there ________ tax on this?
h) The others didn't want ________ breakfast.
i) We saw ________ sweaters on sale at Macy's.
j) I have ________ cash, but I think I'll charge it.

20 *Something* oder *anything*? Unterstreichen Sie jeweils das passende Wort.

a) Did you take (something / anything) for your headache?
b) Did you find (something / anything) you liked at the store?
c) I think we have (something / anything) for a sore throat; yes, here it is.
d) Do you have (something / anything) in a size 38?
e) We'd like (something / anything) a little bigger than a compact.
f) I'm sorry, we don't have (something / anything) in that colour.
g) She said (something / anything) about that on the phone.
h) Can I get you (something / anything) to drink?

21 Sind die folgenden Hauptwörter zählbar oder nicht zählbar?

	zählbar	nicht zählbar
a) salad	■	☒
b) car	☒	■
c) fruit	■	☒
d) banana	☒	■
e) soup	■	☒
f) a bowl of soup	☒	■
g) shirt	☒	■
h) meat	■	☒
i) hamburger	☒	■
j) coffee	■	☒
k) a cup of coffee	☒	■
l) milk	■	☒
m) prescription	☒	■
n) rice	■	☒
o) spinach	■	☒

22 Welcher Satz ist richtig, oder sind jeweils beide Varianten richtig?

Trauen Sie Ihrem Sprachgefühl und denken Sie an die Sätze, die Sie in diesem Kurs schon kennen gelernt haben.

	sentence 1	sentence 2	both sentences
a)			
I took some aspirin an hour ago.	■	■	☒
I took an aspirin an hour ago.	■	■	☒
b)			
Did you have a stuffy nose?	☒	■	■
Did you have any stuffy nose?	■	■	■
c)			
Can I get you something to drink?	■	■	☒
Can I get you a drink?	■	■	☒

d)
Would you like some beer?
Would you like a beer?

e)
Do you have a receipt?
Do you have any receipt?

f)
I think there was some tax on the cold medicine.
I don't think there was any tax on the cold medicine.

g)
I think I need some insurance.
I think I need an insurance.

23 Ordnen Sie den Gegenständen jeweils die passende Farbe zu.

a) aspirin / diaper / eggs / lotion / yogurt ________

b) bananas / butter / scrambled egg ________

c) chocolate / coffee / balsamico vinegar ________

d) wine / cherries / lobster / mouth / stop sign / sunburn ________

e) broccoli / dollar / lettuce / pears / peas ________

f) Dutch football fans / Cheddar cheese / carrots ________

g) rolls / apple juice / peanut butter / honey ________

red
dark brown
yellow
white

light brown
green
orange

Sprechen und verstehen

24 Hören Sie die folgenden zweisilbigen Wörter.

Welche Silbe wird jeweils betont, die erste oder die zweite? Sprechen Sie die Wörter beim zweiten Hören nach.

3/34

	1. Silbe	2. Silbe
a) sweater	☐	☐
b) jacket	☐	☐
c) colour	☐	☐
d) receipt	☐	☐
e) licence	☐	☐
f) credit	☐	☐
g) headache	☐	☐
h) something	☐	☐
i) orange	☐	☐
j) carrot	☐	☐

25 Hören Sie folgende Wörter und unterstreichen Sie in jeder Reihe das Wort, dessen Hauptbetonung auf eine andere Silbe fällt.

3/35

Zum Beispiel: <u>Feb</u>ruary / Sep<u>tem</u>ber / No<u>vem</u>ber / De<u>cem</u>ber. Das Wort mit der abweichenden Betonung ist: *February.*

a) insurance / prescription / limited / another
b) tomorrow / possible / anything / everything
c) potato / banana / tomato / vegetable
d) reservation / supermarket / California / European

26 Hören Sie sich den folgenden Dialog an.

Lesen Sie dann die unten stehenden Aussagen und entscheiden Sie sich nach einem zweiten Anhören, ob sie richtig oder falsch sind.

3/36

	true	false
a) The customer doesn't know what she wants.	☐	☒
b) The pants she tries on fit.	☒	☐
c) The salesperson doesn't have the pants in her size.	☐	☒
d) The customer buys a shirt.	☐	☒
e) She pays cash.	☐	☒

by credit card

Bitte arbeiten Sie nun die mündlichen Übungen 27 bis 30 durch. Die Übungsanweisungen erhalten Sie auf der CD.

3/37–40

Wortschatz

Beim Einkaufen

I'm looking for …	Ich suche …
I'd like …	Ich möchte …
I think I need size …	Ich glaube, ich brauche Größe …
Do you have this in size …/green?	Haben Sie das in Größe …/grün?
Is this on sale?	Ist das im Angebot?
Do you take credit cards?	Nehmen Sie Kreditkarten?
Is that with insurance/unlimited mileage …?	Ist die Versicherung inbegriffen/ Ist es mit unbegrenzten Meilen …?
How much is it/that?	Wie viel macht es/das?
What kind is that?	Welche Marke/Sorte ist das?
I'll take some of that.	Ich nehme ein bisschen davon.
That's all, thank you.	Das wär's, danke.

Auf die Frage *Can I help you?* kann man folgendermaßen antworten:

Can I help you?	Kann ich Ihnen helfen?
– Yes, I'm looking for …	Ja, ich suche …
– Yes, I'd like …	Ja, ich möchte …
– Yes, do you have …	Ja, haben Sie …
– No, thanks, I'm just looking.	Nein, danke, ich schaue mich nur um.
– No, thanks, not right now.	Nein, danke, im Augenblick nicht.
Can you help me?	Können Sie mir behilflich sein?

3/41

Ailments	Beschwerden
I feel ill (AE)/sick (BE).	Ich fühle mich schlecht.
… dizzy.	Mir ist schwindelig.
I've got a cold.	Ich bin erkältet.
… sore throat.	Ich habe Halsweh.
… a cough.	Ich habe Husten.
… a headache.	Ich habe Kopfschmerzen.
… earache.	Ich habe Ohrenschmerzen.
… backache.	Ich habe Rückenschmerzen.
… toothache.	Ich habe Zahnschmerzen.
… a fever / temperature.	Ich habe Fieber.
… an upset stomach.	Ich habe einen verdorbenen Magen.
… a cut.	Ich habe eine Schnittwunde.

… a bruise.	Ich habe einen blauen Fleck.
… a sunburn.	Ich habe (einen) Sonnenbrand.
… a sprained ankle.	Ich habe mir den Knöchel verstaucht.

Clothing	**Kleidung**
(sport/dress) shirt	Sport-/Cityhemd
blouse	Bluse
pants (AE) / trousers (BE)	Hose
shorts	kurze Hose
skirt	Rock
dress	Kleid
sweater	Pullover
jacket	Jacke / Sakko
suit	Anzug / Kostüm
tie	Kravatte
belt	Gürtel
outerwear	Oberbekleidung
coat	Mantel
underwear	Unterwäsche
bra	BH
pajamas (AE) / pyjamas (BE)	Pyjama
shoes	Schuhe
socks	Socken
hat	Hut / Mütze
gloves	Handschuhe
bathing suit	Badeanzug / -hose
glasses (Plural!)	Brille

Parts of the body	**Körperteile**
head	Kopf
hair	Haare
eyes	Augen
nose	Nase
mouth	Mund
ear	Ohr
chin	Kinn
neck	Nacken
chest	Brust

arm	Arm
hand	Hand
fingers	Finger
waist	Taille
leg	Bein
knee	Knie
foot (Pl.: feet)	Fuß
toes	Zehen

3/44

Shops / Stores	**Geschäfte**
department store	Kaufhaus
grocery store / supermarket	Lebensmittelgeschäft / Supermarkt
men's clothing store	Herrenbekleidungsgeschäft
women's clothing store	Damenbekleidungsgeschäft
gift/card shop	Geschenkeladen
drug store (AE) / chemist's (BE)	Apotheke/Drogerie
sporting goods store	Sportgeschäft

3/45

Colours	**Farben**
white	weiß
yellow	gelb
orange	orange
red	rot
pink	rosa
purple	lila
light blue / dark blue	hellblau / dunkelblau
green	grün
brown	braun
black	schwarz

Cars	**Wagen**
sub-compact	Kleinwagen
compact	Kompaktklasse
mid-size car	Mittelklasse
full-size / family size	obere Mittelklasse
luxury	Luxusklasse
station wagon	Kombi

SUV (Sport utility vehicle)	Geländewagen
van	(Mini-)Bus

Lebensmittel

3/46

Fruits	Obst
apples	Äpfel
pears	Birnen
peaches	Pfirsiche
oranges	Orangen
bananas	Bananen

Vegetables	Gemüse
potatoes	Kartoffeln
tomatoes	Tomaten
carrots	Karotten
beans	Bohnen
lettuce	Salat

Meats	Fleisch
cold cuts	Aufschnitt
ham	Schinken
beef	Rindfleisch
veal	Kalbfleisch
chicken	Huhn
turkey	Truthahn
pork	Schweinefleisch

Dairy products	Milchprodukte
milk	Milch
cheese	Käse
yogurt	Joghurt
ice cream	Eis

Beverages	Getränke
wine	Wein
beer	Bier
bottled water	Mineralwasser

juice	Saft
soft drinks / soda	Limo

Snack food	**Knabberzeug**
(potato) chips (AE) / crisps (BE)	(Kartoffel-)Chips
crackers	Kräcker
nuts	Nüsse
cookies (AE) / biscuits (BE)	Kekse
candy (AE) / sweets (BE)	Süßigkeiten

Medicine	**Medikamente**
aspirin / pain reliever	Aspirin / Schmerzmittel
tablet / pill	Tablette / Pille
cough syrup	Hustensaft
suntan lotion	Sonnencreme

3/47

Unterhaltung

Stellen Sie sich vor: Sie sind im Urlaub und haben Kopfschmerzen. Sie gehen in eine Apotheke, um etwas gegen die Schmerzen zu kaufen.

Bitte hören Sie sich nun die Anweisungen auf der CD an und nehmen Sie an einer Unterhaltung teil.

In dieser Lektion lernen Sie ...

Situationen
- eine Reise buchen
- über Vergangenes berichten
- Zustimmung ausdrücken

Wortschatz
- Urlaub
- Wohnen: Häuser, Zimmer, Einrichtungsgegenstände

Grammatik
- das Perfekt / die zusammengesetzte Vergangenheit (*the present perfect tense*)

Have you ever been to ...?

I'd like to book a holiday

Michael Soby (◆) geht in ein Reisebüro, um einen Urlaub für sich und seine Frau Beth zu buchen. Er wird dort von einer Angestellten (*travel agent*) (◆) beraten.

3/48

1 Hören Sie sich das Gespräch einmal an.
Ordnen Sie dann die Sätze von Michael den Fragen der Reisebüroangestellten zu. Hören Sie danach den Dialog noch einmal.

In diesem Dialog geht es um den unterschiedlichen Gebrauch von *present perfect* (Perfekt) und *simple past* (einfache Vergangenheit). Wenn Sie nicht mehr genau wissen, wann das *simple past* verwendet wird, schlagen Sie dieses Thema in der Grammatik-Übersicht im Anhang nach.

◆ ______________________________

◆ Where would you like to go?

◆ ______________________________

◆ Europe, Asia, the States?

◆ ______________________________

◆ Have you ever been to the Caribbean?

◆ ______________________________

◆ Where have you been – and did you like it?

◆ ______________________________

◆ What about Florida? Have you ever been there?

◆ ______________________________

◆ I could book a hotel for you in Miami and one in Key West.

◆ ______________________________

◆ Right, now when did you want to go?

- Well, I don't know. Can you recommend something?
- No, we've never been there, but I've always wanted to see Miami and the Florida Keys.

- Yes, I have, but my wife hasn't.
- Hello, I'd like to book a holiday for two.
- I've been to the Bahamas. Yes, it was very nice, but I don't think I want to go there again; it was quite expensive.
- That's a great idea! Absolutely brilliant! And we'll probably want to hire a car, too.
- I was thinking of somewhere warm, possibly in the States.

2 Welche Aussage trifft zu? Kreuzen Sie an.

a)
1. Michael knows exactly where he wants to go on holiday.
2. Michael asks the travel agent for a recommendation.

b)
1. Michael has been to the Caribbean.
2. Michael has never been to the Caribbean.

c)
1. Michael's wife, Beth, has been to the Bahamas.
2. Michael's wife, Beth, has never been to the Bahamas.

d)
1. Michael wants to go to the Bahamas again, because it was very nice.
2. Michael doesn't want to go to the Bahamas again, because it was expensive.

e)
1. Michael and Beth have already been to Florida.
2. Michael and Beth have never been to Florida.

f)
1. Michael has always wanted to go to Miami and the Keys.
2. Michael has never thought about going to Miami and the Keys.

g)
1. Michael and Beth will probably drive from Miami to Key West.
2. Michael and Beth will probably fly from Miami to Key West.

3 In welchen der folgenden Sätze aus dem Dialog ist von einer Handlung zu einem bestimmten Zeitpunkt die Rede (auch wenn er nicht explizit erwähnt wird)?

In welchen ist von einer Handlung die Rede, die sie sich irgendwann abspielt (unbestimmter Zeitpunkt)?

	bestimmter /	unbestimmter Zeitpunkt
a) Have you ever been to the Caribbean?	☐	☐
b) Yes, I have been there, but my wife hasn't.	☐	☐
c) Where have you been?	☐	☐
d) Did you like it?	☐	☐
e) I've been to the Bahamas.	☐	☐

f) Yes, it was very nice / expensive.	☒	■
g) What about Florida? Have you ever been there?	■	☒
h) No, we've never been there.	■	☒
i) I've always wanted to see the Florida Keys.	■	☒

3/49

4 Übungsdialog

And now it's your turn to answer. Hören Sie sich zunächst das Beispiel an und antworten Sie dann wahrheitsgemäß.

Beispiel:	Sie sind dran:
◆ Have you ever been to the Caribbean? ◆ *Yes, I have. / No, I haven't.*	the Caribbean Thailand the United States Italy the Canary Islands

Der Gebrauch des Perfekts

Das Perfekt wird im Englischen verwendet:

a) wenn die ***Auswirkung*** **einer Handlung in der Vergangenheit auf die Gegenwart** im Vordergrund steht und nicht die Handlung selbst. In diesem Fall ist der Zeitpunkt der Handlung unbekannt oder unwichtig. Wenn die Angestellte im Reisebüro z. B. fragt: „*Have you ever been to the Caribbean?*“, möchte sie wissen, ob der Kunde die Inseln schon kennt. Wann er dort war, ist in diesem Zusammenhang nicht relevant.

Bitte vergleichen Sie den Gebrauch des Perfekts mit der einfachen Vergangenheit:

Have *you ever* ***been*** *to the Caribbean?*	(jemals?)
– Yes, we ***were*** *in Jamaica two years ago.*	(vor zwei Jahren)
*– No, we****'ve*** *never* ***been*** *there.*	(niemals)

In diesem Zusammenhang kommen die Adverbien ***ever*** (jemals) und ***yet*** (schon) in Fragen und ***never*** (niemals) und ***already*** (schon) in Aussagen häufig vor:

Have *you* ***seen*** *the new Woody Allen film* ***yet****?*
*– Yes, I****'ve already seen*** *it; it's quite good.*

b) wenn man eine Handlung beschreibt, die **in der Vergangenheit angefangen hat und bis in die Gegenwart andauert:**

What ***have*** *you* ***been*** *up to lately?*	Was hast du in letzter Zeit so gemacht?
I ***haven't been*** *to the cinema for months.*	Ich bin seit Monaten nicht im Kino gewesen.

Have we forgotten anything?

Kurz vor ihrer Reise nach Florida unterhalten sich Michael (◆) und Beth (◆) beim Packen.

5 Hören Sie den Dialog und unterstreichen Sie anschließend die jeweils richtige Zeitform, Perfekt oder einfache Vergangenheit.

3/50

Das Perfekt wird im Englischen nicht nur bei Handlungen verwendet, die irgendwann in der Vergangenheit stattgefunden haben, sondern auch bei solchen, die sich in einem nicht abgeschlossenen, noch andauernden Zeitraum abspielen.

- ◆ Well, I've put the two suitcases in the car. (Did we forget / Have we forgotten) anything?
- ◆ I don't know; do you have the camera equipment?
- ◆ Yes, the camera case is on the front seat.
- ◆ (Did you pack / Have you packed) extra film?
- ◆ Yes, I have four rolls. (Did you pack / Have you packed) the suntan lotion?
- ◆ That was the first thing (I put / I've put) in the suitcase. (Did you close / Have you closed) all the windows?
- ◆ Yes, I (did / have). Have you got your mobile phone?
- ◆ Im my handbag.
- ◆ Well, then, I guess we're ready.
- ◆ I think so.
- ◆ Well, let's get rolling then.
- ◆ Oh, you know what – I think (I've forgotten / I forgot) to pack my medicine. I'll go and get it. I'll be down in a minute.

...

- ◆ (Did you ask / Have you asked) Beverly to check the post?
- ◆ Yes, and I've given her a key to the back door so she can water the plants. (Did you fill up / Have you filled up) with petrol?
- ◆ Oh no! Well, we can do that now.

6 *True or false?* Kreuzen Sie an.

	true	false
a) Michael has already put the suitcases in the car.	■	■
b) He has forgotten the camera equipment.	■	■
c) Beth has already packed the suntan lotion.	■	■

d) She thinks she has packed her medicine.
e) Beth has asked Beverly to check the post.
f) She has also given her a key so she can water the plants.
g) Michael has already filled up the car with petrol.

7 Welche Antwort passt zur Frage? Kreuzen Sie an.

3/51

	erste Antwort	zweite Antwort
a)		
b)		
c)		
d)		
e)		

8 Übungsdialog

3/52

Hören Sie sich zunächst die beiden Beispiele an und antworten Sie dann dem Inhalt des Dialogs *„Have we forgotten anything?"* entsprechend. Die richtige Antwort hören Sie im Anschluss.

Beispiel:

- Has Mike packed extra film?
- *Yes, he has.*
- Has Beth packed her medicine?
- *No, she hasn't.*

Das Perfekt: Fragen und Antworten

Fragen bildet man folgendermaßen:

***Have** you **packed** extra film?*
*– Yes, I **have**. / No, I **haven't**.*
– Yes, I have four rolls.

*How long **have** you **lived** there?*
– (I've lived there) For six years.

Man braucht also keine Umschreibung mit *do*, weil das Hilfsverb *have* schon vorhanden ist.

Feiertage

Die gesetzlichen Feiertage (*holidays*) sind sowohl in den USA als auch in Großbritannien beliebte Anlässe, einen Kurzurlaub zu machen. Bei der Betrachtung der gesetzlichen Feiertage in beiden Ländern fällt auf, dass die meisten Feiertage nicht religiösen Ursprungs auf Montag verlegt wurden, um dadurch das Wochenende zu verlängern. Feiertage, die auf ein Wochenende fallen, erstrecken sich auf den darauf folgenden Montag.

Die gesetzlichen Feiertage in den USA

New Year's Day	Neujahr	1. Januar
Martin Luther King Day	Martin-Luther-King-Tag	3. Montag im Januar
Presidents' Day	Tag der Präsidenten	3. Montag im Februar
Memorial Day	Gedenktag	letzter Montag im Mai
Independence Day	Tag der Unabhängigkeit	4. Juli
Labor Day	Tag der Arbeit	1. Montag im September
Columbus Day	Kolumbus-Tag	2. Montag im Oktober
Veterans' Day	Tag der Kriegsveteranen	11. November
Thanksgiving	Erntedankfest	4. Donnerstag im November
Christmas	Weihnachten	25. Dezember

Die gesetzlichen Feiertage in Großbritannien

New Year's Day	Neujahr	1. Januar
Good Friday	Karfreitag	Freitag vor Ostern
Easter Monday	Ostermontag	Montag nach Ostern
May Bank Holiday	„gesetzlicher Feiertag"	1. Montag im Mai
Spring Bank Holiday	„gesetzlicher Feiertag"	letzter Mo. im Mai / 1. Mo. im Juni
Summer Bank Holiday	„gesetzlicher Feiertag"	4. Montag im August
Christmas	Weihnachten	25. Dezember
Boxing Day	2. Weihnachtsfeiertag	26. Dezember

Die Verlegung der Feiertage auf Montag setzte sich schon im späten 19. Jahrhundert während der industriellen Revolution in Großbritannien durch. Aber gerade in Großbritannien gibt es weniger Feiertage als in den meisten anderen europäischen Ländern (14 in Deutschland und Spanien, 16 in Italien) und in den USA. Allerdings gewähren die meisten Firmen ihren Angestellten einige *personal days*. Dies sind Tage, die man frei nehmen kann, wenn man einen guten Grund dafür hat.
Neben den offiziellen Feiertagen gibt es sowohl in Großbritannien als auch in den USA eine ganze Reihe von „nicht anerkannten" Feiertagen, die genau so zum Kalenderjahr gehören. *St. Valentine's Day* (14. Februar), *April Fools' Day* (1. April), *Mothers' Day* (2. Sonntag im Mai), *Fathers' Day* (3. Sonntag im Juni) und *Halloween* (31. Oktober) werden neben anderen eigentümlichen Feiertagen auf beiden Seiten des Atlantiks gefeiert.

What have you been up to lately?

Jenny McManus (◆) trifft ihren Kollegen David Levy (◆) im Kopierraum. Jenny fragt David, was er in letzter Zeit gemacht hat. Sie erfährt, dass David auf der Suche nach einer neuen Wohnung ist.

9 Bevor Sie den Dialog hören: Ordnen Sie die folgenden Begriffe für die verschiedenen Wohnmöglichkeiten im Englischen den Bildern zu.

block of flats (BE) / high-rise (AE)
terraced house (BE) / row house (AE)
single-family house
bed-sitter (BE) / studio (AE)
town house (AE)
flat (BE) / apartment (AE)
semi-detached house

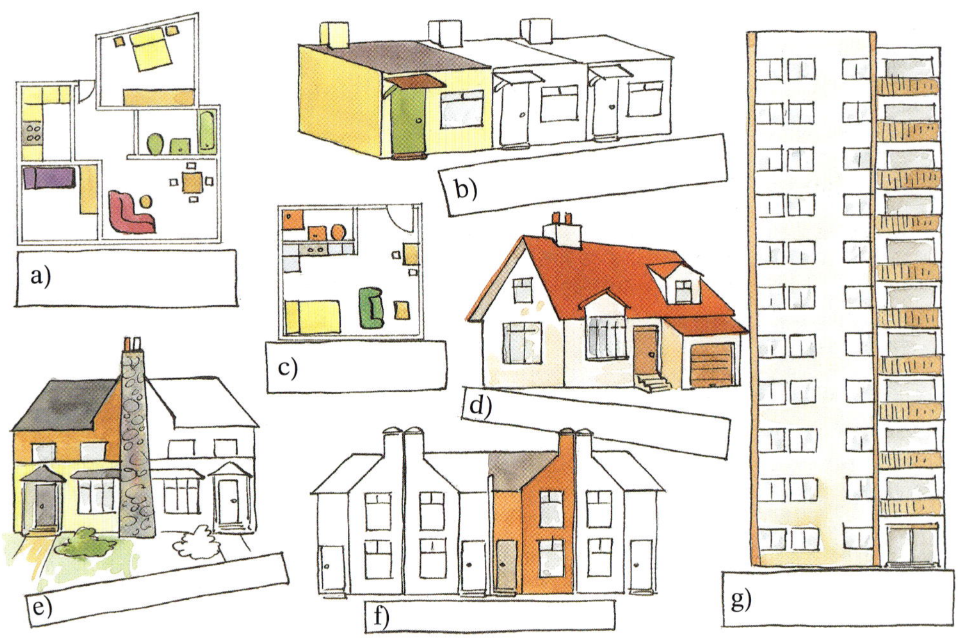

10 Hören Sie nun das Gespräch zwischen Jenny und David und kreuzen Sie danach die richtige Antwort an.

3/53

a) David hasn't been to the cinema lately because …
1. of Christmas. ☐
2. he's been looking for a new flat. ☐

b) He wants to move because …
1. his flat has become too small. ☐
2. he doesn't like the neighbourhood. ☐

c) David hasn't found anything because …
1. he hasn't been looking lately. ☐
2. he can't afford what he likes and doesn't like what he can afford. ☐

d) Jenny knows what David is talking about because …
1. her flat has become too small, too. ☐
2. she looked for a year before she found a place. ☐

e) Jenny thinks he can help because …
1. she knows of a block of flats that is being renovated. ☐
2. she's moving out of her old neighbourhood. ☐

f) David has already put his name on the waiting list there, but …
1. he doesn't think anything will come of it. ☐
2. he can't really afford a flat there. ☐

g) David should hear by the fifteenth if …
1. the block of flats is on Marlton Place. ☐
2. he gets a flat. ☐

h) Jenny says he will …
1. let David know if she hears of anything. ☐
2. help him move if she finds something. ☐

11 Lesen Sie nun den Dialog und tragen Sie jeweils die fehlende Form des Hauptverbs ein.

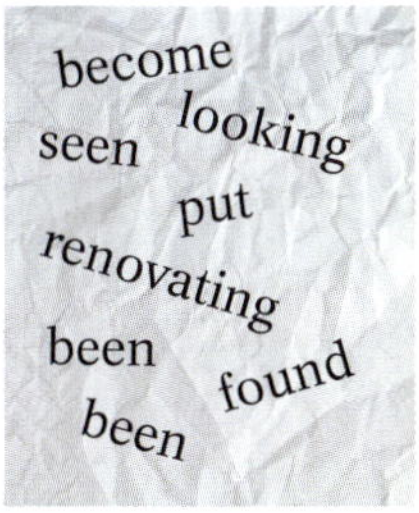

◆ What have you ………… (a) up to lately?
◆ Not much.
◆ Have you ………… (b) the new Woody Allen film?

◆ Are you joking? I haven't ………… (c) to the cinema for months.
◆ Why's that?
◆ We've been ………… (d) for a new flat since Christmas.

◆ Haven't ………… (e) anything yet, huh?
◆ We can't afford what we like and we don't like what we can afford.
◆ Tell me about it! We looked for a year before we found our place.
◆ Really? That's encouraging!
◆ How come you're moving?

◆ Our place has just ………… (f) too small.

◆ You know what? They've been ………… (g) a block of flats in our old neighbourhood. Why don't you have a look there?
◆ Do you mean on Marlton Place?
◆ Right.
◆ We were there last weekend. They've ………… (h) us on the waiting list, but I don't think anything will come of it. We should hear by the fifteenth.
◆ Well, good luck – and if I hear of anything, I'll let you know.
◆ Thanks a lot!

12 Ordnen Sie die englischen Begriffe für die folgenden Einrichtungsgegenstände den Bildern zu.

13 Übungsdialog

Hören Sie sich zunächst die Beispieldialoge an und beantworten Sie dann die Fragen den Angaben entsprechend. Verwenden Sie bei der Antwort auf die zweite Frage die einfache Vergangenheit.

Beispiele:

- Have you been to the movies lately?
- *Yes, I have.*
- What did you see?
- *I saw "The Godfather".*

- Have you moved lately?
- *No, I haven't.*

Sie sind dran:

been to the movies / "The Godfather"
moved / –
read a book / "The Sisters"
gone out to eat / Fratelli's
ordered pizza / two weeks ago
watered the plants / yesterday
taken medicine / –

Das Perfekt: Verneinung

Die verneinte Form des Perfekts wird folgendermaßen gebildet:

*He **hasn't been** to the cinema for months.*

Not steht zwischen dem Hilfsverb *have/has* und dem Partizip.

Grammatik

Das Perfekt

Bildung

I		
you		
we	have	been/done/…
they		
he/she/it	has	

Kurzform

I've	
you've	
we've	been/done/…
they've	
he/she/it's	

Verneinte Form

I		
you		
we	haven't	been/done/…
they		
he/she/it	hasn't	

Frageform

	I	
	you	
Have	we	been/done/…?
	they	
Has	he/she/it	

Das Perfekt setzt sich aus einer Form des Hilfsverbs ***have*** und dem **Partizip Perfekt** des Hauptverbs zusammen:

***Have** you **packed** the suntan lotion?*

Das Partizip Perfekt

Wie bei der einfachen Vergangenheit gibt es regelmäßige und unregelmäßige Formen. Bei den **regelmäßigen Verben** ist das Partizip identisch mit der Vergangenheit:

Grundform	Vergangenheit	Partizip Perfekt
pack	***packed***	***packed***
check	***checked***	***checked***
ask	***asked***	***asked***

Bei den **unregelmäßigen Verben** ist das Partizip Perfekt manchmal identisch mit der Form der einfachen Vergangenheit:

Grundform	Vergangenheit	Partizip Perfekt
has	***had***	***had***
buy	***bought***	***bought***
get	***got***	***got***
read	***read***	***read***

Bitte beachten Sie: Das Partizip Perfekt von *get* heißt in AE ***gotten***, außer in *have got* im Sinne von „haben".

Manchmal bildet das Partizip Perfekt eine eigene Form, die gelernt werden muss:

Grundform	Vergangenheit	Partizip Perfekt
is	***was***	***been***
do	***did***	***done***
forget	***forgot***	***forgotten***
give	***gave***	***given***

Sehen Sie sich die Liste der wichtigsten unregelmäßigen Verben auf Seite 211–212 an.

Bildung der Verlaufsform des Perfekts

I	have been	living/working/...
you	have been	living/working/...
we	have been	living/working/...
they	have been	living/working/...
he/she/it	has been	living/working/...

Die Verlaufsform des Perfekts setzt sich aus dem **Perfekt** des Hilfsverbs ***be*** und der ***-ing*-Form** des Hauptverbs zusammen:

*We**'ve been looking** for a new flat since Christmas.*

Übungen

Schriftliche Übungen

14 Verbinden Sie die zusammengehörenden Grundformen und Partizipien.

a) see ________
b) ride ________
c) sleep ________
d) go ________
e) find ________
f) do ________
g) buy ________
h) say ________
i) tell ________
j) stand ________
k) fly ________
l) come ________

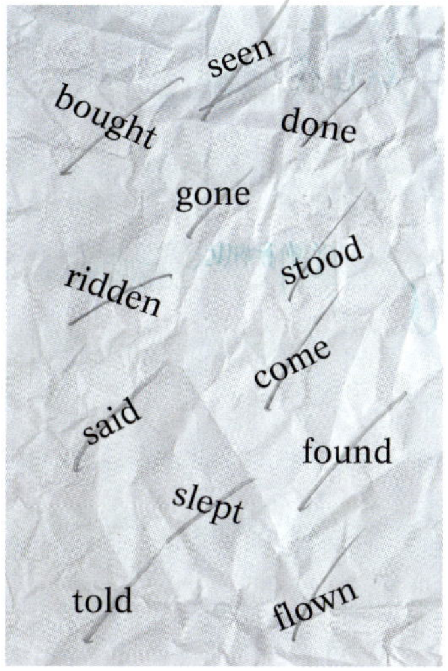

15 Tragen Sie das Partizip des angegebenen Verbs ein.

a) He's already ________ (took) his medicine.
b) They've ________ (ask) us to go with them.
c) Mr. Carroll has ________ (go) swimming, I think.
d) They haven't ________ (meet) her friends yet.
e) Have you ________ (think) about what I said?
f) Terry's ________ (forget) the food, so we'll have to go and get it.
g) Have they ________ (clean up) their bedroom?
h) I've ________ (know) that for a long time.
i) Have you ever ________ (hear) the name before?
j) Has she ever ________ (drive) alone?

16 Tragen Sie jeweils das passende Partizip ein.

a) Have you .... to her since Tuesday?
b) Have we .... anything?
c) Have you .... Phillip the key?
d) How long have you .... here?
e) Have you ever .... with British Airways?
f) Has she already .... breakfast?
g) Lasagne? I've never .... that before.
h) Who have you .... to the party?
i) I don't think they've .... their homework.
j) Has she .... anything to you about Mark?

given asked forgotten spoken done worked said made had flown

17 Einfache Vergangenheit oder Perfekt – welche Zeitform würde man verwenden, wenn man die folgenden Sätze ins Englische übersetzen würde?

	einfache Vergangenheit	Perfekt
a) Er hat den Film noch nicht gesehen.	■	■
b) Haben sie schon angerufen?	■	■
c) Ich habe Sean vor zwei Tagen kennen gelernt.	■	■
d) Hast du schon gefrühstückt?	■	■
e) Sie ist vor zwei Minuten gegangen.	■	■
f) Hast du schon indonesisches Essen probiert?	■	■
g) Hast du die Reise schon gebucht?	■	■
h) Habt ihr am Wochenende die Wohnung gesehen?	■	■
i) Wir haben am Samstag den Vertrag unterschrieben.	■	■

18 Perfekt oder einfache Vergangenheit? Unterstreichen Sie jeweils die passende Zeitform.

a) I (saw / have seen) her yesterday.
b) He (picked up / has picked up) milk on his way home.
c) (Have you had / Did you have) breakfast yet?
d) We (lived / have lived) here since September.
e) I (went / have gone) to that restaurant on Friday.
f) (Has he called / Did he call) yet?
g) (Did you ever go / Have you ever gone) camping?
h) We (bought / have bought) some extra film in Hong Kong.

19 Ordnen Sie den Fragen die passenden Antworten zu.

a) Have you met her?	At the camera shop.
b) How have you been?	No, they haven't.
c) Has she call yet?	Yes, I think he has.
d) How many have you taken?	No, she hasn't.
e) Where have you been?	Yes, I have.
f) Have they already left?	Fine, thanks.
g) Has he finished packing?	Two – like it says on the prescription.

20 Können Sie gut kombinieren?

In jedem Kasten finden Sie zwei Wortpaare. Lesen Sie zuerst das senkrecht angeordnete, vollständige Wortpaar: In welcher Beziehung stehen die Wörter zueinander? Versuchen Sie dann jeweils das fehlende Wort zu erraten und tragen Sie es ein.

a)

little	good
…	bad

b)

come	…
gone	sold

c)

…	day
flat	week

d)

film	bed
camera	…

e)

work	computer
…	suntan lotion

Sprechen und verstehen

21 Hören Sie die folgenden dreisilbigen Wörter. Welche Silbe wird jeweils betont, die erste, die zweite oder die dritte?

Sprechen Sie die Wörter beim zweiten Hören nach.

3/55

	1. Silbe	2. Silbe	3. Silbe
a) expensive	■	■	■
b) possibly	■	■	■
c) equipment	■	■	■
d) probably	■	■	■
e) already	■	■	■
f) idea	■	■	■
g) recommend	■	■	■
h) apartment	■	■	■
i) medicine	■	■	■
j) everything	■	■	■

3/56

22 *a* oder *e*? Kreuzen Sie jeweils die Reihenfolge an, in der Sie die Wortpaare hören.

		a / e	e / a
a) bad / bed	bed / bad	☐	☐
b) can / Ken	Ken / can	☐	☐
c) sad / said	said / sad	☐	☐
d) Alan / Ellen	Ellen / Alan	☐	☐
e) man / men	men / man	☐	☐
f) sat / set	set / sat	☐	☐
g) tax / Tex	Tex / tax	☐	☐
h) tan / ten	ten / tan	☐	☐
i) pack / peck	peck / pack	☐	☐
j) pan / pen	pen / pan	☐	☐

last week

3/57

23 Sie haben den Unterschied im Gebrauch von *simple past* (Zeitpunkt im Vordergrund) und *present perfect* (Dauer, Bezug auf Gegenwart) gelernt.

Bitte hören Sie sich folgende Sätze an. Entscheiden Sie beim zweiten Anhören, ob die Sätze in die erste oder zweite Kategorie fallen.

	Zeitpunkt spielt eine Rolle	Zeitpunkt spielt keine Rolle
a)	☒	☐
b)	☐	☒
c)	☐	☒
d)	☒	☐
e)	☐	☒
f)	☐	☒

3/58

24 Bitte hören Sie sich den folgenden Text an, lesen Sie die unten stehenden Fragen und beantworten Sie sie nach dem zweiten Anhören.

	Yes, she has.	No, she hasn't.
a) Has the person speaking ever been to the United States?	☒	☐
b) Has she already been to California?	☐	☒
c) Has she ever taken an English course?	☒	☐
d) Has she ever read books and newspapers in English?	☒	☐
e) Has she been to the movies to see an American film yet?	☒	☐

3/59–61

Bitte arbeiten Sie nun die mündlichen Übungen 25 bis 27 durch. Die Übungsanweisungen erhalten Sie auf der CD.

Wortschatz

Fragen, ob jemand etwas (schon/einmal) gemacht hat

Have you (ever) …?	Hast du/Haben Sie (jemals) …?
Have you … yet?	Hast du/Haben Sie schon …?
Have you already …?	Hast du/Haben Sie schon …?

Zustimmung ausdrücken

That's an idea!	Das ist die Idee!
That's a good/great idea!	Das ist eine gute/tolle Idee!

Wohnungs- und Häuserarten

3/62

Kinds of flats	Wohnungsarten
apartment (AE) / flat (BE)	Wohnung
condo(minium) (AE) / freehold flat (BE)	Eigentumswohnung
studio (AE) / bedsitter (BE)	1-Zimmer-Wohnung
one/two/… bedroom	Wohnung mit 1/2/… Zimmern
walk-up	Wohnung in einem Gebäude ohne Lift
loft	große, offene Wohnung in einem ehemaligen Industriegebäude

Kinds of houses	Arten von Häusern
row house (AE) / terraced house (BE)	Reihenhaus
town house (AE)	ein etwas schickeres Reihenhaus
single-family house	Einfamilienhaus
semi-detached house	Doppelhaus
block of flats (BE)	Mietshaus
apartment building / high-rise (AE)	Mietshaus

Zimmer und deren Einrichtung

Living room	Wohnzimmer
table	Tisch
chair	Stuhl
arm chair	Sessel
sofa	Sofa
(floor / table) lamp	(Steh-/Tisch-) Lampe

Office	Büro/Arbeitszimmer
desk	Schreibtisch
shelf	Regal
bookcase	Bücherregal

Bedroom	Schlafzimmer
bed	Bett
chest of drawers	Kommode
closet	Einbauschrank/Kleiderkammer

3/63

Bathroom	Badezimmer
sink	Waschbecken
toilet	Toilette
bathtub (AE) / bath (BE)	Badewanne
shower	Dusche

Kitchen	Küche
sink	Spüle
kitchen cabinets (AE) / cupboards (BE)	Küchenschränke
work area	Arbeitsplatz
(microwave) oven	(Mikrowellen-)Herd
dish washer	Spülmaschine
refrigerator / fridge	Kühlschrank

3/64

Achten Sie bei dieser Übung auf die wechselnden Hilfsverben in den Antworten!

Unterhaltung

Heather möchte Ihnen ein paar Fragen zur Arbeit mit diesem Kurs stellen. Die Fragen sollen als Denkanstöße dienen.

Bitte hören Sie sich nun die Anweisungen auf der CD an und nehmen Sie an einer Unterhaltung teil.

Abschlusstest Lektionen 6 – 10

1 Handlung im Gange oder Handlung in der Zukunft? Kreuzen Sie an.

	Handlung im Gange	Handlung in der Zukunft
a) I'm changing my major to chemistry next semester.	■	■
b) He's taking a typing course …	■	■
c) … and after that he's going to take a course in "Word".	■	■
d) Are you picking her up at the station or is she going to take a taxi?	■	■
e) Sorry, Geoff, I can't talk; we're having breakfast.	■	■
f) We'd like to go, but friends are coming over later.	■	■
g) I'll call you back in a couple of minutes.	■	■

2 Lesen Sie folgenden Dialog und unterstreichen Sie die passende Verbform.

◆ Hi, Bill, how are you?
◆ Not bad, and you?
◆ Pretty good. Bill, I'll tell you why I (call / am calling): Leslie and I (go / are going) to the mountains for a couple of days. Would you like to come along?
◆ Well, it depends; when (do you want / are you wanting) to go?
◆ Well, we (think / are thinking) of leaving on Saturday morning.
◆ This Saturday?
◆ Yes, the day after tomorrow.
◆ Thanks for the invitation, but we (take / are taking) Timmy to summer camp this weekend.
◆ Oh, where (does he go / is he going)?
◆ To a small camp on Yellow River. Hey, what (do you do / are you doing) tonight?
◆ Tonight? Thursdays we always (go / are going) to the cinema. You're welcome to come along if you like.
◆ Sounds great; what's on?

3 Sind die Verbformen in den folgenden Sätzen richtig oder falsch? Kreuzen Sie jeweils das richtige Kästchen an.

	richtig	falsch
a) I think I go to bed now.	☐	☐
b) Won't you have some dessert?	☐	☐
c) I'll be back at seven o'clock.	☐	☐
d) Simona is waiting at the airport! – OK, I pick her up.	☐	☐
e) He'll get the bus to work normally.	☐	☐
f) Will they want a starter?	☐	☐
g) I'm having the chicken, and you?	☐	☐
h) Which vegetable would you like?	☐	☐

4 Ordnen Sie den Erklärungen jeweils den passenden Begriff zu.

tax cash cold
driver's licence
dressing room
drop off
on sale
insurance
prescription
hire/rent

a) reduced in price, cheaper than normal ____________________
b) place in a shop where you try something on ____________________
c) money ____________________
d) you have this in case something bad happens ____________________
e) permit to drive ____________________
f) leave something somewhere ____________________
g) pay to use something ____________________
h) something you get from a doctor to get medicine ____________________
i) money you pay to the state when you buy something ____________________
j) this is what you have when you have a stuffy nose ____________________

5 Tragen Sie die passende Form des angegebenen Eigenschaftswortes ein.

a) Try this, it's ______________ (good) than aspirin.
b) This is the ______________ (bad) cold I've ever had!
c) I hope the weather will be a little ______________ (sunny) than this morning.
d) It looks just as ______________ (cloudy) as earlier.
e) This trip was ______________ (interesting) than my last one.
f) Do you have anything ______________ (large) than this?
g) I think she's the ______________ (cool) person I know.
h) Don't you think she's ______________ (pretty) now than before?

6 *Some* oder *any*?
Kreuzen Sie jeweils die passende Form an.

◆ Excuse me, do you have (some / any) more winter coats?
– No, I'm sorry, I haven't got (some / any) more. I do have (some / any) jackets left.

◆ Would you like (some / any) coffee?
– No, thanks, I just had (some / any).

◆ Do you need (something / anything) else?
– I do need a new dress, but I haven't got (some / any) more money.

◆ Do you know (someone / anyone) here?
– No, but I know (someone / anyone) who knows the person giving the party.

7 Kreuzen Sie das passende Verhältniswort an.

a) I haven't spoken to him (on / since / for) Friday.
b) She wanted to drop off the car (on / in / at) the airport.
c) Do you have anything (for / with / to) a headache?
d) Have you ever been (at / to / into) Australia?
e) The suntan lotion is the first thing I put (on / from / in) the suitcase.
f) You should hear something about the flat (to / by / since) the tenth.
g) We haven't been to a restaurant (since / for / on) months.
h) Do you mean (on / in / at) Hammond Place?

8 Tragen Sie das Partizip Perfekt des angegebenen Verbs ein.

a) Have you ____________ (take) your medicine?

b) How long have you ____________ (be) in town?

c) I haven't ____________ (have) lunch with her for months.

d) Have they ____________ (put) your name on the waiting list?

e) Have you ____________ (see) any good films lately?

f) Has he ____________ (move) yet?

g) Have you ____________ (think) about where you want to live?

h) We've never ____________ (drive) there; we usually fly.

i) I haven't ____________ (hear) from you in a while!

j) Have you ____________ (find) the suitcase you were looking for?

9 Einfache Vergangenheit oder Perfekt?
Lesen Sie folgenden Dialog und unterstreichen Sie die jeweils passende Verbform.

- ◆ Hi, Marie, when (did you get / have you got) here?
- ◆ Nigel, hello. I just (got / have got) here a few minutes ago. (Have you seen / Did you see) Pam?
- ◆ No, I (didn't / haven't). I (didn't know / haven't known) she was coming. Say, how (were you / have you been)?
- ◆ Just fine, thanks. (I worked / I've been working) quite a bit, but otherwise …
- ◆ And Paul? How's he? I (didn't see / haven't seen) him since his birthday party in October.
- ◆ Well, things could be better: (He looked / He's been looking) for a job, you know, and (didn't have / hasn't had) much success up to now, unfortunately.
- ◆ He's not here, is he?
- ◆ No, he (went / has gone) to his parents' on Tuesday; his mother's not well.
- ◆ Sorry to hear it.
- ◆ Well, if you'll excuse me, I'm going to see if I can find Pam.

Anhang

- Unterschiede britisches/amerikanisches Englisch
- Grammatik-Übersicht
- Lösungsschlüssel
- Alphabetischer Wortschatz Englisch – Deutsch

Unterschiede britisches/amerikanisches Englisch

Aussprache

Allgemeines

Die wichtigste Regel sowohl fürs britische (BE) als auch fürs amerikanische Englisch (AE) lautet: Ein Vokal in unbetonter Silbe wird zu einem Schwachlaut, der in der Lautschrift als [ə] dargestellt wird. Das heißt, ein Vokal verliert seinen eigentlichen Lautwert, wenn er nicht betont wird. Ein Beispiel:

apartment [ə'pɑ:tmənt].

Das *a* am Wortbeginn und das *e* werden also nicht wie *a* und *e* ausgesprochen, da sie in unbetonten Silben stehen. Ein weiteres Beispiel:

table ['teɪbl] *vegetable* ['vedʒtəbl].

Das *a* wird unterschiedlich ausgesprochen, je nachdem ob es an betonter (wie im ersten Wort) oder an unbetonter (wie im zweiten Wort) Stelle vorkommt. Bitte achten Sie daher auf die Betonung neuer Vokabeln. Übertreiben Sie die Betonung ruhig am Anfang, damit sich die unbetonten Vokale zwangsläufig abschwächen.

Die wichtigsten Unterschiede zwischen BE und AE

- Auffallend ist, dass *a* vor allem vor *f, m, n* und *s* im AE ähnlich wie das deutsche *ä* [æ] ausgesprochen wird, im BE dagegen wie ein dunkles *a* [ɑ].

  class, plant BE: ['klɑ:s, 'plɑ:nt] AE: ['klæs, 'plænt]

- Ein kurzes *o* wird im AE fast wie deutsches *a* [ɑ], im BE dagegen wie ein sehr offenes *o* [ɒ] ausgesprochen.

  clock, rock BE: ['klɒk, 'rɒk] AE: ['klɑk, 'rɑk]

- Ein langes *o* ist im AE kein Doppelvokal wie im BE [əʊ], sondern ein geschlossenes *o* [o].

  home, alone BE: ['həʊm, ə'ləʊn] AE: ['hom, ə'lon]

- Nach *d, l, n, s* und *t* wird der Vokal [u:] im AE nicht mit vorangestelltem [j] gesprochen wie im BE. [ju] spricht man im AE nur nach *b, f, m* und *p*.

  news BE: ['nju:z] AE: ['nu:z]
  beautiful BE & AE: ['bju:təfʊl]

- Ein intervokalisches *t* bzw. *tt* wird im AE als *d* ausgesprochen.

  city, better BE: ['sɪtɪ, 'betə] AE: ['sɪdɪ, 'bedə]

- Ein *r* wird im AE gesprochen, im BE lediglich als Schwachlaut bzw. überhaupt nicht.

  father, more BE: ['fɑ:ðə, mɔ:] AE: ['fɑ:ðr, mɔ:r]

Rechtschreibung

Die wichtigsten Unterschiede zwischen BE und AE

- Einige Konsonantenverdoppelungen – vor allem bei *l* – entfallen im AE vor einer unbetonten Endung wie *-ed* (Vergangenheitsendung) oder *-er*.

  BE: *travelled* AE: *traveled*
  BE: *traveller* AE: *traveler*

- Die Endung *-re* ist im AE meistens *-er*.

  BE: *centre* AE: *center*

- Die Endung *-our* wird im AE meinsten *-or* geschrieben.

  BE: *colour* AE: *color*

- Die Endung *-mme* entspricht im AE *-m*.

  BE: *programme* AE: *program*

- Die Endung *-ise* wird im AE *-ize* geschrieben.

  BE: *organise* AE: *organize*

- Die Endung *-ce* wird im AE häufig *-se* geschrieben.

  BE: *licence* AE: *license*

Grammatik-Übersicht

Grammatische Fachausdrücke und ihre Bedeutung

adjective	Adjektiv	Eigenschaftswort: ein *gutes* Buch
adverb	Adverb	Umstandswort: Sie spricht *schnell.*
apostrophe	Apostroph	Auslassungszeichen ('): *don't*
article	Artikel	Geschlechtswort: *der* Mann, *die* Frau, *das Kind*
direct object	Ergänzung im Akkusativ	4. Fall/Wenfall: Ich habe *den* Wagen gemietet.
indirect object	Ergänzung im Dativ	3. Fall/Wemfall: Sie gab *ihm* das Ticket.
demonstrative pronoun	Demonstrativ-pronomen	hinweisendes Fürwort: *Diese* Stadt ist schön.
genitive case	Genitiv	Besitz-Fall/Wesfall: das Auto *des* Mann*es*
imperative	Imperativ	Befehlsform: Kommen Sie!
indefinite pronoun	Indefinitiv-pronomen	unbestimmtes Fürwort: *einige, jemand*
infinitive	Infinitiv	Grundform des Verbs: *gehen, kommen*
interrogative pronoun	Interrogativ-pronomen	Fragefürwort: *wer? wo?*
consonant	Konsonant	Mitlaut: *b, k, l,* usw.
subject case	Nominativ	1. Fall/Werfall: *Der Reiseleiter* spricht Deutsch.
object	Ergänzung	Satzergänzung: Er zahlte *das Taxi.*
past participle	Partizip Perfekt	Mittelwort der Vergangenheit: *geschrieben, gesungen, gekauft*
personal pronoun	Personalpronomen	persönliches Fürwort: *ich, du, er* usw.
plural	Plural	Mehrzahl: *die* Kind*er*
possessive pronoun	Possessiv-pronomen	besitzanzeigendes Fürwort: *mein, dein, unser* usw.
preposition	Präposition	Verhältniswort: *auf, in, von* usw.
reflexive pronoun	Reflexivpronomen	rückbezügliches Fürwort: er wäscht *sich*
relative pronoun	Relativpronomen	bezügliches Fürwort: das Geschenk, *das* ich gekauft habe
singular	Singular	Einzahl: das Kind, die Frau
subject	Subjekt	Satzgegenstand: *Er* zahlte das Taxi.
noun	Substantiv	Hauptwort: *Hotel, Strand*
verb	Verb	Tätigkeitswort, Zeitwort: *schlafen, kommen*
vowel	Vokal	Selbstlaut: *a, o, u* etc.

Der Artikel

Der bestimmte Artikel (der/die/das) lautet im Englischen sowohl in der Einzahl als auch in der Mehrzahl ***the***.

the *car*	das Auto
the *cars*	die Autos

Dem unbestimmten Artikel (ein/eine) entspricht im Englischen ***a*** bzw. ***an***, wenn das folgende Hauptwort mit einem Vokal beginnt.

a *car*	ein Auto
an *apple*	ein Apfel

Das Hauptwort

Bildung der Mehrzahl

Die Mehrzahlform der meisten englischen Hauptwörter wird durch Anhängen von -***s*** an die Form der Einzahl gebildet. Bei Wörtern, die auf *-o* oder einen Zischlaut enden, wird in der Regel -***es*** angehängt.
Hauptwörter auf *-y* bilden die Mehrzahl auf -***ies***, wenn dem *-y* ein Konsonant vorangeht.

car	→	*car**s***
tomato	→	*tomato**es***
sandwich	→	*sandwich**es***
lady	→	*lad**ies***

Einige wichtige Ausnahmen:

man	→	*men*
woman	→	*women*
child	→	*children*
foot	→	*feet*
tooth	→	*teeth*

Bildung des *possessive case* (Besitz-Fall)

Zur Bezeichnung des Besitzes wird bei Personen -***'s*** angefügt. Endet das Hauptwort auf *-s* (einschließlich Mehrzahlformen), so wird nur ein Apostroph (***'***) gesetzt.

*my mother**'s** house*	das Haus meiner Mutter
*the neighbours**'** kids*	die Kinder der Nachbarn

Bei Gegenständen und Mengenbezeichnungen wird der Genitiv (Besitz-Fall) mit ***of*** gebildet.

a glass of wine	ein Glas Wein
a quarter of a pound	ein Viertelpfund

Das Eigenschaftswort

Steigerung

An kurze (ein- und zweisilbige) Eigenschaftswörter wird -***er*** bzw. -***est*** angehängt.

a small car	ein kleines Auto
*a small**er** car*	ein kleineres Auto
*the small**est** car*	das kleinste Auto

Eigenschaftswörter mit drei oder mehr Silben (auch einige mit zwei Silben) werden durch Voranstellung von ***more*** bzw. ***most*** gesteigert.

an interesting person	eine interessante Person
*a **more** interesting person*	eine interessantere Person
*the **most** interesting person*	die interessanteste Person

Einige Sonderformen:

good (gut)	*better*	*best*
bad (schlecht)	*worse*	*worst*
much/many (viel)	*more*	*most*
little (wenig)	*less*	*least*

Vergleiche

*Chris is **as big as** Susan.*	… so groß wie …
*Scott **is bigger than** his brother.*	… größer als …

Umstandswörter

Die meisten Umstandswörter werden durch Anhängen von -***ly*** an das Eigenschaftswort gebildet.

*She speaks slow**ly**.*	Sie spricht langsam.

Einige Sonderformen:

Eigenschaftswort	Umstandswort
good (gut)	*well*
fast (schnell)	*fast*

Umstandswörter auf -***ly*** werden mit ***more*** und ***most*** gesteigert.

slowly	*more slowly*	*most slowly*

Fürwörter

Ein Fürwort nimmt im Satz die Stelle eines Hauptwortes ein. Es gibt mehrere Gruppen von Fürwörtern.

Die persönlichen Fürwörter

Satzgegenstand	
I	ich
you	du/Sie
he	er
she	sie
it	es
we	wir
you	ihr/Sie
they	sie

Ergänzung (Akkusativ/Dativ)	
me	mich/mir
you	dich/dir / Sie/Ihnen
him	ihn/ihm
her	sie/ihr
it	es/ihm / ihn/ihm / sie/ihr
us	uns
you	euch / Sie/Ihnen
them	sie/ihnen

Einige Beispielsätze:

***He** asked **me**.* — Er fragte mich.
***She** gave **me** the key.* — Sie gab mir den Schlüssel.

Beachten Sie: Zwischen „du“ und „Sie“ wird im Englischen nicht unterschieden.

Die besitzanzeigenden Fürwörter

my	mein(e)
your	dein(e) / Ihr(e)
his	sein(e)
her	ihr(e)
its	sein(e) / ihr(e)
our	unser(e)
your	euer(e) / Ihr(e)
their	ihr(e)

alleinstehend	
mine	mein(er/e/s)
yours	dein(er/e/s) / Ihr(er/e/s)
his	sein(er/e/s)
hers	ihr(er/e/s)
its	sein(er/e/s) / ihr(er/e/s)
ours	unser(er/e/s)
yours	euer(er/e/s) / Ihr(er/e/s)
theirs	ihr(er/e/s)

Einige Beispielsätze:

*That's **my** glass.* — Das ist mein Glas.
*That's **mine**.* — Das ist meins.

Die rückbezüglichen Fürwörter

myself	ich/mich/mir (selbst)
yourself	du/dich/dir / Sie/sich (selbst)
himself	er/sich (selbst)
herself	sie/sich (selbst)
itself	es/sich (selbst)
ourselves	wir/uns (selbst)
yourselves	ihr/euch / Sie/sich (selbst)
themselves	sie/sich (selbst)

Einige Beispielsätze:

*I introduced **myself**.*	Ich habe mich (selbst) vorgestellt.
*He bought the house **himself**.*	Er hat das Haus selbst gekauft.
*We helped **ourselves**.*	Wir bedienten uns (selbst).

Die hinweisenden Fürwörter

this	diese(r/s)	*that*	jene(r/s)
these	diese	*those*	jene

Die bezüglichen Fürwörter

	Personen	Sachen
Nominativ (Werfall)	*who / that*	*which / that*
Genitiv (Wesfall)	*whose*	*of which*
Dativ (Wemfall)	*to who / whom*	*to which*
Akkusativ (Wenfall)	*(who / whom / that)*	*(that)*

Einige Beispielsätze:

*Do you know the man **who** is standing over there?*	Kennst du den Mann, der dort drüben steht?
*Here are the pants (**that**) I bought.*	*Hier ist die Hose,* die ich gekauft habe.

Wenn *who* (seltener: *whom*), *which* oder *that* nicht Satzgegenstand sind, können sie auch wegfallen. Aus diesem Grund sind sie in Klammern angegeben.
Fragefürwörter

who?	wer? / wem? / wen?
whose?	wessen?
what?	was? (wie?)
(whom?)	wem? / wen?
which?	welche(r/s) ... ? was für ein(e/s) ... ?

where?	wo?
when?	wann?
why?	warum?
how?	wie?

Die unbestimmten Fürwörter *some* und *any*

Some und *any* bezeichnen unbestimmte Mengenangaben.

Some benutzt man in bejahten Sätzen und in Fragen, bei denen eine positive Antwort erwartet wird (z. B. bei Angeboten und Aufforderungen).

*I'd like **some** coffee.*	Ich hätte gerne etwas Kaffee.
*I've bought **some** cheese.*	Ich habe (etwas) Käse gekauft.
*Would you like **some** more coffee?*	Möchten Sie noch etwas Kaffee?

Any steht in verneinten Sätzen und in Fragen, bei denen eine negative Antwort möglich ist.

*We have**n't** got **any** time.*	Wir haben keine Zeit.
*Have you got **any** German newspapers?*	Haben Sie deutsche Zeitungen?

Das Verb

I Die Hilfsverben *be*, *have* und *do*

1. *be* (sein)

Gegenwart				
	bejaht	Kurzform	verneint	Kurzform
I	am	I'm	am not	I'm not
you	are	you're	are not	aren't
he, she, it	is	he's, she's, it's	is not	isn't
we	are	we're	are not	aren't
you	are	you're	are not	aren't
they	are	they're	are not	aren't

Vergangenheit				
	bejaht		verneint	Kurzform
I	was		was not	wasn't
you	were		were not	weren't
he, she, it	was		was not	wasn't
we	were		were not	weren't
you	were		were not	weren't
they	were		were not	weren't

2. *have* (haben)

Gegenwart				
	bejaht	Kurzform*	verneint	Kurzform
I	have	I've	do not have	don't have
you	have	you've	do not have	don't have
he, she, it	has	he's, she's, it's	does not have	doesn't have
we	have	we've	do not have	don't have
you	have	you've	do not have	don't have
they	have	they've	do not have	don't have

* nur als Hilfsverb

Vergangenheit				
I, you, he, she, it, we, you, they	had		did not have	didn't have

3. *do* (tun, machen)

	Gegenwart		Vergangenheit	
	bejaht	verneint	bejaht	verneint
I, you, we, they,	do	do not / don't	did	did not / didn't
he, she, it	does	does not / doesn't		

Im gesprochenen Englisch werden immer die Kurzformen verwendet, es sei denn, das Verb wird betont, wie z.B. am Anfang oder am Ende eines Satzes: ***Are** you German? – Yes, I **am**.*

II Die modalen Hilfsverben

bejaht		verneint	
I can	ich kann	*I cannot / can't*	ich kann nicht
I could	ich konnte	*I couldn't*	ich konnte nicht
I should	ich sollte	*I shouldn't*	ich sollte nicht
I have to	ich muss	*I don't have to*	ich muss nicht
I had to	ich musste	*I didn't have to*	ich musste nicht

Die modalen Hilfsverben stehen immer zusammen mit einem Verb in der Grundform. Sie haben keine *-s*-Endung und keine *-ing/-ed*-Form.

*We **can take** a shower later.*	Wir können später duschen.
*They **couldn't find** the hotel.*	Sie konnten das Hotel nicht finden.
*I **have to leave** at 7 o'clock.*	Ich muss um 7.00 Uhr gehen/fahren.

III Die Vollverben

1. Gegenwartsformen

Will man gegenwärtige Handlungen oder Zustände ausdrücken, verwendet man im Englischen entweder das ***simple present*** (die einfache Gegenwart) oder das ***present continuous*** (die Verlaufsform).

a. *Simple present*

I, you, we, you, they	live	Nach Zischlauten und nach *-o* wird bei der 3. Person Einzahl *-es* angehängt (*he watch**es**, she go**es***).
he, she, it	live**s**	

Verneinte Form

I, you, we, you, they	don't live
he, she, it	doesn't live

Frageform

***Do** you / **Does** he/she **live** …?* Wohnst du/Wohnen Sie / Wohnt er/sie …?

Das *simple present* gebraucht man bei regelmäßigen Handlungen und Gewohnheiten und bei allgemeinen Aussagen.

I usually get up at 7 o'clock.	Ich stehe normalerweise um 7.00 Uhr auf.
He speaks English.	Er spricht Englisch.

b. *Present continuous*

Die Verlaufsform bildet man nach dem folgenden Schema:
Form von ***be*** + *-**ing***-Form des Hauptverbs

I	am	reading
you, we, you, they	are	
he, she, it	is	

Bildung der *-ing*-Form

work	→	working	Grundform + *-ing*
study	→	studying	Grundform + *-ing*
make	→	making	Grundform *-e* + *-ing*
get	→	getting	Grundform mit verdoppeltem Konsonant + *-ing*

Für Handlungen, die sich zum gegenwärtigen Zeitpunkt abspielen, benutzt man das *present continuous*.

What are you doing? — Was machst du/machen Sie gerade?
– I'm waiting for Greg. — – Ich warte auf Greg.

2. Vergangenheitsformen

Im Englischen kann man vergangene Handlungen und Zustände u. a. mit dem ***simple past*** und dem ***present perfect*** wiedergeben.

a. *Simple past*

Das *simple past* der regelmäßigen Verben wird durch Anhängen von *-**ed*** an die Grundform gebildet.

I, you, he, she, it, we, you, they	ask**ed**

Einige Besonderheiten:

arrive	→	arrived	+ *-d*
study	→	studied	*-y* → *i* + *-ed*
get	→	getting	verdoppelter Konsonant + *-ed*

Viele Verben haben unregelmäßige Vergangenheitsformen. Sehen Sie sich dazu die Liste der unregelmäßigen Verben auf Seite 211–212 an.

Ist eine Handlung oder ein Ereignis zu einem bestimmten Zeitpunkt geschehen, verwendet man das *simple past*. Signalwörter dafür sind z. B. *yesterday, last year, on Monday.*

*I rented a car **yesterday**.* — Ich habe gestern einen Wagen gemietet.
*We flew to Boston **on Wednesday**.* — Wir sind am Mittwoch nach Boston geflogen.

b. *Present perfect*

Das *present perfect* von regelmäßigen Verben bildet man mit dem Hilfsverb ***have*** + Partizip Perfekt. Das Partizip Perfekt gleicht bei den regelmäßigen Verben der Form des *simple past*.

I, you, we, you, they	have worked
he, she, it	has worked

Beachten Sie bitte auch die Liste der unregelmäßigen Verben auf Seite 211–212. Wenn Handlungen in der Vergangenheit begonnen haben und in der Gegenwart noch andauern oder einen Gegenwartsbezug haben, gebraucht man das *present perfect*.

***I've been** here for ten days.* — Ich bin seit zehn Tagen hier.
*I'm hungry. I **haven't eaten** anything since breakfast.* — Ich habe Hunger. Ich habe seit dem Frühstück nichts gegessen.

3. Zukunftsformen

Im Englischen gibt es mehrere Möglichkeiten, zukünftige Handlungen und Zustände auszudrücken. Dazu gehören:

a. *Present continuous*
Das *present continuous* bringt zum Ausdruck, dass eine Handlung für die Zukunft bereits fest geplant ist.

What ***are you doing*** *tomorrow? – I'm taking the day off.*

b. *be going to* + Grundform

I'm going to book *the flight tomorrow.*	Ich werde morgen den Flug buchen.
We***'re going to have*** *a cup of coffee.*	Wir werden/wollen eine Tasse Kaffe trinken.

Durch diese Form wird die gegenwärtige Absicht des Sprechers ausgedrückt. Außerdem verwendet man die *be-going-to*-Form zum Ausdruck von unmittelbar bevorstehenden Ereignissen.

It's five of five; the post office ***is going to close****.*	Es ist fünf vor fünf; die Post schließt gleich.

c. *will* + Grundform

Diese Form verwendet man zum Ausdruck eines spontanen Entschlusses.

I'll have *the American breakfast menu.*	Ich nehme das amerikanische Frühstück.
*We****'ll take*** *the double with bath.*	Wir nehmen das Doppelzimmer mit Bad.

Will verwendet man außerdem bei Vorhersagen und Annahmen über die Zukunft.

We ***won't have*** *much time tomorrow.*	Wir werden morgen keine Zeit haben.
*I'm sure we****'ll find*** *a hotel this evening.*	Ich bin sicher, wir finden heute Abend ein Hotel.

d. *Simple present*
Diese Form verwendet man bei Zeitangaben in Fahr- oder anderen Terminplänen.

The train ***leaves*** *at 8.05.*	Der Zug fährt um 8.05 ab.

IV Befehlsform

Die Befehlsform ist identisch mit der Grundform des Verbs. Die Verneinung wird mit *don't* gebildet.

Turn *left.*	Bieg/Biegen Sie links ab.
Have *a nice stay!*	Einen schönen Aufenthalt!

V Fragen

Fragen werden fast immer mit Hilfe von ***do*** oder eines anderen Hilfsverbs gebildet.

	Do	you	speak	German?
	Does	your son	speak	English?
	Did	you	like	the dessert?
	Can	you	help	me, please?
Where	did	you	go	on holiday/vacation?
How much	does	that	cost?	
How long	do	we	have to	wait?
	Are	you	–	from Germany?

VI Verneinung

Ist im bejahten Satz ein Hilfsverb vorhanden, so wird bei der Verneinung ***not*** (Kurzform: ***n't***) mit diesem Hilfsverb verbunden.

I can swim. — *I ca**n't** swim.*

Fehlt ein Hilfsverb, so wird nach folgendem Schema verneint:

don't/doesn't/didn't + Grundform

Martin smokes. — *I **don't** (smoke).*
Peggy lives in Florida. — *Ellen **doesn't** (live in Florida).*
They drove to Virginia. — *We **didn't** (drive to Virginia).*

VII Die Zeitformen im Überblick

	einfache Form	**Verlaufsform**
Gegenwart	I work for a software company.	I'm working in sales at the moment.
Vergangenheit		
past tense	I worked for IBN for three years.	I was working as a salesman there.
present perfect	I've worked for three months.	I've been working here for two companies now.
past perfect	I had never worked in sales before.	I had been working as a clerk.

Zukunft	
mit dem *present continuous*	I'm starting a training programme next month.
mit *going to*	I'm going to start a training programme next month.
mit *will*	I'll start a training programme as soon as I have time.

Unregelmäßige Verben

Grundform	einfache Vergangenheit	Partizip Perfekt	
be	*was/were*	*been*	sein
become	*became*	*become*	werden
begin	*began*	*begun*	beginnen
break	*broke*	*broken*	zerbrechen
bring	*brought*	*brought*	bringen
build	*built*	*built*	bauen
burn	*burnt*	*burnt*	brennen
buy	*bought*	*bought*	kaufen
can	*could*	–	können
catch	*caught*	*caught*	fangen
choose	*chose*	*chosen*	wählen
come	*came*	*come*	kommen
cost	*cost*	*cost*	kosten
cut	*cut*	*cut*	schneiden
do	*did*	*done*	tun, machen
drink	*drank*	*drunk*	trinken
drive	*drove*	*driven*	fahren
eat	*ate*	*eaten*	essen
fall	*fell*	*fallen*	fallen
feel	*felt*	*felt*	fühlen
fight	*fought*	*fought*	kämpfen
find	*found*	*found*	finden
fly	*flew*	*flown*	fliegen
forbid	*forbid*	*forbidden*	verbieten
forget	*forgot*	*forgot, forgotten*	vergessen
forgive	*forgave*	*forgiven*	vergeben
get	*got*	*got*	bekommen
give	*gave*	*given*	geben
go	*went*	*gone*	gehen
grow	*grew*	*grown*	wachsen, werden
have	*had*	*had*	haben
hear	*heard*	*heard*	hören
hide	*hid*	*hidden*	verstecken
hold	*held*	*held*	halten
hurt	*hurt*	*hurt*	verletzen
keep	*kept*	*kept*	behalten
know	*knew*	*known*	kennen, wissen
lay	*laid*	*laid*	legen
lead	*led*	*led*	führen
learn	*learnt*	*learnt*	lernen

leave	*left*	*left*	(zurück-)lassen, verlassen
lend	*lent*	*lent*	leihen
let	*let*	*let*	lassen
lie	*lay*	*lain*	liegen
light	*lit*	*lit*	anzünden
lose	*lost*	*lost*	verlieren
make	*made*	*made*	machen
mean	*meant*	*meant*	bedeuten
meet	*met*	*met*	treffen
must	*- / had to*	*- / had to*	müssen
pay	*paid*	*paid*	bezahlen
put	*put*	*put*	legen, setzen
read	*read*	*read*	lesen
ride	*rode*	*ridden*	reiten
ring	*rang*	*rung*	läuten
run	*ran*	*run*	laufen
say	*said*	*said*	sagen
see	*saw*	*seen*	sehen
sell	*sold*	*sold*	verkaufen
send	*sent*	*sent*	schicken
sew	*sewed*	*sewn*	nähen
shake	*shook*	*shaken*	schütteln
show	*showed*	*shown*	zeigen
shut	*shut*	*shut*	schließen
sing	*sang*	*sung*	singen
sink	*sank*	*sunk*	sinken
sit	*sat*	*sat*	sitzen
sleep	*slept*	*slept*	schlafen
smell	*smelt*	*smelt*	riechen
speak	*spoke*	*spoken*	sprechen
spend	*spent*	*spent*	ausgeben
stand	*stood*	*stood*	stehen
steal	*stole*	*stolen*	stehlen
sting	*stung*	*stung*	stechen
swim	*swam*	*swum*	schwimmen
take	*took*	*taken*	nehmen
tell	*told*	*told*	sagen, erzählen
think	*thought*	*thought*	denken
throw	*threw*	*thrown*	werfen
wake	*woke*	*woken*	wachen
wear	*wore*	*worn*	tragen
win	*won*	*won*	gewinnen
write	*wrote*	*written*	schreiben

Lösungsschlüssel

Lektion 1

1

<u>Ger</u> man, <u>Mu</u> nich, <u>Ger</u> man y, va <u>ca</u> tion, <u>stu</u> dent, A <u>mer</u> i can, Ca <u>na</u> di an

2

Übersetzung
- ◆ Hallo, mein Name ist Dave.
- ◆ Hallo, ich bin Karin.
- ◆ Bist du Deutsche?
- ◆ Ja(, bin ich).
- ◆ Woher kommst du?
- ◆ Ich bin/komme aus München. Und du?
- ◆ Ich bin/komme aus Los Angeles.

3

Übersetzung
- ◆ Karin, das ist Micheline.
- ◆ Nett, dich kennen zu lernen, Micheline.
- ◆ Hallo, Karin. (Wie) Ich höre, du bist/ kommst aus Deutschland.
- ◆ Ja, ich bin in Urlaub hier.
- ◆ Toll! Bist du Studentin?
- ◆ Ja(, bin ich). Bist du Amerikanerin?
- ◆ Nein(, bin ich nicht). Ich bin Kanadierin.

4

a) Yes, he is. b) Yes, he is. c) No, she isn't. d) No, she isn't. e) Yes, she is. f) Yes, she is.

5

a) German b) am c) you d) from e) this f) Nice g) Germany h) vacation i) student j) not

6

Hi, my name's Dave.
– *Hi, I'm Karin.*
Are you German?
– *Yes, I am.*
Where are you from?
– *I'm from Munich.*
Hi, my name's Dave.
– *Hi, I'm Petra.*
Are you Austrian?
– *Yes, I am.*
Where are you from?
– *I'm from Graz.*
Hi, my name's Dave.
– *Hi, I'm Urs.*
Are you Swiss?
– *Yes, I am.*
Where are you from?
– *I'm from Bern.*
Hi, my name's Dave.
– *Hi, I'm Jenny.*
Are you English?
– *Yes, I am.*
Where are you from?
– *I'm from York.*
Hi, my name's Dave.
– *Hi, I'm Chris.*
Are you American?
– *Yes, I am.*
Where are you from?
– *I'm from Denver.*
Hi, my name's Dave.
– *Hi, I'm Marc.*
Are you Canadian?
– *Yes, I am.*
Where are you from?
– *I'm from Toronto.*

7

Are you Italian, Lisa?
– *Yes, I am.*
Are you Austrian, Tim?
– *No, I'm not. I'm German.*
Are you American, Ben?
–*Yes, I am.*
Are you Dutch, Jan?
– *No, I'm not. I'm German.*
Are you English, Beth?
– *Yes, I am.*
Are you Swiss, Maria?
– *No, I'm not. I'm Austrian.*

8

a) wife b) run c) meet d) kids e) trip
Run und *meet* sind Verben; *kids*, *wife* und *trip* sind Hauptwörter.

9

- ◆ Hi Klaus. How's *it* going?
- ◆ *Good*, and you?
- ◆ Not bad. How was your *trip*?
- ◆ Good, no problems.
- ◆ And how's your wife?
- ◆ *She's* fine.
- ◆ And the kids?
- ◆ *They're great.*

Übersetzung:
- ◆ Hallo Klaus. Wie geht's?
- ◆ Gut, und dir/Ihnen?
- ◆ Nicht schlecht. Wie war deine/Ihre Reise?
- ◆ Gut, (es gab) keine Probleme.
- ◆ Und wie geht's deiner/Ihrer Frau?
- ◆ Ihr geht's gut.
- ◆ Und den Kindern?
- ◆ Denen geht's sehr gut.

10

- ◆ Hi, Janet. How are *you*?
- ◆ Fine, Jim, and you?

◆ *Great*! Janet, *I'd* like you to meet Klaus Waldau.
◆ Hi, Klaus. Nice to *meet* you.
◆ Nice to meet you, too.
◆ Klaus is Austrian. *He's* from Vienna.
◆ Oh really? *That's* interesting!… Well, I've gotta run. It was nice to meet you, Klaus.
◆ Same here. *Bye*, Janet.
◆ Bye.
◆ Bye, Janet. *See* you later.

Übersetzung:

◆ Hallo, Janet. Wie geht's dir?
◆ Gut, Jim, und dir?
◆ Ausgezeichnet! Janet, ich möchte dir Klaus Waldau vorstellen.
◆ Hallo, Klaus. Nett, Sie kennen zu lernen.
◆ Ganz meinerseits. (Nett, Sie auch kennen zu lernen).
◆ Klaus ist Österreicher. Er ist/kommt aus Wien.
◆ Tatsächlich? Das ist (ja) interessant!… Oh, ich muss mich beeilen. Es war nett, Sie kennen zu lernen, Klaus.
◆ Ebenfalls. Tschüß, Janet.
◆ Tschüß.
◆ Tschüß, Janet. Bis später.

11

a) Fine, and you? b) Nice to meet you, too. c) How do you do? d) Hi, I'm Meredith. e) No, I'm from Scotland. f) She's fine, and Ursula?

12

How's Klaus?
– *He's fine.*
How's Simona?
– *She's not bad.*
How are Skip and Judy?
–*They're good.*
How's Margaret?
– *She's fine.*
How's Hank?
– *He's not bad.*
How are Peggy and Mark?
– *They're great.*

13

1 Silbe: speak; 2 Silben: excuse, business; 3 Silben: Austrian, vacation

14

◆ Excuse me, are these seats taken?
◆ *No, they aren't.*
◆ Hi, my name's Konrad and this is Claudia.
◆ Hi, my name's Susan. Are you German?
◆ *No, we're Austrian.*
◆ Oh really? Are you from Vienna?
◆ *No, we're from Linz.*
◆ Are you here on vacation?
◆ *No, we're here on business.*
◆ You speak English very well.
◆ Thank you.

Übersetzung

◆ Entschuldigung, sind diese Plätze besetzt?
◆ Nein (, sind sie nicht).
◆ Hallo, mein Name ist Konrad und das ist Claudia.
◆ Hallo, mein Name ist Susan. Seid ihr/Sind Sie Deutsche?
◆ Nein, wir sind Österreicher.
◆ Tatsächlich? Seid ihr/Sind Sie aus Wien?
◆ Nein, wir sind aus Linz.
◆ Seid ihr/Sind Sie hier in Urlaub?
◆ Nein, wir sind geschäftlich hier.
◆ Ihr sprecht/Sie sprechen sehr gut Englisch.
◆ Danke schön.

15

a) 2. b) 3. c) 1. d) 3. e) 1.

16

Are you German?
– *No, I'm not, I'm Swiss.*
Are you English?
– *No, we're not, we're American and Canadian.*
Are you American?
– *No, I'm not, I'm Canadian.*
Are you Austrian?
– *No, I'm not, I'm German.*
Are you German?
– *No, we're not, we're Dutch and Belgian.*
Are you French?
– *No, we're not, we're Canadian and Belgian.*

17

Is Betty German?
– *No, she isn't, she's Dutch.*
Is Salvatore American?
– *No, he isn't, he's Canadian.*
Is Peter German?
– *No, he isn't, he's Swiss.*
Is Pam English?
– *No, she isn't, she's American.*
Is Bettina Austrian?
– *No, she isn't, she's German.*
Is Wolf Dutch?
– *No, he isn't, he's Belgian.*

18

a) 's / is b) 's / is c) Are d) Are; are e) are; 're / are f) Is; is g) Are; 're / are

19

a) Yes, we are – from Erfurt. b) No, he isn't. c) No, they're not. d) They're fine. e) No, I'm not. f) Yes, it is. g) No, she isn't.

20

a) *Germany* (Ländername) b) *they* (Pluralform) *oder* it (es bezieht sich nicht auf eine

Person) c) *Munich* (Stadt) d) *was* (es ist eine Vergangenheitsform vom Verb *be*) e) *nice* (es ist keine Antwort auf die Frage: *How are you?*)

21

a) Is she a student from Belgium? b) Is he a good friend? c) Is it a vacation? d) Is Dave on a business trip? e) Are they in Switzerland?

a) She isn't a student from Belgium. b) He isn't a good friend. c) It isn't a vacation. d) Dave isn't on a business trip. e) They aren't in Switzerland.

22

				6					8		
1		T	H	A	T	7			V		
				U		M			A		
		5		S		E			C		
2	S	W	I	T	Z	E	R	L	A	N	D
		H		R		T			T		
		E		I					I		
3	G	R	E	A	T		4	Y	O	U	
		E		N					N		

23

erste Silbe: a), b), d), e); zweite Silbe: c), f)

24

Aussage: b), e), f)

a) Are you here on vacation? b) Nice to meet you. c) How was your trip? d) Is he from Switzerland, too? e) I'm on a business trip. f) You speak English very well.

25

a) 1. b) 2. c) 2. d) 1.

– Sandy, this is John. John, this is Sandy.

☐ Hi, Sandy. Nice to meet you. Are you from Toronto?

○ No, I'm not. I'm American. I'm from Chicago.

☐ Oh, are you a student here?

○ No, I'm not. I'm on a business trip.

26

Is she American? – *Yes, she is.*
Are you Canadian? – *Yes, I am.*
Are they from Germany? – *Yes, they are.*
Is he here on business? – *Yes, he is.*
Is your name Marie? – *Yes, it is.*
Is that interesting? – *Yes, it is.*

27

Is she German? – *No, she isn't.*
Are they in Florida? – *No, they aren't.*
Are you here on vacation? – *No, I'm not.*
Is this seat taken? – *No, it isn't.*
Are you from Austria? – *No, I'm not.*
Are we in Luzern? – *No, we aren't.*

28

He's here on vacation. (she)
She's here on vacation. (not)
She *isn't* here on vacation. (they)
They aren't here on vacation. (business)
They aren't here on *business*. (we)
We aren't here on business. (I)
I'm not here on business. (he)
He isn't here on business.

29

Are you German, Tim?
Are you from Boston, Susan?
Are you Austrian?
Is Nicole in New York?
Is this seat taken?
How are you, /How's it going, Ellen?

Unterhaltung

Hello, my name's Rachel.
– *Hi/Hello, my name's … Are you American?*
No, I'm not. I'm Canadian.
– *That's interesting. Where are you from (in Canada)?*
I'm from Winnipeg. Where are you from?
– *I'm from …*
Well, I gotta go. It was nice to meet you.
– *It was nice to meet you, too. Bye!*
Bye/Goodbye!

Lektion 2

1

a) single room b) double room c) reception desk d) bath(room) e) shower f) laundry service g) breakfast h) key

2

◆ Good morning. Can I help you?
◆ Yes, do you have a double?
◆ For how many nights?
◆ Three.
◆ Let me see … Yes, I have one with a shower.
◆ How much is it?
◆ It's $79 a night.
◆ Is breakfast included?
◆ No, it isn't.
◆ Well, OK, I'll take it.
◆ Can I have your credit card?
◆ Here you are.
◆ Just sign here, please.
…
◆ Thank you. Here's your key. Your room number is 204. Have a nice day!

Übersetzung
◆ Guten Morgen. Kann ich Ihnen helfen?
◆ Ja, haben Sie ein Doppelzimmer?
◆ Für wie viele Nächte?
◆ Drei.
◆ Augenblick bitte (Lassen Sie mich nach-

sehen) … Ja, ich habe eins mit Dusche.
◆ Wie viel kostet es?
◆ Es kostet $ 79 pro Nacht.
◆ Ist das Frühstück inbegriffen?
◆ Nein(, ist es nicht).
◆ Na gut, ich nehme es.
◆ Kann ich Ihre Kreditkarte haben?
◆ Bitte schön.
◆ Danke. Wenn Sie hier bitte unterschreiben.
…
◆ Danke schön. Hier ist Ihr Schlüssel. Ihre Zimmernummer ist 204. Einen schönen Tag noch!

3

Can, do, many, have, much, take, Here

4

Can I help you?
– *Do you have a single?*
For how many nights?
– *Two.*
Can I help you?
– *Do you have a double?*
For how many nights?
– *Four.*
Can I help you?
– *Do you have a single?*
For how many nights?
– *One.*
Can I help you?
– *Do you have two singles?*
For how many nights?
– *Two.*
Can I help you?
– *Do you have a single and a double?*
For how many nights?
– *One.*

5

◆ Reception, how can I help you?
◆ Hello. This is room 202. I have a question.
◆ Yes …
◆ Do you have a laundry service in the hotel?
◆ No, I'm sorry, we don't.
◆ You don't?
◆ No, we don't, but there's a cleaner's about a mile from here.
◆ Do they have a pick-up service?
◆ I don't know, but I can give you the telephone number.
◆ Thanks.
◆ Just a minute … Scottie Cleaners: 828-0314.
◆ Thanks a lot.
◆ You're welcome.

Übersetzung
◆ Rezeption. Was kann ich für Sie tun?
◆ Hallo. Hier ist Zimmer 202. Ich habe eine Frage.
◆ Ja.
◆ Haben Sie einen Reinigungsservice im Hotel?
◆ Nein, tut mir Leid(, haben wir nicht).
◆ Haben Sie nicht?
◆ Nein, aber es gibt eine Reinigung ungefähr eine Meile von hier.
◆ Haben sie einen Abholservice?
◆ Ich weiß es nicht, aber ich kann Ihnen die Telefonnummer geben.
◆ Danke.
◆ Einen Augenblick … Scottie Reinigung: 828-0314.
◆ Vielen Dank.
◆ Gern geschehen.

6

erste Reaktion: c), f)
a) No, I'm sorry, we don't. b) Yes, it is. c) Yes, there is. d) Yes, they do. e) Here you are. f) You're welcome.

7

Do they have a double?
– *Yes, they do.*
Do they have a single?
– *No, they don't.*
Do they have a restaurant?
– *Yes, they do.*
Do they have a laundry service?
– *Yes, they do.*
Do they have a pick-up service?
– *No, they don't.*
Do they have a bar?
– *Yes, they do.*

8

Do you have the name?
– *Yes, I do.*
Do you have the telephone number?
– *Yes, I do.*
Do you have the key?
– *No, I don't.*
Do you have the room number?
– *No, I don't.*
Do you have the credit card?
– *Yes, I do.*

9

◆ Good afternoon, Rittenhouse Hotel. Can I help you?
◆ Yes, I'd like a single for *two nights*.
◆ When do you want the room?
◆ *Tonight* and tomorrow.
◆ Yes, I have a single with a bath.
◆ How *much* is it?
◆ It's $89 a night.

◆ One more thing: is there a *fax machine* in the room?
◆ No, there isn't, but there's one at the reception desk.
◆ OK, *I'll* take the room.
◆ OK, can I have your name and credit card number, please?

Übersetzung
◆ Guten Tag (Nachmittag), Rittenhouse Hotel. Was kann ich für Sie tun?
◆ Nun, ich möchte ein Einzelzimmer für zwei Nächte.
◆ Wann möchten Sie das Zimmer?
◆ Heute Abend und morgen.
◆ Ja, ich habe ein Einzelzimmer mit Bad.
◆ Wie viel kostet es?
◆ Es kostet $ 89 pro Nacht.
◆ Noch eine Sache: Gibt es ein Faxgerät im Zimmer?
◆ Nein, (gibt es nicht,) aber es gibt eins an der Rezeption.
◆ Gut, ich nehme das Zimmer.
◆ Gut, kann ich Ihren Namen und Ihre Kreditkartennummer haben, bitte?

10
a) 3. b) 2. c) 2. d) 3. e) 1.

11
Is there a bath in the room?
– *Yes, there is.*
Is there a fax machine in the room?
– *No, there isn't.*
Is there a telephone in the room?
– *Yes, there is.*
Is there a shower in the room?
– *Yes, there is.*
Is there a mini-bar in the room?
– *No, there isn't.*

12
Can I help you?
– *Yes, I'd like a single for two nights.*
Can I help you?
– *Yes, I'd like a double with a bath.*
Can I help you?
– *Yes, I'd like a fax machine in the room.*
Can I help you?
– *Yes, I'd like a telephone number in Germany.*
Can I help you?
– *Yes, I'd like a room with a shower.*

13
a) For how many nights? b) Yes, they do. c) Yes, there is. d) Yes, I think *I* do. e) Yes, it is.

14
a) Do you have a single with bath? b) Do we have the telephone number? c) How much is the room? d) Do they have a pick-up service? e) Can I have your credit card? f) Do we have the key?

15
a) No, I don't. b) No, I don't think we do. c) No, they don't. d) No, it isn't. e) No, I'm sorry, I don't. f) No, I'm sorry, there isn't.

16
a) fifty-seven: 57 b) one hundred and ten: 110 c) twenty-one: 21 d) a/one thousand fifty: 1,050 e) one thousand five hundred: 1,500 f) thirty-three: 33 g) sixty-eight: 68 h) two thousand two hundred and thirty-two: 2,232 i) one hundred and one: 101 j) ninety-nine: 99 k) eighty-two: 82 l) two thousand and twenty-three: 2,023

17
◆ Good afternoon, sir. Can I help you?
◆ Yes, I'd like two singles for three nights.
◆ When do you want the rooms?
◆ Tonight.
◆ Let me see. … I'm sorry, I don't have two singles. I have one single and a double. Is that OK?
◆ Yes, that's OK. How much are the rooms?
◆ The single is $65 and the double is $85. Can I have your credit card, please?
◆ Yes, here you are.
◆ Thank you.

18

a	f	t	b	g	k	p	s	d
b	r	e	a	k	f	a	s	t
x	o	l	t	e	s	b	h	u
f	n	e	h	y	a	c	o	d
c	t	p	l	t	t	r	w	c
o		h	e	w	d	p	e	o
t	d	o	u	b	l	e	r	t
b	e	n	o	z	h	r	q	u
j	s	e	v	y	m	e	i	l
i	k	l	a	u	n	d	r	y

19
zweite Silbe: d), g), k)

20
verschieden: a), b), e), f)

21
Aussagesatz: c), d), f)
a) Do you have a double? b) Can I have your credit card? c) I don't know. d) I think I'll take a shower. e) Is there a fax machine in the room? f) Here's some shampoo.

22
bejahter Satz: a), c), f)
a) I have one with a bathroom. b) I don't have a credit card. c) I can give you the telephone number. d) We don't have a laundry service. e) I don't think I'll take a shower. f) I can help you.
23
a) 7.00 b) 8.15 c) 11.30 d) 5.25 e) 3.45 f) 12.55
24
richtig: d), e)
○ Holiday Motel. Can I help you?
□ Yes, I'd like a single and a double for tonight and tomorrow night.
○ Let me see. No, I'm sorry. I have a double but no single.
□ Do you have two doubles?
○ No, I don't.
□ And for tomorrow?
○ No, I'm sorry. I only have one double. Do you want to take it?
□ How much is it?
○ $69 a night.
□ No, thank you.
25
Do you have a double? – *Yes, I do.*
Do I have a credit card? – *Yes, I do.*
Do they speak German? – *Yes, they do.*
Do you know Henry? – *Yes, I do.*
Do we have shampoo? – *Yes, we do.*
Is that interesting? – *Yes, it is.*
26
Do you want the room? – *No, I don't.*
Do they live in Florida? – *No, they don't.*
Do they have a fax machine? – *No, they don't.*
Do I have the number? – *No, I don't.*
Do you know where the reception desk is? – *No, I don't.*
Do we have to go? – *No, we don't.*
27
We have a single. (I)
I have a single. (not)
I *don't* have a single. (they)
They don't have a single. (double)
They don't have a *double*. (we)
We don't have a double. (I)
I don't have a double.
28
Do you have a double?
Can I have a room with a bath?
How much is it?
Do you have a laundry service?
Do you have shampoo, Barbara?
Do you have a credit card, Jerry?
Unterhaltung
◆ Copa Cabana Hotel. Good afternoon. Can I help you?
– *Yes, I'd like a double for tonight.*
◆ Let me see … Yes, I have one with a shower. Is that OK?
– *Yes, it is. How much is the room?*
◆ It's $109 a night.
– *Is breakfast included?*
◆ No, I'm sorry, it isn't.
– *Well, OK, I'll take it.*

Lektion 3

1
a) shower b) get dressed c) have breakfast d) drive/ ride to work e) take a coffee break f) make dinner g) clean up the kitchen h) watch TV
2
◆ Tell me about your typical workday.
◆ Well, I get up at 7 o'clock. I shower, get dressed, have breakfast with my daughter and then I go to work – I drive there with a neighbor. I get to work at about 8:15. I take a short coffee break at about 10.30 and have lunch at 12:15. I get off work at 5:30. When I get home I start dinner and watch the news on TV. When my husband and daughter come home we have dinner. After dinner they clean up the kitchen. In the evening we read or watch TV. I go to bed about 11. That's my day!
Übersetzung
◆ Erzähl mir doch mal, wie ein typischer Arbeitstag von dir aussieht. (Erzähl mir über deinen typischen Arbeitstag.)
◆ Also, ich stehe um 7 Uhr auf. Ich dusche, ziehe mich an, frühstücke mit meiner Tochter und fahre dann zur Arbeit – ich fahre mit einem Nachbarn/ einer Nachbarin (dorthin). Ich komme gegen 8.15 Uhr in der Arbeit an. Ich mache gegen 10.30 Uhr eine kurze Kaffeepause und esse um 12.15 Uhr zu Mittag. Um 17.30 Uhr mache ich Feierabend. Wenn ich nach Hause komme, fange ich mit dem Abendessen an und schaue mir die Nachrichten im Fernsehen an. Wenn mein Mann und meine Tochter nach Hause kommen, essen wir. Nach dem Abendessen machen sie in der Küche sauber. Am Abend lesen wir oder schauen fern. Ich gehe gegen 11 ins Bett. So sieht mein Tag aus!
3
richtig: d), f), g), i), j)
4
a) get up b) have c) shower d) go e) get f)

take g) have g) get off i) watch j) have k) clean up l) helps m) read n) go

5

When do you get up?
– *I get up at 7:00.*
When do you have breakfast?
– *I have breakfast at 7:30.*
When do you have lunch?
– *I have lunch at 12:15.*
When do you get off work?
– *I get off work at 5:00.*
When do you start dinner?
– *I start dinner at 6:00.*
When do you have dinner?
– *I have dinner at 6:30.*
When do you go to bed?
– *I go to bed at 11:30.*

6

Do you get up at 7:00?
– *Yes, I do. / No, I don't. I get up at …*
Do you have breakfast at 7:30?
– *Yes, I do. / No, I don't. I have breakfast at …*
Do you have lunch at 12:00?
– *Yes, I do. / No, I don't. I have lunch at …*
Do you take a coffee break at 3:15?
– *Yes, I do. / No, I don't. I take a coffee break at …*
Do you get off work at 5:00?
– *Yes, I do. / No, I don't. I get off work at …*
Do you have dinner at 7:00?
– *Yes, I do. / No, I don't. I have dinner at …*
Do you go to bed at 11:00?
– *Yes, I do. / No, I don't. I go to bed at …*

7

a) type b) do the filing c) make coffee d) open the post/mail e) answer the telephone f) water the plants

8

◆ So, now you have a secretary! What's *her* name?
◆ Anne.
◆ What *does* she do?
◆ Oh, she's great! She *does* everything!
◆ Like what?
◆ She *answers* the phone and takes messages …
◆ *Does* she type?
◆ Yeah … she knows Word and Excel.
◆ Does she do the filing?
◆ Yes, I'm totally organized now!
◆ What else *does* she do?
◆ She *opens* the mail, she *waters* the plants, she …
◆ And what *do* you do now?
◆ I *make* the coffee!

Übersetzung
◆ Jetzt hast du also eine Sekretärin! Wie heißt sie denn?
◆ Anne.
◆ Was macht sie?
◆ Oh, sie ist toll! Sie macht alles!
◆ Zum Beispiel?
◆ Sie beantwortet das Telefon und nimmt Nachrichten entgegen …
◆ Tippt sie?
◆ Ja klar, und sie kann Word und Excel.
◆ Macht sie die Ablage?
◆ Ja, bei mir ist jetzt alles perfekt organisiert! (Ja, ich bin jetzt perfekt organisiert!)
◆ Was macht sie noch?
◆ Sie öffnet die Post, sie gießt die Pflanzen, sie …
◆ Und was machst *du* überhaupt noch?
◆ Ich mache Kaffee!

9

erste Reaktion: b), c)
a) Her name's Helen. b) She does everything! c) Yes, she can. d) Yes, she does. e) I make the coffee.

11

Does Anne answer the phone?
– *Yes, she does.*
Does Anne take messages?
– *Yes, she does.*
Does Anne type?
– *Yes, she does.*
Does Anne do the filing?
– *Yes, she does.*
Does Anne open the mail?
– *Yes, she does.*
Does Anne water the plants?
– *Yes, she does.*
Does Anne make the coffee?
– *No, she doesn't.*

12

d), c), h), f), g), a), b), e)
◆ My day now? My day normally begins at six. The baby gets up very early – he's six months old! When he gets up, I get up! I go to the bathroom, then I change his diaper. We go downstairs and I make breakfast for us. Charlie wants to eat right away!
◆ And when do you eat?
◆ After he eats he plays for a while. That's when I eat. After that we get dressed. Usually we go out for a walk or play in his room. After lunch he takes a nap; that's when I do my aerobics.
◆ Does Tom help with the baby?
◆ Oh sure. When he comes home at

around six, it's his turn to look after Charlie. He has a lot of fun with him.

Übersetzung

◆ Wie mein Tag jetzt aussieht? Mein Tag fängt normalerweise um sechs an. Das Baby wacht sehr früh auf – er ist sechs Monate alt! Wenn er aufwacht, stehe ich auch auf. Ich gehe ins Bad, dann wechsle ich seine Windeln. Wir gehen nach unten und ich mache uns Frühstück. Charlie will sofort essen!

◆ Und wann isst du?

◆ Nachdem er gegessen hat, spielt er. Dann esse ich. Danach ziehen wir uns an. Normalerweise gehen wir spazieren oder spielen in seinem Zimmer. Nach dem Mittagessen hält er ein Schläfchen; dann mache ich mein Aerobic.

◆ Hilft Tom mit dem Baby?

◆ Ja, sicher. Wenn er gegen sechs nach Hause kommt, ist er an der Reihe, sich um Charlie zu kümmern. Er hat viel Spaß mit ihm.

13

a) 2. b) 3. c) 1. d) 2. e) 3. f) 1.

14

a) begins b) gets up c) changes d) goes e) makes f) plays g) get dressed h) go out i) takes j) does k) comes l) has

15

When does Ellen get up?
– *She gets up early.*
When does Ellen have breakfast?
– *She has breakfast at 6:45.*
When does Ellen have lunch?
– *She has lunch at 12:00.*
When does Ellen do her aerobics?
– *She does her aerobics after lunch.*
When does Ellen start dinner?
– *She starts dinner at 6:15.*
When does Tom come home?
– *He comes home at around 6:00.*
When does Ellen go to bed?
– *She goes to bed at 10:30.*
When does Tom go to bed?
– *He goes to bed at 11:30.*

16

Does Ellen get up at 6:30?
– *No, she doesn't.*
Does Ellen have breakfast?
– *Yes, she does.*
Does Ellen do her aerobics after dinner?
– *No, she doesn't.*
Does Tom help with the baby?
– *Yes, he does.*
Does the baby take a nap after lunch?
– *Yes, he does.*

17

a) Do b) Does c) do d) Do e) Do f) does g) Does h) does

18

a) don't b) Don't c) doesn't d) Doesn't e) doesn't f) doesn't g) don't h) Doesn't

19

richtig: a), b), c), e), g)

20

a) first b) then c) After d) After that e) and then

21

get up – get dressed – get to work – get lunch – get off work – get home – get to bed early

22

a) her b) our c) their d) his e) my

23

a) Lilian gets up at seven o'clock. b) She has breakfast at about a quarter to eight. c) She leaves for work at a quarter past eight. d) She has lunch at noon. e) She leaves work at half past five. f) She goes to bed at around eleven.

24

1 Silbe: c); 2 Silben: b), d), f), g), i), j); 3 Silben: a), e), h) (im AE 4!), k), l

26

Aussagesatz: d), e)

a) When do you have dinner? b) Is her name Silvia? c) Can you type? d) My day normally begins at 6:00. e) It's your turn to look after Charlie. f) Does she do the filing?

27

bejahter Satz: b), e)

a) He doesn't know the number. b) I think I'll go to bed. c) That's not very interesting. d) I can't type. e) Well, I gotta go. f) We don't have a pick-up service.

28

She gets up: 03:45; She has a cup of coffee: 05:00; The show begins: 06:00; She gets off: 12:00; She has dinner: 17:30; She goes to bed: 21:00

◆ Miss Allen, thank you for being here tonight.

◆ Please, call me Ellen.

◆ Ellen, you're a newsreader on Channel 2's Good Morning London, so you probably have a very unusual workday; can you tell us about it?

◆ Well, yes, I do. I get up very early – at 3.45.

◆ Oh, really?

◆ Yes, and I leave the house by 4.30.

◆ And when do you get to work?

◆ I get to work about 5.00.

◆ What do you do then?
◆ Well, first I have a cup of coffee and then I read three or four newspapers. Then I meet with my colleagues and discuss the day's news.
◆ When does the show actually begin?
◆ Good Morning London goes on the air at 6.00 and goes off at 9.00. I usually get off around noon.
◆ What do you do then?
◆ Well, I normally go home and take a nap. After that I read my mail, clean up my flat – you know, the normal things we all do.
◆ And when do you have dinner?
◆ We usually have dinner quite early, around half past five. My husband works at home, so we have dinner together.
◆ And when do you go to bed?
◆ I'm usually in bed by about 8.30 or nine o'clock.
◆ Well, I don't suppose you go out much in the evening?
◆ No, not during the week, but I do go out on the weekend.
◆ Well, thank you for being here Miss Allen – I mean, Ellen.
◆ You're welcome. Thank you for having me.

29

I get up at 7:15. (Martin) *Martin gets up at 7:15.*
We have breakfast early. (Helen) *Helen has breakfast early.*
They get home at 5:30. (Mark) *Mark gets home at 5:30.*
I know the number. (she) *She knows the number.*
They go to bed at 1:00. (he) *He goes to bed at 1:00.*
We help with the baby. (her husband) *Her husband helps with the baby.*

30

I eat at 6:30. *I don't eat at 6:30.*
I make coffee. *I don't make coffee.*
He gets dressed after breakfast. *He doesn't get dressed after breakfast.*
She gets off at 5:00. *She doesn't get off at 5:00.*
We go for a walk in the afternoon.
We don't go for a walk in the afternoon.
They work from 9 to 5. *They don't work from 9 to 5.*

31

Do you get up at 6:00? (she) *Does she get up at 6:00?*
Do they work in Toronto? (Frank) *Does Frank work in Toronto?*
Do we have to go? (his wife) *Does his wife have to go?*
Do you water the plants? (Sally) *Does Sally water the plants?*
Do we have to answer the phone? (he) *Does he have to answer the phone?*
Do you know Angel? (she) *Does she know Angel?*

32

She has lunch early. (we)
We have lunch early. (breakfast)
We have *breakfast* early. (they)
They have breakfast early. (he)
He has breakfast early. (not)
He *doesn't have* breakfast early. (I)
I don't have breakfast early. (dinner)
I don't have *dinner* early.

33

Do you get up early, Paula?
How's your wife?
Do you know the number, Walt?
When do you have lunch, Kathy?
When do you get home, Bill?
Does your wife work here, John?

Unterhaltung

When do you get home at night?
– *I get home at …*
When do you have dinner?
– *I have dinner at …*
What do you do in the evening?
– *I (watch television/read/work …)*
Do you clean up the kitchen after dinner?
– *Yes, I do. / No, I don't.*
When do you go to bed?
– *I go to bed at …*
Well, it was nice to see you. Bye!
– *Bye/Goodbye.*

Lektion 4

1

◆ Where do you live in Germany?
◆ *I live in* Freiburg.
◆ … and I live in Basel. I'm not German, I'm Swiss.
◆ Oh, I see. *You don't live* together?
◆ No, we don't – but we see each other often.
◆ *Sometimes* I go to Freiburg …
◆ … but usually I go to Basel. Chris has a big apartment. I live in a studio. I'm still a student.
◆ How far is Freiburg from Basel?
◆ Not very far. About *half an hour* by car.
◆ But I always take the train. That takes a little longer.
◆ You're a student, Nina – what do you do, Chris?
◆ I'm a chemist. I *work* for a big chemical company.

Übersetzung
◆ Wo wohnt ihr denn in Deutschland?
◆ Ich wohne in Freiburg.
◆ ... und ich wohne in Basel. Ich bin kein Deutscher. Ich bin Schweizer.
◆ Ach so, ich verstehe. Ihr wohnt nicht zusammen?
◆ Nein(, tun wir nicht). Aber wir sehen uns oft.
◆ Manchmal fahre ich nach Freiburg ...
◆ ... aber normalerweise fahre ich nach Basel. Chris hat eine große Wohnung. Ich wohne in einer 1-Zimmer-Wohnung. Ich bin noch Studentin.
◆ Wie weit ist Freiburg von Basel?
◆ Nicht sehr weit. Ungefähr eine halbe Stunde mit dem Auto.
◆ Aber ich nehme immer den Zug. Das dauert ein bisschen länger.
◆ Du bist Studentin, Nina – und was machst *du* beruflich, Chris?
◆ Ich bin Chemiker. Ich arbeite für eine große Chemiefirma.

2

Nina: a), d), e), g)

3

Where does Nina live in Germany?
– *She lives in Freiburg.*
Where does Chris live in Switzerland?
– *He lives in Basel.*
Where does Jack live in California?
– *He lives in Sacramento.*
Where does Debbie live in California?
– *She lives in Sacramento, too.*
Where do Anne and Kareem live in Canada?
– *They live in Toronto.*
Where does Karin live in Germany?
– *She lives in Munich.*

4

Is Chris a doctor?
– *No, he isn't, he's a chemist.*
Is Nina a taxi driver?
– *No, she isn't, she's a student.*
Is Patty a teacher?
– *No, she isn't, she's a doctor.*
Is Mimi a lawyer?
– *Yes, she is.*
Is Juan a cook?
– *No, he isn't, he's a grocer.*
Is Lee a policeman?
– *No, he isn't, he's a business man.*

5

◆ What about you, Debbie, what do you do?
◆ I'm a computer programmer. I work for a software company near San Francisco.
◆ Oh, really? Do you like it?
◆ Yes, I do. It's a small company. I know everyone and everyone knows me. I like that.
◆ And what about you, Jack?
◆ I have my own business.
◆ Really? What kind of business?
◆ We sell office furniture – so I'm kind of in the computer business, too!

Übersetzung
◆ Und du, Debbie, was machst du beruflich?
◆ Ich bin Computerprogrammiererin. Ich arbeite für eine Softwarefirma in der Nähe von San Francisco.
◆ Wirklich? Gefällt es dir?
◆ Ja, schon. Es ist eine kleine Firma. Ich kenne jeden und jeder kennt mich. Das gefällt mir.
◆ Und wie ist es mit dir, Jack?
◆ Ich habe meine eigene Firma.
◆ Tatsächlich? Was für eine Firma? (Was für eine Art von Firma?)
◆ Wir verkaufen Büromöbel – also bin ich sozusagen auch in der Computerbranche!

6

erste Antwort: a), e)
a) Debbie, I hear you're a computer programmer. – Yes, I am. b) Do you like your work? – Yes, I do. c) Do you work for a big company? – No, I don't. d) You have your own business, don't you, Jack? – Yes, I do. e) You're sort of in the computer business, too, aren't you? – Well, yes, I am.

7

a) salesperson b) taxi driver c) waiter d) clerk e) nurse f) student g) teller h) travel agent

8

a) I'm a nurse. b) I'm a waiter. c) I'm a student. d) I'm a teller. e) I'm a taxi driver. f) I'm a travel agent. g) I'm a clerk. h) I'm a salesperson.

9

What do you do, Benny?
– *I'm a student.*
What do you do, Rob?
– *I'm a banker.*
What do you do, Pat?
– *I'm a secretary.*
What do you do, Claire?
– *I'm a hotel manager.*
What do you do, Jean?
– *I'm a DJ.*
What do you do, Flo?
– *I'm a chemist.*

10

What do you do?
– *I work for a furniture company.*

What do you do?
– *I work in a supermarket.*
What do you do?
– *I work for a cleaning company.*
What do you do?
– *I work for a software company.*
What do you do?
– *I work in a hotel.*
What do you do?
– *I work for a computer company.*

11

What does Debbie do?
– *She's a computer programmer.*
What does Jack do?
– *He has his own business.*
What does Regis do?
– *He has his own hotel.*
What does Hal do?
– *He's a doctor.*
What does Mary Ellen do?
– *She has her own business.*
What does Kimberly do?
– *She's a secretary.*

12

◆ What does your *normal* day look like, Chris?
◆ Well, I get up at about 6:15, shower, have breakfast and *walk* to the bus stop – I take the bus to work. I'm usually in the office by 7:30.
◆ That's early!
◆ I *like to* start early so I can leave early.
◆ When do you *have* lunch?
◆ Around *noon* – it depends on work.
◆ How long is your lunch break?
◆ *About* half an hour, sometimes a little longer.
◆ Do you work in a lab?
◆ Sometimes, but *usually* I'm in the office – I have a lot of paperwork.
◆ I'm sure! So *when* do you knock off?
◆ What do you mean, "knock off"?
◆ Sorry, that's slang for *"stop working"*.
◆ I "knock off" at around 4:00.
◆ Do you make dinner yourself?
◆ Sometimes, but I eat a *hot* meal at lunch, so usually I just have a salad or something like that.

Übersetzung

◆ Wie sieht ein normaler Tag bei dir aus, Chris?
◆ Also, ich stehe um 6.15 Uhr auf, dusche mich, frühstücke und gehe zur Bushaltestelle – ich fahre mit dem Bus zur Arbeit. Ich bin normalerweise bis 7.30 Uhr im Büro.
◆ Das ist aber früh!
◆ Ich fange gern früh an, damit ich früh aufhören kann.
◆ Wann isst du zu Mittag?
◆ So gegen 12 – es hängt von der Arbeit ab.
◆ Wie lang ist deine Mittagspause?
◆ Ungefähr eine halbe Stunde, manchmal ein bisschen länger.
◆ Arbeitest du in einem Labor?
◆ Manchmal, aber normalerweise bin ich im Büro. Ich habe viel Papierkram zu erledigen.
◆ Das glaube ich! Wann machst du Feierabend?
(Chris versteht den Ausdruck „knock off" nicht und fragt nach seiner Bedeutung:)
◆ Was meinst du mit „knock off"?
◆ Tut mir leid, das ist Umgangssprache für „aufhören zu arbeiten".
◆ Ich mache gegen 4 Feierabend.
◆ Machst du selbst das Abendessen?
◆ Manchmal, aber ich esse normalerweise warm zu Mittag, also esse ich nur einen Salat oder so etwas.

13

a) 1. b) 2. c) 2. d) 1. e) 1. f) 2.

14

a) take the bus b) fly c) drive d) walk e) run f) ride a bicycle

15

Does Chris get up at 7:00?
– *No, he doesn't, he gets up at 6:15.*
Does he have breakfast in the morning?
– *Yes, he does.*
Does Chris drive to work?
– *No, he doesn't, he takes the bus.*
Does he start work early?
– *Yes, he does.*
Does Chris work in a hotel?
– *No, he doesn't, he works in a lab/an office.*
Does he knock off at 4:00?
– *Yes, he does.*
Does Chris usually have a salad for dinner?
– *Yes, he does.*
Does he eat a hot meal at lunch?
– *Yes, he does.*

16

He gets up at 6:00.
– *He usually gets up at 6:00.*
He has breakfast at 7.00.
– *He usually has breakfast at 7:00.*
He goes to work at 7:30.
– *He usually goes to work at 7:30.*
He takes the bus to work.
– *He sometimes takes the bus to work.*
He has lunch at 12:30.
– *He often has lunch at 12:30.*
He makes dinner at 6:30.
– *He always makes dinner at 6:30.*

17
a) lives; works b) take c) gets up d) makes e) goes f) sells g) does h) has
18
a) No, it doesn't. b) Yes, I do. c) Yes, they do. d) No, I'm not. e) I don't know. f) No, it isn't.
19
a) He usually gets up at about 6.15. b) He's usually in the office by 7.30. c) Normally he works in an office. d) Usually he just has a salad. e) She always takes the train.
20
a) How much b) How long c) How d) How far e) Who f) Where
22
1. Silbe: c), d), e), h); 2. Silbe: b), f), g); 3. Silbe: a)
23
bejahter Satz: b), d), f)
a) Don't make dinner! b) I like to start work early. c) I can't do my work. d) I like to have a salad or something light. e) It isn't my turn to make the coffee! f) „See you" is slang for „Goodbye".
24
true: a), b), e)
– My wife? Her name is Phyllis and she works for a company in San Diego, California. They make chemical products, but she works in an office – she's a secretary. I always take the bus to work and Phyllis takes the car. She picks me up after work. We usually have dinner at home and watch television. Sometimes I help Kevin – he's our son – with his home work. We never go to bed after 11:00; we have to get up early.
25
I work for a big company. (Rob) *Rob works for a big company.*
I know everyone at work. (Steve) *Steve knows everyone at work.*
They take the bus to work. (Sharon) *Sharon takes the bus to work.*
We sell computer software (she) *She sells computer software.*
They have their own business. (he) *He has his own business.*
I work in a lab. (my wife) *My wife works in a lab.*
26
Does Debbie work in a small company? – *Yes, she does.*
Does Jack have his own company? – *Yes, he does.*
Does Nina live in Freiburg? – *Yes, she does.*
Does the train take longer to Basel? – *Yes, it does.*
Do Debbie and Jack live in California? – *Yes, they do.*
Does Chris have a big apartment? – *Yes, he does.*
27
I get up at 6:00. (you) *Do you get up at 6:00?*
We live in Toronto. (they) *Do they live in Toronto?*
I have to make dinner. (you) *Do you have to make dinner?*
I always knock off at 5:00 (she) *Does she always knock off at 5:00?*
I usually have a salad. (he) *Does he usually have a salad?*
We take an hour lunch break. (she) *Does she take an hour lunch break?*
28
She has lunch early. (usually) *She usually has lunch early.*
We have breakfast at 9:00. (often) *We often have breakfast at 9:00.*
I start work at 8:00. (always) *I always start work at 8:00.*
She takes the train home. (usually) *She usually takes the train home.*
I have a lot of paper work. (always) *I always have a lot of paper work.*
They knock off at 5:00. (never) *They never knock off at 5:00.*
I work in a lab. (sometimes) *I sometimes work in a lab.*
I make dinner myself. (usually) *I usually make dinner myself.*
29
Do you work in an office, Wilson?
Do you like the company, Jill?
What do you do, Tom?
What kind of business do you have, Lynn?
What do you sell, Ed?
What does Ben do, Joan?
Unterhaltung
Do you work in a big company or a small company?
– *I work in a …*
What's the name of the company?
– *It's …*
Do you like it there?
– *Yes, I do. / No, I don't.*
When do you usually start work?
– *I usually start work at …*
When do you usually get off work?
– *I usually get off work at …*
Do you always watch television in the evening?
– *Yes, I do. / No, I don't.*

Lektion 5

1

◆ Good morning. Can I change euros here?
◆ No, I'm sorry. You have to go to our main office.
◆ Where is that?
◆ It's on Market Street.
◆ How far is that from here?
◆ Do you know where City Hall is?
◆ No, but I can find it.
◆ Are you driving?
◆ No, I'm not.
◆ Then you should take the bus. There's a bus stop down the street.
◆ And the bank is near City Hall?
◆ Yes. City Hall is on Market Street. The bank is about a block away.
◆ Could you show me on this map?
◆ Yes, it's right here.
◆ OK, thank you very much.
◆ You're welcome.

Übersetzung

◆ Guten Morgen. Kann ich hier Euros wechseln?
◆ Nein, tut mir Leid. Sie müssen zu unserer Zentrale gehen.
◆ Wo ist das?
◆ In der Market Street (Marktstraße).
◆ Wie weit ist das von hier?
◆ Wissen Sie, wo das Rathaus ist?
◆ Nein, aber ich kann es finden.
◆ Sind Sie mit dem Auto unterwegs?
◆ Nein(, bin ich nicht).
◆ Dann müssen Sie mit dem Bus fahren. Es gibt eine Haltestelle in dieser Straße.
◆ Und die Bank ist in der Nähe des Rathauses?
◆ Ja. Das Rathaus ist in der Market Street. Die Bank ist ungefähr einen Block weiter.
◆ Könnten Sie es mir auf diesem Plan zeigen?
◆ Ja, es ist gerade da.
◆ Gut, danke.
◆ Gern geschehen.

2

true: b), d), f)

3

a) Can b) have to c) is d) know e) can f) Are g) should h) show

4

How far is City Hall from here?
– It's about a block from here.
How far is the Rockefeller Bank from here?
– It's about three blocks from here.
How far is the bus stop from here?
– It's about a block from here.
How far is Spring Street from here?
– It's about five blocks from here.
How far is the Plaza Hotel from here?
– It's right over there.
How far is the supermarket from here?
– It's about 10 minutes from here.

5

◆ Excuse me, can you tell me *where* the bus stop is?
◆ Which one?
◆ I *want to* go to City Hall.
◆ Then you *want* the 17. It stops over there, in front of the *church*.
◆ Do you know where I *get off*?
◆ There's a stop at City Hall.
◆ Oh – one more thing. How much is the bus?
◆ A dollar twenty-five – and you *need* exact change.
◆ Thanks a lot.
◆ *Not at all.*

... later on Market Street:

◆ Excuse me, *can* you tell me where the Hamilton Bank is?
◆ Sorry, I'm not from here.

...

◆ Excuse me, I'm looking for the Hamilton Bank.
◆ It's about a block up on the *right*; you can't miss it. Where are you from?
◆ I'm from Munich.
◆ Oh, my wife and I *were* at the Oktoberfest two years ago. Munich is a beautiful city. How long are you here for?
◆ Three weeks.
◆ Well, have a good stay.
◆ Thanks. Bye.
◆ Bye.

Übersetzung

◆ Entschuldigen Sie, können Sie mir sagen, wo die Bushaltestelle ist?
◆ Welche?
◆ Ich will/möchte zum Rathaus (gehen).
◆ Dann müssen (wollen) Sie den 17er nehmen. Er hält dort drüben.
◆ Wissen Sie, wo ich aussteigen muss?
◆ Es gibt eine Haltestelle beim Rathaus.
◆ Danke. Oh – noch etwas. Was kostet eine Fahrkarte?
◆ Ein Dollar und fünfundzwanzig Cents – und Sie brauchen passendes Kleingeld.
◆ Vielen Dank.
◆ Nichts zu danken.

... später in der Market Street

◆ Entschuldigen Sie, können Sie mir sagen, wo die Hamilton Bank ist?

◆ Tut mir Leid, ich bin nicht von hier.
◆ Entschuldigen Sie, ich suche (gerade) die Hamilton Bank.
◆ Sie liegt über die nächste Querstraße auf der rechten Seite, Sie können sie nicht verfehlen. Woher kommen Sie?
◆ Ich bin aus München.
◆ Oh, meine Frau und ich waren vor zwei Jahren auf dem Oktoberfest. München ist eine schöne Stadt! Wie lange bleiben Sie?
◆ Drei Wochen.
◆ Na dann, einen schönen Aufenthalt!
◆ Danke. Tschüss.
◆ Tschüss.

6

erste Reaktion: b), e)
a) Excuse me, can you tell me where City Hall is? – Yes, it's down the street on the right. b) Excuse me, where does this bus go? – I'm sorry, I don't know. c) Do you know how much the bus is? – No, I don't. d) How long are you here for? – For about a week. e) Have a good stay! – Thanks a lot!

7

Excuse me, can you tell me where the bus stop is?
– It's about a block from here.
Excuse me, can you tell me where City Hall is?
– It's about four blocks from here.
Excuse me, can you tell me where the Hamilton Bank is?
– It's just down the street.
Excuse me, can you tell me where Penn Street is?
– It's the second street on the left.
Excuse me, can you tell me where a telephone is?
– There's one over there.
Excuse me, can you tell me where a supermarket is?
– There's one two block from here.

8

◆ Hi. Fill it up, please.
◆ Regular or super?
◆ Super, please. … Can you tell me how to get to I 95?
◆ Yeah. You go straight ahead until you come to the second traffic light.
◆ How far is that?
◆ About two miles. You take a right at the light and keep going until you come to an intersection. After the intersection you'll see signs for 95. You can't miss it.
◆ Thanks.
◆ That'll be $13.50.
◆ Here you are. Thanks a lot.
◆ Not at all. See you!

Übersetzung
◆ Hallo. Volltanken, bitte.
◆ Normal oder Super?
◆ Super, bitte. … Können Sie mir sagen, wie wir zur I 95 kommen?
◆ Ja. Sie fahren geradeaus, bis Sie zur zweiten Ampel kommen.
◆ Wie weit ist das?
◆ Ungefähr zwei Meilen. Sie biegen rechts an der Ampel ab und fahren weiter, bis Sie zu einer Kreuzung kommen. Nach der Kreuzung werden Sie Schilder für die 95 sehen. Sie können es nicht verfehlen.
◆ Danke.
◆ Das macht $13.50.
◆ Bitte schön. Vielen Dank.
◆ Nichts zu danken. Wiedersehen!

9

a) 2. b) 2. c) 3. d) 2. e) 1. f) 3.

10

a) Seven fifty. b) I'm sorry, I'm not from here. c) Yes, you can. d) Just two weeks. e) It's a block from here on the right. f) Yes, I am. g) Well, yes, I do.

11

Hi. Fill it up, please.
– Regular or super?
Super, please. … Can you tell me how to get to I 95?
– Yeah. You go straight ahead until you come to the traffic light.
Thanks a lot.
Hi. Fill it up, please.
– Regular or super?
Super, please. … Can you tell me how to get to Wall Street?
– Yeah. You keep going until you come to an intersection. Then you take a right.
Thanks a lot.
Hi. Fill it up, please.
– Regular or super?
Regular, please. … Can you tell me how to get to the Kennedy Center?
– Yeah. It's just down the street. You can't miss it.
Thanks a lot.
Hi. Fill it up, please.
– Regular or super?
Super, please. … Can you tell me how to get to the White House?
– Yeah. It's three blocks straight ahead.
Thanks a lot.
Hi. Fill it up, please.
– Regular or super?
Super, please. … Can you tell me how to get to 495?

– Yeah. You go straight ahead until you come to the third traffic light.
Thanks a lot.
Hi. Fill it up, please.
– Regular or super?
Regular, please. … Can you tell me how to get to 17?
– Yeah. Turn right at the first traffic light. It's about a mile straight ahead.
Thanks a lot.

12
wiederholte Handlung: a), d), e)

13
a) I am (I'm) looking b) have c) does d) is working e) takes g) see

14
a) can b) have to c) should d) could e) have to f) can't g) you should h) you'll

15
direkte Frage: a), d), f), g)

16
a) … where he works? b) … when she gets here? c) … what the new colleague's name is? d) … how long they will need? e) … when we have to get up?

17
1. Silbe: a), f), h); 2. Silbe: b), e); 3. Silbe: c) d), g)

18
a) cannot b) I'll c) don't d) I would e) She is f) mustn't g) would not

19
Bitte um Auskunft: a), c), e)
a) Can you tell me where the telephone is? b) There's a bus stop over there. c) Do you know where the museum is? d) I was in Berlin a year ago. e) I'm looking for the Holiday Inn Center City.

20

◆ Excuse me, can you tell me how to get to the train station?
◆ Yes, well, let me see … You go down this street to the first traffic light and turn left. Then you go over the bridge and – do you want the direct route or would you like to see something of the town – it's a very lovely town, you know.
◆ I do have a little time before I have to be there.
◆ Well then, you'll see a roundabout on your right once you're over the bridge. You go straight on to the bus stop. When you go past the bus stop you'll see the church. You go to the left of the church and on your left will be a kindergarten. If you keep on you'll see the museum on the hill. You turn right before you go up to the museum – there will be a park on you left. You go behind the hotel until you come to a supermarket. From there you'll see the station.
◆ Thank you very much.
◆ You're quite welcome – and have a good trip!
◆ Thank you.

21
Excuse me, can you tell me where City Hall is? (the bus stop)
Excuse me, can you tell me where *the bus stop* is? (the bank)
Excuse me, can you tell me where *the bank* is? (Market Street)
Excuse me, can you tell me where *Market Street* is? (the supermarket)
Excuse me, can you tell me where *the supermarket* is? (the Chelsea Hotel)
Excuse me, can you tell me where *the Chelsea Hotel* is? (the grocer's)
Excuse me, can you tell me where *the grocer's* is?

22
How far is City Hall?
How much is the bus?
How far is the first traffic light?
How much is the cab?
How much is gas here?

23
Go straight ahead until you come to an intersection. (traffic light)
Go straight ahead until you come to *a traffic light.* (the second traffic light)
Go straight ahead until you come to *the second traffic light.* (a gas station)
Go straight ahead until you come to *a gas station.* (Washington Street)
Go straight ahead until you come to *Washington Street.* (an intersection)

Go straight ahead until you come to *an intersection*.

Unterhaltung

Excuse me, I'm looking for Market Street.
– Market Street? Let me see. Are you driving?
Yes, I am.
– Do you know where the Continental Bank is?
No, I don't (know where it/that is).
– OK, you go straight ahead until you come to the second intersection; the Continental Bank is on the corner. You turn left there. Market Street is the … first, second, third street on the right.
Thank you/Thanks a lot. Goodbye/Bye.
– Bye.

Zwischentest Lektionen 1-5

1

a) 1. b) 1. c) 3. d) 1. e) 2. f) 1. g) 3. h) 3. i) 2. j) 3. k) 3. l) 3.

2

a) 're b) are – 'm c) Are – 'm not. d) 's e) 'm f) Is – isn't. g) Is –is

3

a) give b) have c) want d) take e) sign f) help g) like

4

a) 1. b) 3. c) 1. d) 2. e) 1. f) 3. g) 2. h) 2. i) 3. j) 1.

5

a) Don't b) Isn't c) Doesn't d) Can't e) Doesn't f) Don't g) Haven't

6

a) Yes, I do, at 6.30. b) I think he lives in San Francisco. c) No, he can't. d) At 6.00. e) No, she doesn't. f) Yes, it is. g) He looks after their daughter.

7

richtig: a), b), c), d), e), g)

8

a) see each other b) take c) start work d) depends e) mean f) does g) sell h) live together

9

a) 1. b) 1. c) 1. d) 2. e) 1. f) 1. g) 2.

Lektion 6

1

◆ Hi, honey, it's me.
◆ Hi. What's up?
◆ Not much. What *are you doing*?
◆ *I'm making* dinner. Where are you?
◆ I'm still at the office. *I'm waiting* for a client.
◆ When will you be home?
◆ I don't know. It depends on when *he comes*. What *are the kids doing*?
◆ *Kevin's outside playing* with Timmy and *Colleen's upstairs doing* her homework.
◆ Did you get a babysitter?
◆ Yes, *she's coming* at 7:30.
◆ Oh, I have to go; my *client is coming*. See you later.
◆ OK, bye. Skip – wait a minute! Could you pick up milk on your way home?
◆ OK, bye.

Übersetzung

◆ Hallo, Schatz, ich bin's.
◆ Hallo. Was gibt's?
◆ Nicht viel. Was machst du gerade?
◆ Ich mache Abendessen. Wo bist du denn?
◆ Ich bin noch im Büro. Ich warte auf einen Kunden.
◆ Wann kommst du nach Hause?
◆ Ich weiß es nicht. Es kommt darauf an, wann er kommt. Was machen die Kinder?
◆ Kevin ist draußen und spielt mit Timmy und Colleen ist oben und macht ihre Hausaufgaben.
◆ Hast du einen Babysitter bekommen?
◆ Ja, sie kommt um halb acht.
◆ Oh, ich muss Schluss machen (ich muss gehen); da kommt mein Kunde. Bis später.
◆ OK, tschüss. Skip – (warte) einen Moment. Könntest du auf dem Heimweg Milch mitbringen?
◆ OK, tschüss.

2

a) Skip's waiting for a client. b) Judy's making dinner. c) Kevin's playing outside with Timmy. d) Colleen's upstairs doing her homework. e) The client's arriving at Skip's office. f) The babysitter's coming at 7:30. g) You're learning English.

3

Verlauf: a), b), c), d), f), g)

4

a) Tony is waiting for a bus. b) Susi is picking up a friend. c) Barry is making a telephone call. d) John is taking a picture. e) Gwyneth and Tom are sharing a taxi. f) Lynn and George are playing. g) Samantha is asking the way. h) Steve is leaving the hotel.

5

What are you doing?
– *I'm making dinner.*
What are you doing?
– *I'm getting dressed.*

What are you doing?
– *I'm having breakfast.*
What are you doing?
– *I'm watching the news.*
What are you doing?
– *I'm taking a break.*
What are you doing?
– *I'm driving to work.*

6

What is Kevin doing?
– *He's playing with Timmy.*
What is Colleen doing?
– *She's doing her homework.*
What is Jenny doing?
– *She's making coffee.*
What is Matt doing?
– *He's watching TV.*
What is Nancy doing?
– *She's taking a nap.*
What is Kim doing?
– *She's doing her aerobics.*

7

a) go to university b) live on/off campus c) take classes d) look for a job e) major in French f) share an apartment g) get your master's (degree) h) have an interview

8

◆ Hi, Michelle, *how's it going*?
◆ Good, I'm on spring break. How about you?
◆ Working hard! So, you're still in college?
◆ Yeah, *I'm getting* my master's.
◆ What *are you studying*?
◆ At the moment *I'm taking* history classes, but I'm majoring in French.
◆ How come you're taking history classes then?
◆ History is my minor.
◆ Where *are you going* to school?
◆ I'm going to the University of Wisconsin.
◆ *Are you living* on or off campus?
◆ Off campus.
◆ Are you living alone?
◆ No, *I'm sharing* an apartment with a friend.
◆ When will you be finished?
◆ *I have* one more semester. *I'm starting* to look for a job now.
◆ How's it going?
◆ Pretty good. *I have* two interviews next week.
◆ Good luck!
◆ Thanks, I can use it.

Übersetzung

◆ Tag, Michelle, wie geht's?
◆ Gut, ich habe Semesterferien (Frühjahrsferien). Und (wie ist es mit) dir?
◆ Viel Arbeit (Ich arbeite hart/viel)! Du bist also noch an der Uni?
◆ Ja, ich mache meinen Magister.
◆ Was studierst du?
◆ Im Moment besuche ich Geschichtsvorlesungen, aber mein Hauptfach ist Französisch.
◆ Warum besuchst du dann Vorlesungen in Geschichte?
◆ Geschichte ist mein Nebenfach.
◆ Wo studierst du (gehst du zur Uni)?
◆ An der Universität von Wisconsin.
◆ Wohnst du in einem Studentenwohnheim oder privat?
◆ Privat.
◆ Wohnst du allein?
◆ Nein, ich teile eine Wohnung mit einer Freundin/einem Freund.
◆ Wann wirst du fertig sein?
◆ Ich habe noch ein Semester. Ich fange jetzt an, einen Job zu suchen.
◆ Wie läuft es?
◆ Ganz gut. Nächste Woche habe ich zwei Vorstellungsgespräche.
◆ Viel Glück!
◆ Danke, das kann ich gebrauchen.

9

erste Antwort: a), b), d)
a) How's it going? – Quite well, and you? b) Are you still in college? – Yes, I am. c) What are you studying? – My main subject is business administration. d) Are you living on campus? – Yes, I am. e) When will you be finished college? – I have two more terms.

10

a) majoring b) have c) taking d) get e) share f) starting g) has h) goes

11

Where are you living?
– *I'm living in Long Beach.*
Where are you going to school?
– *I'm going to UCLA.*
Where are you living?
– *I'm living in Madison.*
Where are you going to school?
– *I'm going to the University of Wisconsin.*
Where are you living?
– *I'm living on campus.*
Where are you going to school?
– *I'm going to the University of Virginia.*
Where are you living?
– *I'm living in Boston.*
Where are you going to school?
– *I'm going to Harvard University.*
Where are you living?
– *I'm living in Atlanta.*
Where are you going to school?
– *I'm going to Emory University.*

12
Are you living on campus?
– *No, I'm not. I'm living off campus.*
Are you living in Chicago?
– *Yes, I am.*
Are you living at home?
– *Yes, I am.*
Are you living in New York?
– *No, I'm not. I'm living in Washington.*
Are you living with your daughter?
– *Yes, I am.*
Are you living alone?
– *No, I'm not. I'm living with a friend.*

13
a) 1. b) 2. c) 1. d) 2. e) 1.

14
Gegenwart: *how's it going?*; *I'm calling*
Übersetzung
- ◆ Hi, Ellen, wie geht's?
- ◆ Hallo Peg. Gut, und selbst?
- ◆ Sehr gut. Du, warum ich anrufe: Was macht ihr dieses Wochenende?
- ◆ Ich weiß es nicht, warum?
- ◆ Dennis und ich fahren an die Küste. Wollt ihr mitkommen?
- ◆ Liebend gern, aber ich muss Bob fragen. Ich glaube, seine Mutter kommt.
- ◆ Fantastisch – sie kann bei den Kindern bleiben.
- ◆ Das ist nicht der Grund, weswegen sie kommt.
- ◆ Na, jetzt schon!
- ◆ Wohin fahrt ihr?
- ◆ Nach Ocean City.
- ◆ Übernachtet ihr im Hotel?
- ◆ Nein, wir mieten ein Haus für die Woche.
- ◆ Klingt toll! Wann fahrt ihr los?
- ◆ Freitag Abend nach der Arbeit.
- ◆ Lass mich Bob anrufen und ich melde mich gleich wieder bei dir.
- ◆ OK, tschüss.

15
What are you doing this weekend?
– *I'm staying home.*
What are you doing this weekend?
– *I'm going to Miami.*
What are you doing this weekend?
– *I'm working.*
What are you doing this weekend?
– *I'm going to the shore.*
What are you doing this weekend?
– *I'm staying with the kids.*
What are you doing this weekend?
– *I'm leaving for the United States.*

16
What is Rachel doing tomorrow?
– *She's working.*
What is Barry doing on Saturday?
– *He's helping me at work.*
What is Barbara doing tomorrow?
– *She's driving to the shore.*
What is Howard doing on Saturday?
– *He's staying home.*
What is Becky doing tomorrow?
– *She's going on vacation.*
What is Mark doing on Saturday?
– *He's making dinner for friends.*

17
Gegenwart: a), c), d), g)

18
a) are b) is c) Is d) are e) is f) aren't g) Are h) are

19
a) is working (*oder:* 's working) b) is taking care of (*oder:* 's taking care) c) Are … waiting d) Are … going e) are … doing f) Are … making dinner g) Is … coming h) Isn't … studying

20
a) Don't b) Are c) isn't d) does e) Are f) is g) Are h) Doesn't

21
a) In St. Paul. b) No, I'm not. c) Yes, he is. d) No, she isn't. e) Next month. f) Yes, we are.

22
a) When are you going to start looking for a job? b) Are you taking an English class next semester? c) Do you know when she's leaving for London? d) We're going to the shore this weekend, I think. e) Do you think her colleagues are coming, too?

23
take a a) nap b) class c) trip d) walk e) break f) test g) picture h) drive

24
Lösungsvorschlag:
summer holiday: swimming, diving, cycling/riding a bike, …
summer and winter holiday: walking, hiking, …
winter holiday: skiing, ice skating, snow boarding, …

25
2. Silbe: e), g)

26
who, very, whole, write

27
wiederholte Handlung: b), c), e)
a) I'm making lunch. b) She drives to work. c) We get up at 7:15. d) I'm looking for Locust Street. e) The bus stops at *that* bus stop. f) I'm typing a letter to a friend.

28
Gegenwart: c), e), f)

a) I'm going to the mountains on Tuesday. b) A client is coming at 7. c) She's looking for her secretary. d) They're going to a party tonight. e) I'm waiting for a client. f) We're having breakfast.

29

a) Tony *is working* at the shore. b) He *usually works* alone. c) Tony *normally takes* college classes. d) He *is living* with friends.

– Hi, my name's Tony. I live in Philadelphia, Pennsylvania. I usually work there, too, but now I'm working at the shore for the summer. I drive a taxi in Philadelphia but at the moment I'm working in a restaurant. I like that because I don't work alone. In Philadelphia I take classes at Temple University but I'm not taking any classes this summer. I have my own apartment in Philadelphia but here at the shore I'm living with a couple of friends who work at the restaurant.

30

I work for a big company.
– *I'm working for a big company.*
She works hard.
– *She's working hard.*
They take the bus to work.
– *They're taking the bus to work.*
He goes to school.
– *He's going to school.*
My mother stays with the kids.
– *My mother's staying with the kids.*
I work in a lab.
– *I'm working in a lab.*

31

Are you waiting for Cynthia? – *Yes, I am.*
Is he working for Brian? – *Yes, he is.*
Are you living with Todd? – *Yes, I am.*
Are they coming tonight? – *Yes, they are.*
Are we going with them? – *Yes, we are.*
Is she renting a house? – *Yes, she is.*

32

I'm working for a small company. (you) *Are you working for a small company?*
We're living in an apartment. (they) *Are they living in an apartment?*
I'm making dinner. (you) *Are you making dinner?*
I'm leaving at 5 o'clock. (she) *Is she leaving at 5 o'clock?*
I'm having a salad. (he) *Is he having a salad?*
We are taking the train to the shore. (you) *Are you taking the train to the shore?*

33

Are you living here now(, Bruce)?
Are you staying in a hotel(, Robin)?
What are you doing here in Europe(, Nan)?
Are you renting a house(, Otis)?
Where are you working (now)(, Eileen)?
Are you waiting for Rosemary(, Gary)?

Unterhaltung

Hi, I'm doing my homework in Italian. What are you doing?
– *I'm doing my homework in English.*
What else are you doing; are you eating?
– *Yes, I am. / No, I'm not.*
Are you watching television?
– *Yes, I am. / No, I'm not.*
Are you studying inside or outside?
– *I'm studying inside/outside.*
Are you at home or at work?
– *I'm at home/at work.*
Do you like English? I hope so!
– *Yes, I do. / No, I don't.*
Well, I have to run. See you later!
– *Bye. / See you later.*

Lektion 7

1

is – was; do – did; get up – got up; go – went; stay – stayed; buy – bought; are – were; make – made

2

◆ How was your weekend?
◆ Good. We went to the mountains.
◆ Oh yeah? Where did you go?
◆ To Lake Wauanpaupak.
◆ When did you go?
◆ We got up early on Saturday morning.
◆ Was there a lot of traffic?
◆ No, it wasn't too bad. We made it in about two hours.
◆ You're kidding?! What – did you fly?
◆ No, there just wasn't a lot of traffic.
◆ Where did you stay?
◆ We stayed at my brother's. He bought a house there a couple of years ago. We were there last year.
◆ How was the weather?
◆ Saturday was nice but Sunday was a little cloudy. How about you? What did you do?

Übersetzung

◆ Wie war dein Wochenende?
◆ Schön. Wir sind in die Berge gefahren.
◆ Ach ja? Wo seid ihr hingefahren?
◆ Zum Wauanpaupaksee.
◆ Wann seid ihr gefahren?
◆ Wir sind Samstag früh aufgestanden.
◆ Gab es viel Verkehr?
◆ Nein, es war nicht so schlimm. Wir haben es in zwei Stunden geschafft.

- ◆ Im Ernst (Du scherzst)?! Was – seid ihr geflogen?
- ◆ Nein, es gab einfach nicht viel Verkehr.
- ◆ Wo habt ihr übernachtet?
- ◆ Wir haben bei meinem Bruder übernachtet. Er hat vor ein paar Jahren ein Haus dort gekauft. Wir waren letztes Jahr dort.
- ◆ Wie war das Wetter?
- ◆ Am Samstag war es schön, aber am Sonntag war's ein bisschen bewölkt. Und wie ist es mit dir? Was hast du gemacht?

3

true: b), c), f)

4

a) got up b) Was c) made d) stayed e) bought f) Did g) went h) didn't (*oder:* did not)

5

Where did you go?
– *I went to the mountains.*
Where did you go?
– *I went to the shore.*
Where did you go?
– *I went to a hotel.*
Where did you go?
– *I went to my mother's.*
Where did you go?
– *I went to the office.*
Where did you go?
– *I went home.*

6

Did you go to the office?
– *Yes, I did.*
Did you go to the mountains?
– *No, I didn't. I went to the shore.*
Did you go to a hotel?
– *Yes, I did.*
Did you go to your parents'?
– *No, I didn't. I went to my brother's.*
Did you go to the mountains?
– *Yes, I did.*
Did you go to the office?
– *No, I didn't. I went home.*

7

Was there a lot of traffic?
– *No, there wasn't.*
Was the hotel OK?
– *Yes, it was.*
Was the weather good?
– *No, it wasn't.*
Was the house big?
– *Yes, it was.*
Were you there last year?
– *Yes, we were.*
Was it a nice weekend?
– *Yes, it was.*

8

check in – leave on time – work on the flight – arrive ahead of schedule – get through customs in record time – take a taxi from the airport – have a meeting

9

a) was b) left c) got d) took e) get f) talk g) had h) could

Übersetzung

- ◆ Morgen, Alice. Wie war Ihre Reise?
- ◆ Nicht schlecht. Der Flug startete pünktlich und wir sind eine halbe Stunde früher als geplant (dem Fahrplan voraus) angekommen.
- ◆ Wie war's am Zoll?
- ◆ Kein Problem. Ich bin in Rekordzeit durchgekommen.
- ◆ Hat Jack Sie am Flughafen abgeholt?
- ◆ Nein(, hat er nicht). Er war in einer Besprechung, also habe ich ein Taxi genommen.
- ◆ Um wie viel Uhr sind Sie im Büro angekommen?
- ◆ Um 10.30 Uhr. Jack war da mit seiner Besprechung fertig.
- ◆ Haben Sie mit Tom Sanderson gesprochen?
- ◆ Nein, er war in Urlaub, aber wir haben mit Pete Mendez zu Mittag gegessen.
- ◆ Konnte er Ihnen bei unserem Problem helfen?
- ◆ Ja(, konnte er). Gehen wir in mein Büro; ich erzähle Ihnen, was wir ausgearbeitet haben.

10

erste Reaktion: a), c), d)

a) Did your flight leave on time? – Yes, it did. b) Did you arrive on schedule? – Yes, I did. c) Did your colleague pick you up at the airport? – No, she didn't. d) Was Morris on holiday? – Yes, he was. e) Could Susan help you with your problem? – No, she couldn't.

11

Did you talk to Sam Costello?
– *No, I didn't.*
Did you see Henry Yoo?
– *Yes, I did.*
Did you talk to Laura Galinski?
– *No, I didn't.*
Did you see Dolores Castro?
– *Yes, I did.*
Did you see Mary O'Donnell?
– *Yes, I did.*
Did you talk to Ed Leblanc?
– *No, I didn't.*

12

Did Wilson pick you up?
– *No, he didn't. I took a cab.*
Did Anita take you to lunch?

– *Yes, she did.*
Did Don go with you?
– *Yes, he did.*
Did Anita talk about the problem with her son?
– *Yes, she did.*
Did you take a cab to the airport?
– *No, I didn't. Don drove me.*
Did you have a good trip?
– *Yes, I did.*

13

a) cook b) go out to eat c) go swimming d) ride bicycles e) go jogging f) go to the beach g) write a letter h) relax on the patio

14

◆ Hi, Eileen. It's me. How was your vacation? Did everything go alright?
◆ Oh, yeah. It was great! You wouldn't believe how much fun we had!
◆ So tell me about it! What did you do? How was the house?
◆ The house was fine. We could have used another bedroom, but that was OK.
◆ Did you cook?
◆ Sometimes, and sometimes Fran did. But usually we went out to eat.
◆ That's what I call a vacation! What did the kids do?
◆ Well, they went swimming a lot, of course. And we took their bicycles, so they rode them around the island.
◆ How about Fran?
◆ He went golfing a couple of times, he went jogging almost every day and he usually went to the beach with the kids.
◆ And what did *you* do?
◆ Well, with the kids off playing, I had time to myself. Sometimes I just sat on the patio and wrote letters or read or just relaxed with a glass of iced tea.
◆ Sounds like heaven!
◆ It was!

Übersetzung

◆ Hallo, Eileen. Ich bin's. Wie war dein Urlaub? Ist alles gut gegangen?
◆ Oh, ja. Es war super! Du glaubst nicht, wie viel Spaß wir hatten!
◆ Erzähl! Was habt ihr gemacht? Wie war das Haus?
◆ Das Haus war in Ordnung. Wir hätten noch ein (Schlaf-)Zimmer gebrauchen können, aber es war OK
◆ Hast du gekocht?
◆ Manchmal ich und manchmal (hat) Fran (gekocht). Aber meistens sind wir essen gegangen.
◆ Das nenne ich Urlaub! Was haben die Kinder gemacht?
◆ Na, die sind oft zum Schwimmen gegangen, natürlich. Und wir haben ihre Fahrräder mitgenommen, also sind sie (damit) um die Insel gefahren.
◆ Und Fran?
◆ Er ist einige Male zum Golfen gegangen, ist fast jeden Tag gejoggt und meistens mit den Kindern zum Strand gegangen.
◆ Und was hast *du* gemacht?
◆ Also, während die Kinder draußen spielten, hatte ich Zeit für mich. Manchmal saß ich nur auf der Terrasse und habe Briefe geschrieben oder gelesen oder bloß bei einem Glas Eistee relaxt.
◆ Klingt traumhaft!
◆ Das war es auch!

15

a) Eileen, Fran; b) Eileen, Fran, the kids; c) the kids; d) the kids; e) Fran; f) Fran; g) Fran, the kids; h) Eileen; i) Eileen; l) Eileen; m) Eileen

16

a) did b) cooked c) went d) had e) sat, wrote f) left g) went h) rode

17

a) husband – wife b) father – mother c) son – daughter d) sister – brother e) grandfather – grandmother f) cousin – cousin g) aunt – uncle h) nephew – niece i) sister-in-law – brother-in-law

18

What did Brad do?
– *He went swimming.*
What did Bobbi do?
– *She read.*
What did Pam do?
– *She relaxed.*
What did Melissa do?
– *She wrote a letter.*
What did Ned do?
– *He went golfing.*
What did Bill do?
– *He rode his bicycle.*

19

a) played b) stayed c) lived d) worked e) studied f) talked g) arrived h) picked / up

20

a) play b) relax c) ride d) help e) find f) speak

21

a) flew, was b) drove c) got up, could d) wrote e) did f) sat g) took h) went

22

a) I didn't say anything. b) Yes, there were. c) No, I didn't. d) Yes, they did. e) I don't know. f) I couldn't; there was no kitchen. g) Great!

23
Sandra went hiking.
Tony went ice skating.
Neal went bicycling.
Janine went bowling.
Laura went skiing.
Perry went horseback riding.
Rick went fishing.
Melissa went scuba diving.

24
a) cab b) lap c) job d) said e) bat f) bed g) got h) had i) hard j) back k) big l) jog

25
zwei Silben: h)

26
Gegenwart: a), c), d), e)
a) I'm studying Spanish. b) We worked until 7:30. c) She lives in a small apartment in the city. d) She's a colleague from work. e) He doesn't know her. f) The train took a half an hour.

27
regelmäßig: b), e)
a) They made dinner. b) I started work early. c) I came around 9:15. d) We had dinner at their place. e) She arrived with her husband. f) Daryl drove to the grocer's.

28
a) Dialog 3 b) Dialog 2 c) Dialog 1
Dialog 1 (Sam)
After work I went out to eat with a couple of friends. After that we went to the movies. Karen wanted to go to a bar for a drink after the movies, but I was too tired, so I went home.
Dialog 2 (Jane)
Well, we flew to Miami and got the ship there. We spent a week sailing around the Caribbean. We stopped in Puerto Rico, St. Thomas and Guadeloupe. It was fantastic!
Dialog 3 (Jesse)
Oh, I didn't do much. I had to get up early on Saturday morning and pick up a friend at the airport. On Saturday afternoon I went to the office for a couple of hours. On Sunday I drove to my girlfriend's. We had dinner at home and I went to bed early Sunday night. That's about it!

29
He's in a meeting. *He was in a meeting.*
It's a good trip. *It was a good trip.*
They're at work. *They were at work.*
There is a lot of traffic. *There was a lot of traffic.*
We're at his brother's. *We were at his brother's.*
The weather is good. *The weather was good.*

30
I work for a big company. *I worked for a big company.*
She picks me up at 5. *She picked me up at 5.*
We live in Detroit. *We lived in Detroit.*
He talks to him a lot. *He talked to him a lot.*
We stay at my sister's. *We stayed at my sister's.*
They help at the office. *They helped at the office.*

31
I drive to the lake. *I drove to the lake.*
I get up early. *I got up early.*
They take the bus to work. *They took the bus to work.*
She has a meeting with us. *She had a meeting with us.*
We fly to Europe. *We flew to Europe.*
He makes dinner. *He made dinner.*

32
Did Angie go to work yesterday?
– *Yes, she did.*
Did she have a meeting? – *Yes, she did.*
Did Larry go to the University of Freiburg?
– *Yes, he did.*
Did the train take five hours? – *Yes, it did.*
Did Pam and Joe drive to the mountains?
– *Yes, they did.*
Did we get the milk? – *Yes, we did.*

33
I got up at 6:00. (you) *Did you get up at 6:00?*
We lived in Colorado. (they) *Did they live in Colorado?*
I had to make dinner. (you) *Did you have to make dinner?*
I knocked off at 5:00. (she) *Did she knock off at 5:00?*
I had a salad. (he) *Did he have a salad?*
We took an hour lunch break. (she) *Did she take an hour lunch break?*

Unterhaltung
How was your weekend?
– *Good. We went to the mountains.*
Did you drive?
– *Yes, I did.*
Was there a lot of traffic?
– *No, we made it in an hour.*
Where did you stay?
– *I stayed at a small/little hotel.*
Did you like it there?
– *Yes, I did.*
What did you do at the mountains?
– *I went swimming and played tennis.*
When did you get home?
– *I got home last night. How was your weekend?*

Lektion 8

1

- ◆ Downtown Tavern, good *afternoon*.
- ◆ Hello. I'd like to make a reservation for *tonight*.
- ◆ For how many *people*?
- ◆ For two.
- ◆ At what time?
- ◆ Eight o'clock.
- ◆ And what's *the name*, please?
- ◆ Thomaszewski.
- ◆ Could you *spell* that, please?
- ◆ *T-h-o-m-a-s-z-e-w-s-k-i.*
- ◆ OK, Mr. Thomaszewski, you're all set. *We'll* see you tonight.
- ◆ Thank you.
- ◆ *You're welcome.*

Übersetzung:

- ◆ Downtown Tavern, guten Tag.
- ◆ Hallo. Ich hätte gern für heute Abend einen Tisch reserviert.
- ◆ Für wie viele Personen?
- ◆ Für zwei.
- ◆ Um wie viel Uhr?
- ◆ Acht Uhr.
- ◆ Und wie ist der Name?
- ◆ Thomaszewski.
- ◆ Könnten Sie ihn bitte buchstabieren?
- ◆ T-h-o-m-a-s-z-e-w-s-k-i.
- ◆ OK, Mister Thomaszewski, geht in Ordnung (Sie sind notiert). Wir sehen Sie heute Abend.
- ◆ Danke schön.
- ◆ Keine Ursache.

2

g) greet the caller b) make a reservation i) ask questions a) give answers e) ask someone to do something h) spell the name c) confirm the reservation f) thank someone d) react to the thank-you

3

d)

5

What's your name, please?
– *Thomaszewski* .
Could you spell that, please?
– *T-h-o-m-a-s-z-e-w-s-k-i.*
What's your name, please?
– *Caiazza.*
Could you spell that, please?
– *C-a-i-a-z-z-a.*
What's your name, please?
– *Lloyd.*
Could you spell that, please?
– *L-l-o-y-d.*
What's your name, please?
– *Worthington.*
Could you spell that, please?
– *W-o-r-t-h-i-n-g-t-o-n.*
What's your name, please?
– *Knudsen.*
Could you spell that, please?
– *K-n-u-d-s-e-n.*
What's your name, please?
– *Pfaffner.*
Could you spell that, please?
– *P-f-a-f-f-n-e-r.*

6

hostess: a), d), e); waiter: f), h), i); Stan: b), c), g)

- ◆ Good evening, we have a reservation.
- ◆ What's the name?
- ◆ Thomaszewski.
- ◆ Yes, Mr. Thomaszewski. Come with me, please.

...

- ◆ There you go. Here are your menus. Your waiter'll be right with you.

...

- ◆ So, good evening. My name's Henry. I'll be your waiter tonight. Are you ready to order?
- ◆ No, I think we need a couple of minutes.
- ◆ Can I take your drink order?
- ◆ I'll have a beer. What kind do you have?
- ◆ I have Budweiser and Heineken on tap.
- ◆ I'll have a Bud.
- ◆ And I'll have a glass of rosé. What kind do you have?
- ◆ We have a Mondavi and a Glen Ellen.
- ◆ I'll have the Mondavi.
- ◆ Thank you.

Übersetzung:

- ◆ Guten Abend. Wir haben einen Tisch reserviert.
- ◆ Wie ist der Name?
- ◆ Thomaszewski.
- ◆ Ja, Herr Thomaszewski. Wenn Sie bitte mitkommen wollen.

...

- ◆ Hier ist Ihr Tisch. Hier sind Ihre Speisekarten. Ihr Kellner kommt gleich (wird gleich bei Ihnen sein).

...

- ◆ Guten Abend. Mein Name ist Henry. Ich bin heute Abend Ihr Kellner. Wollen Sie schon etwas bestellen? (Sind Sie bereit zu bestellen?)
- ◆ Nein, ich glaube, wir brauchen noch ein paar Minuten.
- ◆ Wissen Sie schon, was Sie trinken wollen? (Kann ich Ihre Getränke-Bestellungen nehmen?)
- ◆ Ich nehme ein Bier. Was für eins haben

Sie? (Welche Sorte haben Sie?)
- ◆ Ich habe Budweiser und Heineken vom Fass.
- ◆ Ich nehme ein Bud(weiser).
- ◆ Und ich nehme ein Glas Rosé. Was für einen haben Sie?
- ◆ Wir haben einen Mondavi und einen Glen Ellen.
- ◆ Ich nehme den Mondavi.
- ◆ Danke schön.

7

erste Antwort: a), b)

a) Do you have a reservation? – Yes, we do. b) Are you ready to order? – Yes, I think so. c) Can I get you something to drink? – Yes, I'll have a glass of white wine. d) What kind of white wine do you have? – I've got an Italian one and a French one. e) And you, Sir: what would you like to drink? – I'd like a beer. What do you have on tap?

8

a) 2. b) 1. c) 3. d) 2. e) 1. f) 3.

9

Are you ready to order?
– I think we need a couple of minutes.
Can I take your drink order?
– I'll have a beer.
Are you ready to order?
– I think we need a couple of minutes.
Can I take your drink order?
– I'll have a glass of rosé.
Are you ready to order?
– I think we need a couple of minutes.
Can I take your drink order?
– I'll have a whiskey.
Are you ready to order?
– I think we need a couple of minutes.
Can I take your drink order?
– I'll have a Perrier.
Are you ready to order?
– I think we need a couple of minutes.
Can I take your drink order?
– I'll have an iced tea.
Are you ready to order?
– I think we need a couple of minutes.
Can I take your drink order?
– I'll have a milk shake.

10

Starters: soup of the day, salad, shrimp cocktail
Main course: chicken, fish, seafood platter, sirloin steak, pasta of the day, pork
Side dishes: salad, vegetables, rice, French fries, baked potato
Desserts: ice cream, fruit salad, carrot cake, apple pie
Beverages: iced tea, beer, coffee, red/white wine

11

- ◆ What are you going to have?
- ◆ I'm not sure. I'm thinking about the chicken in white wine sauce. What about you?
- ◆ I'm going to have the lobster.
- ◆ That sounds good. So does the veal. I think I'll have that.
- ◆ Are you going to have an appetizer?
- ◆ Yeah, I think I'll have the onion soup. And you?
- ◆ I'm going to have the shrimp cocktail.

Übersetzung:
- ◆ Was nimmst du?
- ◆ Ich bin mir nicht sicher. Ich überlege mir, ob ich das Huhn in Weißweinsauce nehme. Und du? (Wie ist es mit dir?)
- ◆ Ich werde den Hummer nehmen.
- ◆ Das klingt gut. Das Kalb auch. Ich glaube, ich nehme das.
- ◆ Nimmst du eine Vorspeise?
- ◆ Ja, ich glaube, ich nehme die Zwiebelsuppe. Und du?
- ◆ Ich werde den Krabbencocktail nehmen.

12

- ◆ So, the rosé for you and the beer for you. Are you ready to order now?
- ◆ Yes, I think so. Barbara …
- ◆ I'll have the French onion soup and the veal piccata.
- ◆ What vegetable would you like?
- ◆ I'll take the green beans.
- ◆ And what kind of dressing would you like on your salad?
- ◆ Blue cheese, please.
- ◆ And you, sir?
- ◆ I'll have the shrimp cocktail and the lobster.
- ◆ And your vegetable?
- ◆ I'll have peas, please.
- ◆ And on your salad?
- ◆ Just oil and vinegar.
- ◆ Can I get you another beer?
- ◆ I think we'll try a bottle of your California Chardonnay.

…
- ◆ Are you going to have dessert? We have carrot cake and peanut butter pie today.
- ◆ No, thank you. Just coffee, please.

Übersetzung:
- ◆ So, den Rosé für Sie und das Bier für Sie. Möchten Sie jetzt bestellen?
- ◆ Ich glaube ja. Barbara …
- ◆ Ich nehme die französische Zwiebelsuppe und das Kalbfleisch „Piccata".
- ◆ Was für ein Gemüse möchten Sie?
- ◆ Ich nehme die grünen Bohnen.
- ◆ Und welches Dressing möchten Sie für (auf) Ihren Salat?

◆ Das Roquefort-Dressing (Blauschimmelkäse), bitte.
◆ Und Sie, mein Herr?
◆ Ich nehme den Krabbencocktail und den Hummer.
◆ Und was für Gemüse?
◆ Ich nehme Erbsen, bitte.
◆ Und was für ein Dressing (auf Ihrem Salat)?
◆ Nur Essig und Öl.
◆ Darf ich Ihnen noch ein Bier bringen?
◆ Ich glaube, wir probieren eine Flasche Ihres kalifornischen Chardonnays.
...
◆ Möchten Sie einen Nachtisch? Wir haben heute Karottenkuchen und Erdnussbutter-„Pie“.
◆ Nein, danke. Nur Kaffee, bitte.

13
Barbara: *soup, veal, green beans, beer*
Stan: *lobster, shrimp cocktail, peas*
Stan und Barbara: *salad, coffee, wine*
weder Barbara noch Stan: *chicken, cheese, carrots, pie, cake, iced tea*

14
Guest: b), e), f), g), j)

15
What are you going to have?
– *I'm going to have the lobster.*
What are you going to have?
– *I'm going to have the vegetable salad.*
What are you going to have?
– *I'm going to have the French onion soup.*
What are you going to have?
– *I'm going to have the shrimp cocktail.*
What are you going to have?
– *I'm going to have the chicken.*
What are you going to have?
– *I'm going to have the veal piccata.*

16
What kind of dressing would you like on your salad?
– *I'll have the blue cheese dressing.*
What kind of dressing would you like on your salad?
– *I'll have the French dressing.*
What kind of dressing would you like on your salad?
– *I'll have the thousand island dressing.*
What kind of dressing would you like on your salad?
– *I'll have the oil and vinegar.*
What kind of dressing would you like on your salad?
– *I'll have the Russian dressing.*
What kind of dressing would you like on your salad?
– *I'll have the Italian dressing.*

17
a) Yes, I will. b) I don't know. c) At about eight. d) No, thank you. e) A glass of wine, please. f) At my parents'.

18
Larry: g), Keith: e), Irene: a), Heather: b), Neil: d), Barry: f), Ursula: h), Wendy: c)

19
spontane Entscheidung: a), c), e), g)

20
a) 'll, b) 's, 'm, c) 're, 's, d) 'd, e) 'll, 's

21
a) plate, b) knife, fork and spoon, c) napkin, d) apple pie, e) seafood platter, f) a bowl of vegetable soup, g) rice, h) pasta

22
1. Silbe: alle

23
spontane Entscheidung: c), e), f)
a) We're going to the shore this weekend. b) I like to start work early. c) I think I'll play some golf. d) I like to have something light for lunch. e) I think I'll make some coffee. Who wants some? f) I think I'll go home now.

24
a) 2. b) 3. c) 1. d) 1. e) 2. f) 3.
○ Good evening. My name's Trish. I'll be your waitress tonight. Are you ready to order?
□ No, I think we need a couple of minutes.
○ Can I take your drink order?
□ Yes, Julie ...
– I'll have a glass of white wine.
□ I'll have a beer.
○ I have Budweiser and Beck's on tap.
□ I'll have a Beck's.
○ Thank you.
...
□ What are you going to have, Julie?
– I'm not sure. I'm thinking about the surf 'n turf. What about you?
□ I'm going to have the steak.
– That sounds good. So does the chicken. I think I'll have that.
□ Are you going to have an appetizer?
– Yes, I think I'll have the vegetable soup. And you?
□ I'm going to have the shrimp cocktail. Shall we try a bottle of red wine with dinner?
– That sounds good.
...
○ So, are you ready to order now?
□ Yes, I think so. Julie ...
– I'll have the vegetable soup and the chicken Parmesan.

○ What vegetable would you like?
– I'll take a salad.
○ And what kind of dressing would you like on it?
– Just a little oil and vinegar, please.

25

Did Julie have red wine first?
– *No, she didn't. She had white wine.*
Did she have soup as an appetizer?
– *Yes, she did.*
Did she have steak for dinner?
– *No, she didn't. She had chicken.*
Did she have vegetables with her dinner?
– *No, she didn't. She had a salad.*
Did she have blue cheese dressing on her salad?
– *No, she didn't. She had oil and vinegar on it.*
Did Julie and her friend have white wine with dinner?
– *No, they didn't. They had red wine.*

26

I think I'll have a salad. (soup)
I think I'll have *soup*. (we)
I think *we'll* have soup. (red wine)
I think we'll have *red wine*. (I)
I think *I'll* have red wine. (hamburger)
I think I'll have *a hamburger*. (make a reservation)
I think I'll *make a reservation*. (call the waiter)
I think I'll *call the waiter*. (have a salad)
I think I'll *have a salad*.

Unterhaltung

Hello. My name's John. I'll be your waiter today. Are you ready to order?
– *Yes, I'll have lobster and a salad.*
What vegetable would you like?
– *I'll take French fries.*
And what kind of dressing would you like on your salad?
– *… , please.*
Would you like an appetizer?
– *No, thank you.*
And what would you like to drink?
– *I'll have … , please.*
Thank you.
– …
Are you going to have dessert?
– *Yes, please. What do you have today?*
I'll bring you our dessert menu.
– *Thank you.*
…
– *Can I have the check, please?*
Sure. Just a moment. … It's $14.50.

Lektion 9

1

a) skirt b) dress c) (a pair of) pants/trousers d) coat e) suit f) socks g) blouse h) shirt i) jacket j) shoes k) underware l) sweater

2

◆ Can I help you?
◆ Yes, I'm looking for 501's in my size.
◆ What size are you?
◆ 34/32.
◆ Pants are over here.
◆ Are they on sale?
◆ No, they're not.
…
◆ So, here they are, 34/32.
◆ Can I try them on?
◆ Sure, the dressing rooms are back there.
◆ Thanks.
…
◆ How do they fit?
◆ I think I need to try a 36 waist.
◆ Sure, here you are.
…
◆ Are those OK?
◆ Yes, they're fine.
◆ Do you need anything else? Shirts, sweaters?
◆ Do you have any summer jackets?
◆ They're right over here. What color are you looking for?
◆ I'm not sure; blue or green.
…
◆ Will that be cash or charge?
◆ Visa. Here you are.
…
◆ Sign here, please. … Here's your receipt. Have a nice day.
◆ Thanks, same to you.

Übersetzung:
◆ Kann ich Ihnen behilflich sein?
◆ Ja, ich suche eine (Levi's) 501 (Jeans) in meiner Größe.
◆ Welche Größe haben Sie?
◆ 34/32.
◆ Sie sind hier drüben.
◆ Sind sie im Angebot?
◆ Nein(, sind sie nicht).
…
◆ So, da ist eine 34/32.
◆ Kann ich sie anprobieren?
◆ Selbstverständlich, die Umkleidekabinen sind dort hinten.
◆ Danke.
…
◆ Wie passt sie?
◆ Ich glaube, ich muss eine 36 in der Taille probieren.

- Sicher, bitte schön.

…
- Ist sie in Ordnung?
- Ja, sie ist gut.
- Brauchen Sie noch etwas? Hemden, Pullis?
- Haben Sie Sommerjacken?
- Die sind hier drüben. Welche Farbe suchen Sie?
- Ich bin mir nicht sicher; blau oder grün.

…
- Zahlen Sie bar oder mit Kreditkarte?
- Mit Visa. Hier bitte.

…
- Unterschreiben Sie hier, bitte. … Da ist Ihr Kassenzettel. Einen schönen Tag!
- Danke, ebenfalls!

3

true: a), b), e), g)

4

a) got b) mind c) fit d) on sale e) size f) waist g) pair h) try i)'ll

5

Can I help you?
– *Yes, I'm looking for 501's in my size.*
Can I help you?
– *No, thanks, I'm just looking.*
Can I help you?
– *Yes, I'm looking for T-shirts.*
Can I help you?
– *Yes, I'm looking for a blue sweater.*
Can I help you?
– *Yes, I'm looking for a red shirt in size 12.*
Can I help you?
– *Yes, I'm looking for a green jacket.*

6

- Good morning, can I help you?
- Yes, I'd like to *hire* a car for a week.
- What *size* car would you like?
- Do you have something a little bigger than a *compact*?
- I have a white – no, beige – Ford Contour. That's a mid-size car.
- Yes, that's OK. How much is it?
- It's $189 a week plus $10 a day *insurance*.
- Is that with *unlimited* mileage?
- No, that's 1,000 free miles and 25 cents a mile over that.
- OK, I'll take it.
- Can I have your *driver's license* and credit card, please?

…
- Where do you want to *drop off* the car?
- Would it be possible to drop it off at the *airport*?
- Sure, no problem.
- Great.

Übersetzung:
- Guten Morgen, kann ich Ihnen behilflich sein?
- Ja, ich möchte für eine Woche einen Wagen mieten.
- Welcher Typ soll es sein?
- Haben Sie einen, der ein bisschen größer als Kompaktklasse ist?
- Ich habe einen weißen – nein, beige – Ford Contour. Das ist eine Mittelklasse.
- Ja, der ist OK. Was kostet er?
- 189 Dollar die Woche plus 10 Dollar Versicherung pro Tag.
- Ist es mit unbegrenzten Meilen?
- Nein, 1.000 Meilen sind frei und jede Meile darüber hinaus macht 25 Cents.
- Gut, ich nehme ihn.
- Kann ich Ihren Führerschein und Ihre Kreditkarte haben, bitte?

…
- Wo wollen Sie den Wagen abgeben?
- Ist es möglich, ihn am Flughafen abzugeben?
- Kein Problem.
- Klasse.

7

erste Antwort: a), d)

a) Can I help you? – No, thank you. I'm just looking. b) Do you need anything else? – No, I don't think so. c) Will that be cash or credit card? – Do you take VISA? d) What size of car would you like? – What kind do you have? e) Do you have this in red? – Yes, here you are.

8

a) beige b) black c) brown d) dark blue e) green f) light blue g) orange h) red i) white j) yellow

9

What size car do you want?
– *Do you have a compact?*
What size car do you want?
– *Do you have a Mondeo?*
What size car do you want?
– *Do you have something bigger than a compact?*
What size car do you want?
– *Do you have a BMW?*
What size car do you want?
– *Do you have a mid-size car?*
What size car do you want?
– *Do you have something smaller than that?*

10

Where do you want to drop the car off?
– *Is it possible to drop it off at the airport?*

Where do you want to drop the car off?
– *Is it possible to drop it off at the train station?*
Where do you want to drop the car off?
– *Is it possible to drop it off in Miami?*
Where do you want to drop the car off?
– *Is it possible to drop it off at Terminal A?*
Where do you want to drop the car off?
– *Is it possible to drop it off in the city?*
Where do you want to drop the car off?
– *Is it possible to drop it off in Canada?*

11
f) leg h) foot a) head b) arm j) hair p) chin n) nose c) hand d) chest k) ear e) waist g) knee m) eye i) toes q) fingers l) neck o) mouth

12
◆ Hi, what can I do for you?
◆ Do you have something for a cold?
◆ You don't have a prescription?
◆ No, I don't.
◆ Do you have a fever?
◆ No, but I have a sore throat and a stuffy nose.
◆ Then I'd take this. It's pretty good.
◆ How much is it?
◆ That's $3.49 plus tax.
◆ And I need something for a headache.
◆ Aspirin?
◆ No, something stronger.
◆ Here you are.

Übersetzung:
◆ Guten Tag, was kann ich für Sie tun?
◆ Haben Sie etwas gegen Erkältung?
◆ Sie haben kein Rezept?
◆ Nein(, habe ich nicht).
◆ Haben Sie Fieber?
◆ Nein, aber ich habe Halsweh und eine verstopfte Nase.
◆ Dann würde ich das nehmen. Es ist ziemlich gut.
◆ Was kostet es?
◆ Das macht $3.49 plus Steuern.
◆ Und ich brauche etwas gegen Kopfschmerzen.
◆ Aspirin?
◆ Nein, etwas Stärkeres.
◆ Bitte schön.

13
a) 2. b) 2. c) 1. d) 2. e) 2. f) 1.

14
Hi, what can I do for you?
– *Do you have something for a cold?*
Hi, what can I do for you?
– *Do you have something for a sore throat?*
Hi, what can I do for you?
– *Do you have something for a fever?*
Hi, what can I do for you?
– *Do you have something for a stuffy nose?*
Hi, what can I do for you?
– *Do you have something for a headache?*

15
sunny – cloudy; interesting – uninteresting; early – late; short – long; good – bad; large – small; clean – dirty; warm – cool; cheap – expensive; organized – unorganized

16
a) 1. b) 1. c) 2. d) 2. e) 2.

17
a) cheaper b) organized c) better d) lower e) nice f) the worst g) shorter h) the whitest

18
a) warmer b) more organized c) windy d) cleaner e) smaller f) big g) earlier h) more interesting

19
some: a), d), e), i), j)

20
something: c), e), g), h)

21
zählbar: b), d), f), g), i), k), m)

22
both sentences: a), c), d), f)
sentence 1: b), e), g)

23
a) white b) yellow c) dark brown d) red e) green f) orange g) light brown

24
1. Silbe: alle außer d)

25
a) limited b) tomorrow c) vegetable d) supermarket

26
true: b)
○ Good morning. Can I help you?
□ Yes, I'm looking for a pair of pants.
○ Pants are over here. What size are you?
□ I usually take a ten, but I think I need a twelve now.
○ Ten and twelve are right here. What color are you looking for?
□ Blue or green.
○ I have this in ten and twelve. Would you like to try them on?
□ Yes, I think I will.
○ The dressing rooms are over there on the left.
...
○ How do they fit?
□ The twelves are just fine. I'll take them.
○ Do you need a shirt to go with them?
□ No, thanks, just the pants.

○ Will that be cash or charge?
□ Do you take Visa?
○ Yes, we do.

27

I'm looking for jeans in size 10. (shoes)
I'm looking for *shoes* in size 10. (he)
He's looking for shoes in size 10. (we)
We're looking for shoes in size 10. (size 8)
We're looking for shoes in *size 8*. (she)
She's looking for shoes in size 8. (pants)
She's looking for *pants* in size 8. (jeans)
She's looking for *jeans* in size 8.

28

Do you have something for a cold? (fever)
Do you have something for a *fever*? (headache)
Do you have something for a *headache*? (he)
Does he have something for a headache? (anything)
Does he have *anything* for a headache? (they)
Do they have anything for a headache? (you)
Do *you* have anything for a headache?(cough)
Do you have anything for a *cough*? (cold)
Do you have anything for a *cold*?

29

Does Joshua work in a drug store? – *No, he doesn't.*
Did Linda have lunch with Reese? – *No, she didn't.*
Does she have a sore throat? – *No, she doesn't.*
Did you take the train to Milwaukee? – *No, I didn't.*
Do Jim and Frank live in California? – *No, they don't.*
Did we get the apartment? – *No, we didn't.*

30

I buy my groceries at that supermarket. *I bought my groceries at that supermarket.*
I have a prescription. *I had a prescription.*
I want to rent a car. *I wanted to rent a car.*
She has a sore throat. *She had a sore throat.*
I take my medicine at 5 o'clock. *I took my medicine at 5 o'clock.*
The pants are on sale. *The pants were on sale.*
She jogs every day. *She jogged every day.*
They go swimming often. *They went swimming often.*

Unterhaltung

Can I help you?
– *I'd like something for a headache.*
Aspirin?
– *No, something stronger, please.*
This is pretty good.
– *How much is it?*
It's $11.95 plus tax.
– *I'll take it.*
That's $12.52? Do you have 50¢?
– *I think I do. Here you are.*
Thank you.

Lektion 10

1

◆ Hello, I'd like to book a holiday for two.
◆ Where would you like to go?
◆ Well, I don't know. Can you recommend something?
◆ Europe, Asia, the States?
◆ I was thinking of somewhere warm, possibly in the States.
◆ Have you ever been to the Caribbean?
◆ Yes, I have, but my wife hasn't.
◆ Where have you been – and did you like it?
◆ I've been to the Bahamas. Yes, it was very nice, but I don't think I want to go there again; it was quite expensive.
◆ What about Florida? Have you ever been there?
◆ No, we've never been there, but I've always wanted to see Miami and the Florida Keys.
◆ I could book a hotel for you in Miami and one in Key West.
◆ That's a great idea! Absolutely brilliant! And we'll probably want to hire a car, too.
◆ Right, now when did you want to go?

Übersetzung:

◆ Guten Tag, ich möchte einen Urlaub für zwei (Personen) buchen.
◆ Wohin möchten Sie fahren?
◆ Na ja, ich weiß es nicht. Können Sie (mir) etwas empfehlen?
◆ Europa, Asien, die (Vereinigten) Staaten?
◆ Ich dachte an irgendwo, wo es warm ist, vielleicht in den (Vereinigten) Staaten.
◆ Sind Sie schon in der Karibik gewesen?
◆ Ja(, bin ich gewesen), aber meine Frau nicht.
◆ Wo sind Sie gewesen – und hat es Ihnen gefallen?
◆ Ich war in den Bahamas. Ja, es war sehr schön, aber ich glaube nicht, dass ich noch einmal dahin möchte; es war ziemlich teuer.
◆ Wie wäre es mit Florida? Sind Sie schon da gewesen?

- Nein(, sind wir nicht), aber ich wollte schon immer Miami und die Florida Keys (*Inselgruppe südlich des Festlands*) sehen.
- Ich könnte ein Hotel in Miami und eins in Key West für Sie buchen.
- Das ist eine tolle Idee! Absolut genial. Und wir werden wahrscheinlich auch ein Auto mieten wollen.
- Gut, wann wollten Sie fahren?

2

a) 2. b) 1. c) 2. d) 2. e) 2. f) 1. g) 1.

3

bestimmter Zeitpunkt: d), f)

4

Have you ever been to the Caribbean?
– *Yes, I have. / No, I haven't.*
Have you ever been to Thailand?
– *Yes, I have. / No, I haven't.*
Have you ever been to the United States?
– *Yes, I have. / No, I haven't.*
Have you ever been to Italy?
– *Yes, I have. / No, I haven't.*
Have you ever been to the Canary Islands?
– *Yes, I have. / No, I haven't.*

5

- Well, I've put the two suitcases in the car. *Have we forgotten* anything?
- I don't know; do you have the camera equipment?
- Yes, the camera case is on the front seat.
- *Have you packed* extra film?
- Yes, I have four rolls. *Have you packed* the suntan lotion?
- That was the first thing *I put* in the suitcase. *Have you closed* all the windows?
- Yes, I *have*. Have you got your mobile phone?
- In my handbag.
- Well, then, I guess we're ready.
- I think so.
- Well, let's get rolling then.
- Oh, you know what – I think *I've forgotten* to pack my medicine. I'll go and get it. I'll be down in a minute.

…

- *Have you asked* Beverly to check the post?
- Yes, and I've given her a key to the back door so she can water the plants. *Have you filled up* with petrol?
- Oh no! Well, we can do that now.

Übersetzung:

- Also, ich habe die zwei Koffer ins Auto getan. Haben wir irgendetwas vergessen?
- Ich weiß nicht; hast du die Fotoausrüstung?
- Ja, die Tasche mit dem Fotoapparat liegt auf dem Vordersitz.
- Hast du den zusätzlichen Film eingepackt?
- Ja, ich habe vier Filme. Hast du die Sonnencreme eingepackt?
- Das habe ich als Erstes in den Koffer getan. Hast du alle Fenster geschlossen?
- Ja, habe ich. Hast du dein Handy?
- In meiner Handtasche.
- Na dann, glaube ich, sind wir startklar.
- Ich glaube ja.
- Also, machen wir uns auf den Weg.
- Äh, weißt du was: Ich glaube, ich habe vergessen, mein(e) Medikament(e) einzupacken. Ich gehe und hole es/sie. Ich komme gleich runter.

…

- Hast du Beverly gebeten, nach der Post zu schauen?
- Ja, und ich habe ihr den Schlüssel zur hinteren Tür gegeben, damit sie die Pflanzen gießen kann. Hast du voll getankt?
- Oh je! Tja, das können wir jetzt tun.

6

true: a), c), e), f)

7

erste Antwort: a), b), d)

a) Have you ever been to Portugal? – Yes, I have. b) Have you made a reservation for tonight? – No, Ellen did yesterday. c) Have you finished at university? – Yes, I'm working for BSC now. d) Has she asked you to come? – Yes, she has. e) Did you like St. Thomas? – Yes, I did, very much.

8

Has Mike packed extra film?
– *Yes, he has.*
Has Beth packed her medicine?
– *No, she hasn't.*
Has Mike taken the suitcases to the car?
– *Yes, he has.*
Has Beth packed the suntan lotion?
– *Yes, she has.*
Has Beth asked Beverly to check the mail?
– *Yes, she has.*
Has Beth given Beverly the key?
– *Yes, she has.*
Has Mike gotten gas?
– *No, he hasn't.*

9

a) flat / apartment, b) terraced house / row house, c) bed-sitter / studio, d) single-family house, e) semi-detached house f) town house g) block of flats / high-rise

10

a) 2. b) 1. c) 2. d) 2. e) 1. f) 1. g) 2. h) 1.

11

a) been b) seen c) been d) looking e) found

f) become g) renovating h) put
Übersetzung:
- ◆ Was hast du in letzter Zeit so gemacht?
- ◆ Nicht viel.
- ◆ Hast du schon den neuen Woody-Allen-Film gesehen?
- ◆ Machst du Witze? Ich bin seit Monaten nicht im Kino gewesen.
- ◆ Wieso das?
- ◆ Wir suchen seit Weihnachten eine neue Wohnung.
- ◆ Noch nichts gefunden, hä?
- ◆ Das, was uns gefällt, können wir uns nicht leisten, und das, was wir uns leisten können, gefällt uns nicht.
- ◆ Wem sagst du das! Wir haben ein Jahr lang gesucht, bevor wir unsere Wohnung gefunden haben.
- ◆ Echt? Das ist ermutigend!
- ◆ Warum zieht ihr um?
- ◆ Unsere Wohnung ist einfach zu klein geworden.
- ◆ Weißt du was? Sie haben einen Wohnblock in unserem alten Viertel renoviert. Warum schaut ihr nicht dort?
- ◆ Meinst du am Marlton Platz?
- ◆ Richtig.
- ◆ Wir waren letztes Wochenende dort. Man hat uns auf die Warteliste gesetzt, aber daraus wird, glaube ich, nichts. Wir sollten bis zum fünftzehnten Bescheid bekommen.
- ◆ Na ja, viel Glück. Und wenn ich von etwas höre, sage ich dir Bescheid.
- ◆ Vielen Dank.

12
a) book shelves, b) armchair c) toilet d) dish washer e) desk f) fridge g) bed h) cooker / oven i) sofa

13
Have you been to the movies lately?
– *Yes, I have.*
What did you see?
– *I saw "The Godfather".*
Have you moved lately?
– *No, I haven't.*
Have you read a book lately?
– *Yes, I have.*
What did you read?
– *I read "The Sisters".*
Have you gone out to eat lately?
– *Yes, I have.*
Where did you go?
– *I went to Fratelli's.*
Have you ordered pizza lately?
– *Yes, I have.*
When?
– *I ordered pizza two weeks ago.*
Have you watered the plants lately?
– *Yes, I have.*
When did you water them?
– *I watered them yesterday.*
Have you taken medicine today?
– *No, I haven't.*

14
a) seen b) ridden c) slept d) gone e) found f) done g) bought h) said i) told j) stood k) flown l) come

15
a) taken b) asked c) gone d) met e) thought f) forgotten g) cleaned up h) known i) heard j) driven

16
a) spoken b) forgotten c) given d) worked e) flown f) had g) made h) asked i) done j) said

17
Perfekt: a), b), d), f), g)

18
a) saw b) has picked up c) Have you had d) have lived e) went f) Has he called g) Have you ever gone h) bought

19
a) Yes, I have. b) Fine, thanks. c) No, she hasn't. d) Two – like it says on the prescription. e) At the camera shop. f) No, they haven't. g) Yes, I think he has.

20
a) big b) bought c) room d) bedroom e) holiday

21
1. Silbe: b), d), i), j); 2. Silbe: a), c), e), f), h); 3. Silbe: g)

22
a / e: c), e), f), g), i)

23
Zeitpunkt spielt eine Rolle: a), d), e)
a) We went to the movies last night. b) Have you heard her new CD? c) Has he been to your house for dinner? d) Did they leave on time this morning? e) He didn't say anything when he left. f) Have you taken the test yet?

24
No, she hasn't: b)
– Hi, my name's Michelle. I'm taking an English course in evening school because I want to go to the United States next summer for six weeks. I'm going to go to San Francisco and spend four weeks with a family I met when I was in the States two years ago. I've been to the United States twice, but I've never been to California before.
I try to learn English by reading books and newspapers in English and some-

times I go to the movies to see American films in English. There are a lot of them here now.

25

I've seen that film. (yesterday) *I saw that film yesterday.*
We've stayed at that hotel. (last summer) *We stayed at that hotel last summer.*
They've taken her home. (an hour ago) *They took her home an hour ago.*
He's been there. (this morning) *He was there this morning.*
I've gone there with her. (last night) *I went there with her last night.*
I've called the babysitter. (two minutes ago) *I called the babysitter two minutes ago.*

26

Have you ever been to Spain?
– *Yes, I have. / No, I haven't.*
Have you ever rented a house at the shore?
– *Yes, I have. / No, I haven't.*
Have you ever bought a car?
– *Yes, I have. / No, I haven't.*
Have you ever worked as a babysitter?
– *Yes, I have. / No, I haven't.*
Have you ever gone to a drug store on vacation?
– *Yes, I have. / No, I haven't.*
Have you ever taken an English class in the evening?
– *Yes, I have. / No, I haven't.*

27

He's made a reservation. (she) *Has she made a reservation?*
We've had breakfast. (you) *Have you had breakfast?*
I've been to the hotel already. (they) *Have they been to the hotel already?*
She's taken a vacation. (he) *Has he taken a vacation?*
I've done the paper work. (you) *Have you done the paper work?*
I've made it in an hour. (she) *Has she made it in an hour?*

Unterhaltung

Have you worked hard at learning English?
– *Yes, I have. / No, I haven't.*
Have you listened to the cassettes or CDs regularly?
– *Yes, I have. / No, I haven't*
Have you done all the written exercises?
– *Yes, I have. / No, I haven't.*
Have you done all the oral exercises?
– *Yes, I have. / No, I haven't.*
Have you gone back and looked at the first units?
– *Yes, I have. / No, I haven't.*
Do you know where you need to do more work?
– *Yes, I do. / No, I don't.*
Are you going to take a class in American English?
– *Yes, I am. / No, I'm not.*
We hope you've enjoyed working with this course. Keep up the good work! Bye now.

Abschlusstest Lektionen 6 – 10

1

Handlung im Gange: b), e)

2

◆ Hi, Bill, how are you?
◆ Not bad, and you?
◆ Pretty good. Bill, I'll tell you why I *am calling*: Leslie and I *are going* to the mountains for a couple of days. Would you like to come along?
◆ Well, it depends; when *do you want* to go?
◆ Well, we *are thinking* of leaving on Saturday morning.
◆ This Saturday?
◆ Yes, the day after tomorrow.
◆ Thanks for the invitation, but we *are taking* Timmy to summer camp this weekend.
◆ Oh, where *is he going*?
◆ To a small camp on Yellow River. Hey, what *are you doing* tonight?
◆ Tonight? Thursdays we always *go* to the cinema. You're welcome to come along if you like.
◆ Sounds great; what's on?

3

falsch: a), d), e)

4

a) on sale b) dressing room c) cash d) insurance e) driver's licence f) drop off g) hire/rent h) prescription i) tax j) cold

5

a) better b) worst c) sunnier d) cloudy e) more interesting f) larger g) coolest h) prettier

6

◆ Excuse me, do you have *any* more winter coats?
– No, I'm sorry, I haven't got *any* more. I do have *some* jackets left.
◆ Would you like *some* coffee?
– No, thanks, I just had *some*.
◆ Do you need *anything* else?
– I do need a new dress, but I haven't got *any* more money.
◆ Do you know *anyone* here?

– No, but I know *someone* who knows the person giving the party.

7

a) since b) at c) for d) to e) in f) by g) for h) on

8

a) taken b) been c) had d) put e) seen f) moved g) thought h) driven i) heard j) found

9

◆ Hi, Marie, when *did you get* here?
◆ Nigel, hello. I just *got* here a few minutes ago. *Have you seen* Pam?
◆ No, I *haven't*. I *didn't know* she was coming. Say, how *have you been*?
◆ Just fine, thanks. *I've been working* quite a bit, but otherwise …
◆ And Paul? How's he? I *haven't seen* him since his birthday party in October.
◆ Well, things could be better: *He's been looking* for a job, you know, and *hasn't had* much success up to now, unfortunately.
◆ He's not here, is he?
◆ No, he *went* to his parents' on Tuesday; his mother's not well.
◆ Sorry to hear it.
◆ Well, if you'll excuse me, I'm going to see if I can find Pam.

Alphabetischer Wortschatz

Die Zahl in Klammern verweist auf die Lektion, in der das Wort zum ersten Mal erscheint. (BE)/(AE) steht für „britisches“ bzw. „amerikanisches Englisch“, (Mz.) bedeutet „Mehrzahl“ und (umg.) bedeutet „umgangssprachlich“.

A

a/an ein/e (1)
A-level Abitur (BE) (6)
about ungefähr (2); über (3)
above oben (8)
absolutely absolut (10)
ache Schmerz (9)
aerobics Aerobic (3)
afford sich leisten (10)
after nach (2)
afternoon Nachmittag (2)
ago vor (5)
ahead *straight ~*: geradeaus (5); voraus (7)
ailment Beschwerde (9)
air conditioning Klimaanlage (2)
airport Flughafen (1)
alcoholic alkoholisch (8)
all alle (3)
alley Gasse (5)
almost fast (2)
alone allein (6)
already schon (10)
alright in Ordnung (7)
also auch (2)
always immer (3)
a.m. = ante meridiem vor 12 Uhr (2)
America Amerika (1)
American amerikanisch; Amerikaner/in (1)
and und (1)
another noch ein/e/s (7)
answer *~ the telephone* ans Telefon gehen, Anrufe entgegennehmen (3)
any einige (6)
anyone jemand, irgendjemand (9)
anything etwas, irgendetwas (9)
anytime irgendwann (10)
anywhere irgendwo (10)
apartment Wohnung (AE) (4)
apartment building Wohnblock (AE) (10)
appetizer/appetiser Vorspeise (AE/BE) (8)
apple Apfel (8)
appliance Haushaltsgerät (10)
April April (7)
approved anerkannt (2)
area Gebiet (1)
arm Arm (9)
around ungefähr (3)
ask fragen (6)
aspirin Aspirin (9)
at an (1); um (2)
August August (7)
aunt Tante (7)
Australia Australien (10)
Austria Österreich (1)
Austrian österreichisch; Österreicher/in (1)
autumn Herbst (7)
avenue Allee (5)
away *right/straight ~* sofort (3)

B

baby Baby (3)
babysitter Babysitter (6)
bachelor's degree akademischer Abschluss (6)
back zurück (6)
bacon gebratener Speck (3)
bad schlecht (1)
bagel ringförmiges Laugenbrötchen (3)
bake backen (8)
banana Banane (9)
bank Bank (4)
banker Bankier, Bankangestellter (4)
barbecue Grillfest (7)
bath Bad (2)
bathroom Badezimmer (10)
be sein (2)
beach Strand (2)
bean Bohne (8)
beautiful schön (5)
become werden (10)
bed Bett (2)
bed & breakfast Pension (2)
bedroom Schlafzimmer (7)
beef Rindfleisch (8)
beer Bier (8)
before vor (3)
begin beginnen (2)
Belgian belgisch; Belgier/in (1)
Belgium Belgien (1)
believe glauben (7)
best am besten (9)
better besser (9)
beverage Getränk (3)
bicycle Fahrrad (4)
big groß (4)
biscuit Keks (BE) (4)
black schwarz (9)
block Straßenblock (5)
block of flats Wohnblock (10)
blouse Bluse (9)
blue blau (8)
boarding school Internat (6)
body Körper (9)
boil kochen (3)
book Buch (10)
bottle Flasche (8)
bottled water Mineralwasser (9)
boulevard Allee (5)
boundary Grenze
bra BH (9)
bread Brot (3)
break Pause (3)
breakfast Frühstück (2)
brilliant super, toll (10)
broccoli Broccoli (8)
broiled gebraten (8)
brother Bruder (7)
brother-in-law Schwager (7)
brown braun (9)
brunch Brunch (3)
buck Dollar (umg.) (5)
building Gebäude (10)
building site Baustelle (4)
bun (süßes) Brötchen (3)
bus Bus (2)
business Geschäft (1)
but aber (2)
butcher shop Metzgerei (9)

butter Butter (3)
by mit, durch (4)
by then bis dahin (7)
bye (bye) Tschüss (umg.) (1)

C

cab Taxi (5)
cabinet Schrank (10)
cake Kuchen (8)
California Kalifornien (8)
call anrufen (1)
camera Fotoapparat (10)
campus Universitätsgelände (6)
can können (1)
Canada Kanada (1)
Canadian kanadisch; Kanadier/in (1)
Canary Islands, the die kanarischen Inseln (10)
candy Süßigkeiten (9)
capital Hauptstadt
car Wagen, Auto (2)
car park Parkplatz (BE) (2)
card Karte (2)
care Pflege (1)
carrot Karotte (8)
case Fall (2); Tasche (10)
cash bar; Bargeld (5)
cent Cent (5)
centre/center Zentrum (BE/AE) (2)
cereal Getreideflocken (3)
chair Stuhl (10)
change wechseln (3); Kleingeld (5)
charge mit Kreditkarte zahlen (9)
charity function Wohltätigkeitsveranstaltung (7)
check Scheck (5); Rechnung (AE) (8); nachsehen, nachprüfen (10)
cheese Käse (8)
chef Küchenchef (8)
chemical Chemie- (4)
chemist Chemiker (4)
chemist's Apotheke, Drogerie (BE) (9)
cherry Kirsche (8)
chest Brust (9)
chest of drawers Kommode (10)
chicken Huhn (3)
chin Kinn (9)
chips Pommes Frites (BE) (8)
chocolate Schokolade (3)
choice (Aus-)Wahl (8)
church Kirche (5)
Christmas Weihnachten (10)
cinema Kino (BE) (10)
cinnamon Zimt (3)
city Stadt (5)
city hall Rathaus (5)
clam chowder Muschelsuppe (8)
class Klasse (6)
clean sauber machen (3)
cleaner's Reinigung (2)
clerk Angestellte/r (4)
client Kunde (6)
closet Kleiderkammer (10)
clothing Kleidung (9)
cloudy bewölkt (7)
coat Mantel (9)
code Code (1)
coffee Kaffee (3)
cold kalt (7); Erkältung (9)
cold cuts Aufschnitt (AE) (9)
coleslaw Kohlsalat (8)
college Hochschule, Universität (AE), Schule innerhalb einer Universität (BE) (6)
colour/color Farbe (BE/AE) (9)
come kommen (3)
compact Wagen der Kompaktklasse (9)
company Firma (4)
complain sich beschweren (1)
computer Computer (4)
condominium Eigentumswohnung (AE) (10)
conference Tagung (2)
construction worker Bauarbeiter (4)
continental breakfast kleines Frühstück (2)
cook Koch/Köchin (4); kochen (7)
cookie Keks (AE) (9)
cool kühl (7)
corner Ecke (5)
cornflakes Cornflakes (3)
cost kosten (2)
cot Kinderbett (BE) / Klappbett (AE) (2)
cough Husten (9)
couple paar (7)
course Kurs (10)
course *of ~* natürlich (7)
cousin Vetter, Kusine (7)
cracker Kräcker (9)
credit card Kreditkarte (2)
crib Kinderbett (AE) (2)
crisp knackig (8)
crisps Kartoffelchips (9)
cross walk Zebrastreifen (AE) (5)
cup Tasse (7)
cupboard Küchenschrank (10)
customer Kunde (4)
customs Zoll (7)

D

dairy product Milchprodukt (9)
Danish dänisch; Däne/in (1)
dark dunkel (9)
daughter Tochter (2)
day Tag (2)
December Dezember (7)
decongestant Nasenspray (9)
degree Grad (7)
deli = delicatessen Wurst- und Käseladen (AE) (9)
deluxe luxus- (2)
Denmark Dänemark (1)
department store Kaufhaus (9)
depend abhängen (4)
desk Schreibtisch (2)
dessert Nachtisch (8)
diaper Windel (AE) (3)
dinner Abendessen (3)
dish washer Spülmaschine (10)
DIY = do it yourself Heimwerken (7)
DJ = disk jockey Diskjockey (4)
do tun (1)
doctor Arzt/Ärztin (2)
doctor's office/surgery Arztpraxis (AE/BE) (4)
dollar Dollar (5)
donut/doughnut ringförmiges Gebäck (AE/BE) (3)
double Doppelzimmer (2)
down runter (5)
downstairs unten (3)
drawer Schublade (10)
dressing (Salat-)Dressing (8)
dressing room Umkleidekabine (AE) (9)
drink trinken (7)

drive fahren (3)
driver Fahrer (4)
driver's licence/license Führerschein (BE/AE) (9)
drop off abgeben (9)
drug Medikament (9)
drug store Apotheke, Drogerie (AE) (9)
duplex Doppelhaus (10)
Dutch holländisch/niederländisch; Holländer/in, Niederländer/in (1)

E

each jede/r/s (4)
ear Ohr (9)
early früh (3)
east Ost (5)
eat essen (3)
egg Ei(er) (3)
eggs benedict Brötchen mit Schinken, Ei und Sauce Hollandaise (3)
eight acht (1)
eighteen achtzehn (1)
eighth achte/r/s (5)
eighty achtzig (2)
eleven elf (1)
eleventh elfte/r/s (5)
else *something ~* etwas anders (3)
encouraging ermutigend (10)
engineer Ingenieur/in (4)
England England (1)
English englisch; Engländer/in (1)
entrance Eingang (5)
entree Hauptgericht (8)
equipment Ausrüstung (10)
euro Euro (5)
Europe Europa (1)
European europäisch; Europäer/in (1)
evening Abend (2)
event Ereignis, Veranstaltung (7)
every jede/r/s (7)
everyone alle (4)
everything alles (7)
exact genau (5)
excuse sich entschuldigen (1)
exit Ausgang (AE) (5)
expensive teuer (10)
expressway Schnellstraße, Autobahn (AE) (5)
extra extra (10)
eye Auge (9)

F

factory Fabrik (4)
fall Herbst (AE) (7)
false falsch (4)
family Familie (9)
family get-together Familienfest (7)
far weit (4)
fat fett (3)
father Vater (7)
favour/favor Gefallen (BE/AE) (6)
fax Faxgerät (2)
February Februar (7)
fever Fieber (9)
fifteen fünfzehn (1)
fifth fünfte/r/s (5)
fifty fünfzig (2)
filet mignon Filetsteak (8)
filing Ablage (3)
fill voll machen (5)
film Film (2)
find finden (5)
fine gut (1)
finger Finger (9)
finish beenden, abschließen (3)
first erste/r/s (3)
fish Fisch (8)
fit fit (9)
fitness centre/center Fitnesscenter (BE/AE) (2)
five fünf (1)
flat Wohnung (BE) (10)
flight attendant Flugbegleiter/in (4)
flounder Flunder (AE) (8)
fly fliegen (4)
foggy neblig (7)
food Essen, Lebensmittel (3)
foot Fuß (9)
for für (2)
forget vergessen (10)
forty vierzig (2)
four vier (1)
fourteen vierzehn (1)
fourth vierte/r/s (5)
France Frankreich (1)
frank *Swiss ~s* Schweizer Franken (5)
free gratis (9)
freehold flat Eigentumswohnung (BE) (10)
French französisch; Franzose/Französin (1)
Friday Freitag (3)
fried frittiert (3)
friend Freund (1)
fries *French ~* Pommes frites (AE) (8)
front *in ~ of* vor (5)
from von (1)
fruit Obst (9)
full-size normale Größe (9)
fun Spaß (7)
furniture Möbel (4)

G

gallon Gallone (Hohlmaß = ca. 4 Liter) (9)
garden Garten (8)
gas Benzin (AE) (5)
gas station Tankstelle (AE) (5)
German deutsch; Deutsche/r (1)
Germany Deutschland (1)
get bekommen (2)
get dressed sich anziehen (3)
get off (the bus) aussteigen (5)
get off (work) Feierabend machen (3)
get up aufstehen (3)
gift Geschenk (9)
give geben (2)
glass Glas (7)
go gehen, fahren (1)
god Gott (10)
godfather Pate (10)
golfing Golfen (7)
good gut (1)
goodbye Auf Wiedersehen (1)
graduate studies Studiengang zum Magister bzw. Doktortitel (6)
granddaughter Enkelin (7)
grandfather Großvater (7)
grandmother Großmutter (7)
grandson Enkel (7)
great ausgezeichnet, toll (1)
green grün (8)
grocer Lebensmittelhändler (2)
grocery store Lebensmittelgeschäft (9)
guest Gast (2)
gym Fitnesscenter (2)

H

hair Haar (9)
half halb (4)
ham Schinken (3)
hamburger Hamburger (8)

hand Hand (9)
hard hart (3)
hash browns Bratkartoffeln (3)
hat Hut (9)
have haben (2)
he er (1)
head Kopf (9)
headache Kopfschmerzen (9)
health care product Körperpflegeprodukt (9)
health food store Reformhaus (8)
hear hören (1)
heaven Himmel (7)
hello hallo, guten Tag (2)
help helfen (2)
her ihr/e (3)
here hier (1)
hey hör mal (6)
hi hallo (1)
high school diploma Gesamtschulabschluss (AE) (6)
high-rise Hochhaus (AE) (10)
highway Schnellstraße (AE) (5)
him ihn, ihm (3)
hire ~ *a car* ein Auto mieten (BE) (9)
his sein/e (2)
history Geschichte (6)
holiday Feiertag; Urlaub (BE) (2)
Holland Holland, Niederlande (1)
home Heim; zu Hause (3)
home improvement Heimwerken (7)
homework Hausaufgaben (4)
honey Honig (6)
hospital Krankenhaus (4)
hostess Empfangsdame (8)
hot heiß (3)
hotel Hotel (2)
hour Stunde (2)
house Haus (2)
house husband Hausmann (BE) (4)
housewife Hausfrau (4)
how wie (1)
hundred hundert (2)
husband (Ehe-)Mann (3)

I

I ich (1)
ice cream Eis (9)
iced tea gekühlter Tee (7)
in in (1)
inch Zoll (amerikanisches Längenmaß = 2,54 cm) (9)
include einschließen (8)
included inbegriffen (2)
inhabitant Einwohner
inn Gasthaus (2)
insurance Versicherung (4)
insurance agent Versicherungsvertreter (4)
interesting interessant (1)
intersection Kreuzung (AE) (5)
interstate (highway) Autobahn (AE) (5)
interview Vorstellungsgespräch (6)
island Insel (7)
it es (1)
Italian italienisch; Italiener/in (1)
Italy Italien (1)

J

jacket Jacke (9)
jam Konfitüre (3)
January Januar (7)
jelly Gelee (3)
jog joggen (7)
jogging Jogging (7)
joke Witz, Witze machen (10)
juice Saft (3)
July Juli (7)
jumbo (sehr) groß (8)
June Juni (7)
just nur (2)

K

keep/stay fit in Form bleiben (7)
keep going weiter gehen/fahren (5)
key Schlüssel (2)
kid Kind (umg.) (1); scherzen (7)
kind Sorte (4)
king-size (Bett) mit Übergröße (2)
kitchen Küche (3)
kitchen cabinet Küchenschrank (10)
knee Knie (9)
knock off Feierabend machen (AE, umg.) (4)
know wissen (2); kennen (4)

L

lab Labor (4)
lady Dame (8)
lake der See (7)
lamp Lampe (10)
lane kleine, ländliche Straße (5)
last letzte/r/s (7)
late spät (1)
lately in letzter Zeit (10)
laundry Wäsche (2)
lawyer Rechtsanwalt/-anwältin (AE) (4)
leave verlassen (4)
left links (5)
leg Bein (9)
letter Brief (7)
lettuce (Blatt-)Salat (9)
light blue hellblau (9)
light Ampel (5); leicht (7)
like mögen (1)
What does it look like? Wie sieht es aus? (4)
little klein (4)
a little ein bisschen (7)
live leben, wohnen (1)
lobster Hummer (8)
lodge Gasthaus (2)
loft offene Wohnung (10)
long lang (4)
look ausschauen, schauen (4)
lot viel (2)
lotion Creme, Lotion, Milch (9)
lousy mies (1)
love lieben (6)
low niedrig (3)
low (in) fat fettarm (3)
luck Glück (6)
lunch Mittagessen (3)
luxury Luxus- (9)

M

machinist Schlosser/in (4)
mail Post (3)
main Haupt- (5)
major Hauptfach (AE) (6)
make machen (3)
make-up Schminke (9)
man Mann (4)
manager Manager/in (4)
many viel/e (2)
maple Ahorn (3)
March März (7)
market Markt (5)
master's degree Magister (6)
May Mai (7)
me mich, mir (1)

meal Essen, Mahlzeit (4)
mean meinen (4)
measure Maß (9)
meat Fleisch (9)
medicine Medikament, Arzneimittel (9)
meet kennen lernen (1)
meeting Treffen (7)
menu Speisekarte (8)
message Nachricht (3)
microwave (oven) Mikrowelle(nherd) (10)
midnight Mitternacht (2)
mid-size mittelgroß (9)
mile Meile (2)
mileage Kilometerzahl (9)
milk Milch (3)
milk shake Milchshake (8)
million Million (2)
mind stören (6)
mine mein/e (1)
mini-bar Minibar (2)
minor Nebenfach (AE) (6)
minute Minute (2)
miss verpassen (5)
mobile phone Handy (10)
moment Moment (6)
Monday Montag (3)
money Geld (5)
month Monat (2)
more mehr (2)
morning Morgen (2)
most am meisten (9)
motel Motel (2)
mother Mutter (2)
motor Motor (2)
motorway Autobahn (BE) (5)
mountain Berg (7)
mouth Mund (9)
move umziehen (10)
mph = miles per hour Meilen pro Stunde (5)
Mr. Herr (Anrede) (1)
Mrs. Frau (Anrede) (1)
much viel/e (2)
muffin Brötchen (3)
Munich München (1)
muscle Muskel (9)
museum Museum (2)
mushroom Pilz, Champignon (8)
must müssen (5)
my mein/e (1)
myself ich/mich selbst (4)

N

name Name (1)
nap Schläfchen, Nickerchen (3)
near in der Nähe (2)
neck Nacken (9)
need brauchen (8)
neighbour/neighbor Nachbar (BE/AE) (3)
neighbourhood Nachbarschaft, Viertel (BE) (10)
nephew Neffe (7)
Netherlands Niederlande (1)
never nie (4)
news Nachrichten (3)
newspaper Zeitung (2)
next nächste/r/s (2)
nice nett, schön (1)
niece Nichte (7)
night Nacht (2)
nine neun (1)
nineteen neunzehn (1)
ninety neunzig (2)
ninth neunte/r/s (5)
no nein (1)
noon Mittag (2)
normal normal (4)
normally normalerweise (3)
north Nord; nördlich (5)
nose Nase (9)
not nicht (1)
November November (7)
now jetzt (3)
number Nummer (2)
nurse Krankenpfleger/-schwester (4)
nut Nuss (9)

O

O-level mittlere Reife (BE) (6)
o'clock Uhr (2)
ocean Meer, Ozean (6)
October Oktober (7)
of von (1)
off weg, fort (3)
office Büro (2)
often oft (3)
oh oh (1)
oil Öl (8)
OK OK (2)
old alt (3)
omelette Omelett (3)
on an (1), in (5)
one ein/e (1)
onion Zwiebel (8)
open aufmachen (2)
opposite gegenüber (5)
or oder (3)
orange orange (3); Orange (9)
order bestellen; Bestellung (8)
organise/organize organisieren (BE/AE) (3)
other andere/r/s (4)
our unser/e (3)
out aus (3)
outside draußen(6)
oven Ofen, Herd (10)
over über (5)
own besitzen (4)

P

pack packen (10)
pain reliever Schmerztablette (9)
pancake Pfannkuchen (3)
pants Hose (AE) (9)
paper = newspaper Zeitung (4)
parents Eltern (7)
parking Parkmöglichkeit (2)
parking lot Parkplatz (AE) (5)
part Teil (9)
partly zum Teil (7)
party Party (6)
pass vorbeigehen, -kommen (5)
past Vergangenheit (2)
past tense Vergangenheit, Präteritum (7)
pasta Teigwaren (8)
pastry Gebäck (3)
patio Terrasse (7)
pea Erbse (8)
peach Pfirsich (9)
peanut Erdnuss (8)
pear Birne (9)
people Menschen, Leute (8)
per per (5)
Perrier Mineralwasser (Markenname) (8)
petrol Benzin (BE) (10)
pharmacy Apotheke (AE) (9)
phone Telefon (3)
physical therapist Physiotherapeut/in (4)
pick up abholen (1)
picture Bild (6)
pie Kuchen, Pastete (8)
pill Pille, Tablette (9)
pizza Pizza (10)

place Ort (10)
plan Plan (6)
plant Pflanze (3)
plaice Flunder (BE) (8)
plate Teller (8)
platter Platte (8)
play spielen (3)
please bitte (2)
p.m. = post meridiem nach 12 Uhr (2)
Poland Polen (1)
police Polizei (4)
policeman/policewoman Polizist/in (4)
political correctness nicht-diskriminierendes Verhalten (4)
pool Schwimmbecken (2)
poplar Pappel (5)
pork Schweinefleisch (9)
possessive case „Besitz“-Fall, Genitiv (2)
possible möglich (9)
post Post (10)
post office Postamt (9)
potato Kartoffel (8)
pound Pfund (9)
prawn Garnele (BE) (8)
prescription Rezept (9)
present tense Gegenwart, Präsens (3)
present continuous tense Verlaufsform der Gegenwart (6)
president Präsident (2)
pretty hübsch (9)
primary/elementary school Grundschule (6)
problem Problem (1)
programmer Programmierer/in (4)
public school Privatschule (BE) / öffentliche Schule (AE) (6)
put setzen (10)

Q

quart (Hohlmaß = ca. 1 Liter) (9)
question Frage (2)

R

rainy regnerisch (7)
read lesen (3)
ready bereit (8)
real echt, sehr (6)
really tatsächlich (1)
receipt Kassenzettel (9)
reception desk Rezeption (2)
recommend empfehlen (10)
record Rekord- (7)
red rot (8)
refrigerator Kühlschrank (10)
regular Normalbenzin (5)
relax sich entspannen (7)
rent mieten (6)
rental Miet- (10)
repairman Handwerker (4)
reservation Reservierung (8)
resort Erholungsort (2)
restaurant Restaurant (4)
restroom Toilette (AE) (8)
rice Reis (8)
ride fahren (7)
right ~ *away* sofort (3); rechts (5)
road Straße (5)
roast gebraten (8)
rock *on the ~s* mit Eis (8)
roll Brötchen (3)
room Zimmer (2)
rosé Rosé (8)
roundabout Kreisverkehr (BE) (5)
route Route (5)
row house Reihenhaus (AE) (10)
run laufen, sich beeilen (1)
Russian russisch; Russe/in (8)
rye Roggen (3)

S

salad Salat (3)
sale (Sonder-)Angebot (9)
on sale im Angebot (9)
salesperson Verkäufer/in (4)
same der-/die-/dasselbe (1)
sandwich belegtes Brot (9)
Saturday Samstag, Sonnabend (3)
sauce Soße (8)
sausage Würstchen (3)
schedule Zeitplan, Fahrplan (7)
school Schule, Uni (4)
scrambled ~ *eggs* Rühreier (3)
seafood Fisch und Meeresfrüchte (8)
season Jahreszeit (7)
seat Sitz(platz) (1)
second zweite/r/s (2)
secondary school Haupt-/Realschule/Gymnasium (6)
secretary Sekretär/in (3)
see sehen (1)
sell verkaufen (4)
semester Semester (6)
send schicken, senden (2)
September September (7)
service Service, Dienst (2)
set notiert (8)
seven sieben (1)
seventeen siebzehn (1)
seventh siebte/r/s (5)
seventy siebzig (2)
sex Sex (7)
share teilen (6)
she sie (1)
shelf Regal (10)
shirt Hemd (9)
shoe Schuh (9)
shop Geschäft, Laden (9)
shopping Einkaufen (5)
shore Küste (AE) (6)
short kurz (3)
should sollten (5)
shower Dusche (2); duschen (3)
shrimp Garnele (AE) (8)
side Seite (3)
side dish Beilage (8)
sign unterschreiben (2); Schild (5)
simple einfach (10)
simple past einfache Vergangenheit (10)
simple present einfache Gegenwart (3)
since seit (10)
single Einzelzimmer (2)
sink Waschbecken, Spüle (10)
sir der Herr (Anrede) (2)
sirloin steak Rumpsteak (8)
sister Schwester (7)
sister-in-law Schwägerin (7)
six sechs (1)
sixteen sechzehn (1)
sixth sechste/r/s (5)
sixty sechzig (2)
size Größe (9)
skiing Skifahren (6)
skin Haut (8)
skirt Rock (9)
slang Umgangssprache (4)
small klein (4)
snack food Knabberzeug (9)

snuff *be up to ~* den Erwartungen entsprechen (2)
so so (1)
I don't think so
Das glaube ich nicht (2)
sock Socke (9)
sofa Sofa (10)
soft weich (3)
soft drink nicht-alkoholisches Getränk, meist Limo (AE) (8)
software Software (4)
some einige (2)
someone jemand (9)
something etwas (4)
sometimes manchmal (3)
son Sohn (3)
soon bald (10)
sore weh, wund (9)
sorry Entschuldigung (1)
sort Art, Sorte (4)
sound klingen (6)
soup Suppe (8)
south Süd; südlich (5)
spaghetti Spaghetti (8)
Spain Spanien (1)
Spanish spanisch; Spanier/in (1)
speak sprechen (1)
special *breakfast ~* Frühstücksmenü (3)
spell buchstabieren (8)
spend time Zeit verbringen (7)
spinach Spinat (8)
sporting goods Sportartikel (9)
spring Frühling (6)
start beginnen (3), Beginn (9)
state (Bundes-)Staat (1)
States, the die Staaten (USA) (umg.) (10)
station Bahnhof (4)
stay bleiben (5)
steak Steak (8)
still noch (4)
stomach Magen (9)
stop *~ working* Feierabend machen (4)
bus stop Bushaltestelle
store Geschäft (2)
straight ahead geradeaus (5)
street Straße (4)
student Student/in, Schüler/in (1)
studio Einzimmerwohnung (4)
study studieren (6)
stuffed gefüllt (8)
stuffy ~ nose verstopfte Nase (9)
sub-compact Kleinwagen (9)
subway U-Bahn (AE) (4)
suit Anzug (9)
suitcase Koffer (10)
summer Sommer (6)
sunburn Sonnenbrand (9)
Sunday Sonntag (3)
sunny sonnig (3)
suntan Sonnenbräune (9)
super Super (Benzin) (5)
supermarket Supermarkt (4)
supervisor Vorarbeiter/in (4)
sure sicher (3)
surf 'n turf Fisch- und Fleischplatte (8)
surgery Arztpraxis (BE) (4)
sweater Pullover (9)
Sweden Schweden (1)
Swedish schwedisch; Schwede/in (1)
sweet Süßigkeit (BE) (9)
swim schwimmen (7)
swimming Schwimmen (2)
Swiss schweizerisch; Schweizer/in (1)
Switzerland Schweiz (1)
syrup Sirup (3)

table Tisch (10)
tablet Tablette, Pille (9)
tail Schwanz (8)
take nehmen (1)
talk reden (7)
tap *on ~* vom Fass (AE) (8)
tavern Gaststätte, Bar (8)
tax Steuer (9)
taxi Taxi (4)
T-bone steak T-Bone-Steak (8)
tea Tee (3)
teacher Lehrer/in (4)
telephone Telefon (2)
tell sagen, erzählen (5)
teller Bankangestellte/r (4)
ten zehn (1)
tense Zeitform (3)
tenth zehnte/r/s (5)
terraced house Reihenhaus (BE) (10)
test Prüfung (6)
Thailand Thailand (10)
thank danken, sich bedanken (1)
thanks Danke (5)
Thanksgiving Erntedankfest (9)
that das (2)
the der/die/das (1)
their ihr/e (3)
them sie, ihnen (Mz.) (7)
then dann (3)
there dort (3)
there is/are es gibt (2)
these diese (Mz.) (1)
they sie (Mz.) (1)
thing Ding, Sache (2)
think denken (6)
third dritte/r/s (5)
thirteen dreizehn (1)
thirteenth dreizehnte/r/s (5)
thirty dreißig (2)
this dies (1)
those jene (Mz.) (1)
thousand tausend (2)
three drei (1)
throat Hals (9)
through durch (7)
Thursday Donnerstag (3)
time Zeit (2)
tip Tipp (8)
to zu (1)
toast Toast(brot) (3)
today heute (2)
toe Zeh (9)
together zusammen (4)
toilet Toilette (10)
toll Zoll (5)
tomato Tomate (9)
tomorrow morgen (2)
tonight heute Abend (2)
too auch (1); zu (7)
tossed gemischt (8)
total total (3)
town Stadt (10)
traffic Verkehr (5)
train Zug (4)
travel agency Reisebüro (4)
travel agent Reisebüroangestellte/r (4)
traveller's/traveler's check Reisescheck (BE/AE) (5)
trip Reise (1)
true richtig (4)
try versuchen (8)
try on anprobieren (9)

tub (Bade-)Wanne (10)
Tuesday Dienstag (3)
tuna Thunfisch (8)
turkey Truthahn (9)
turn *it's his ~* er ist an der Reihe (3); abbiegen (5)
turnpike Schnellstraße, Autobahn (AE) (5)
TV = television Fernsehen (3)
twelfth zwölfte/r/s (5)
twelve zwölf (1)
twentieth zwanzigste/r/s (5)
twenty zwanzig (1)
twice zweimal (10)
twin Zwilling (2)
two zwei (1)
type tippen (3)
typical typisch (3)

U

uncle Onkel (7)
underwear Unterwäsche (9)
United States of America Vereinigte Staaten von Amerika (1)
university Universität (6)
unleaded bleifrei (9)
unlimited unbegrenzt (9)
until bis (5)
up auf (1); weiter (5)
upset *~ stomach* verdorbener Magen (9)
upstairs oben (die Treppe hinauf) (6)
us uns (3)
USA USA (2)
use gebrauchen (6)
usually normalerweise (3)

V

vacation Urlaub (AE) (1)
valet *~ service* Reinigungsdienst (2)
van Kleinbus (9)
veal Kalbfleisch (8)
veal piccata Kalbfleisch in Weißweinsoße (8)
vegetable Gemüse (8)
vehicle Fahrzeug (9)
very sehr (1)
vinegar Essig (8)

W

waffel Waffel (3)
wagon *station ~* Kombi (9)
waist Taille (9)
wait warten (6)
waiter/waitress Kellner/Kellnerin (4)
walk *go for a ~* spazieren gehen (3); gehen (4)
walk-up Mietwohnung ohne Lift (10)
walnut Walnuss (5)
want wollen (2)
warm warm (7)
washer *dish ~* Spülmaschine (10)
watch zuschauen (3)
water Wasser (3)
way Weg (6)
way-out Ausgang (BE) (5)
we wir (1)
weather Wetter (7)
Wednesday Mittwoch (3)
week Woche (2)
weekend Wochenende (6)
weight Gewicht (9)
welcome *you're ~* bitte schön, gern geschehen (2)
well gut (1); also (2)
west Westen (5)
what was (2)
wheel Rad (9)
when wann (2)
where wo (1)
whether ob (6)
which welche/r/s (5)
while während (3)
whiskey Whisky (8)
white weiß (3)
who wer (3, 4)
whole wheat Vollkorn (3)
wife (Ehe-)Frau (1)
window Fenster (10)
windy windig (7)
wine Wein (8)
winter Winter (6)
with mit (2)
without ohne (4)
wonder sich fragen (6)
word Wort (3)
work Arbeit (3); arbeiten (4)
work out sich sportlich betätigen (2)
worker Arbeiter/in (4)
worse schlechter (9)
worst am schlechtesten (9)
would würde (1)
write schreiben (7)

Y

yeah ja (umg.) (3)
year Jahr (2)
yellow gelb (9)
yes ja (1)
yesterday gestern (2)
yogurt Joghurt (9)
you du/ihr/Sie, dich/euch/Sie, dir/Ihnen (1)
your dein/e / euer/eure / Ihr/e (1)
yourself du/dich / ihr/euch / Sie/sich selbst (4)

Z

zebra crossing Zebrastreifen (BE) (5)